JN000225

事業者必携

◆採用・退職手続きから議事録、届出、登記まで◆

会社の事務手続き
【社会保険・労務・経理・登記】と書式実践マニュアル

社会保険労務士 **小島　彰**
公認会計士 **武田　守** 監修

三修社

はじめに

　会社という組織を存続させ、繁栄させるためには、事業主や各部門の責任者は、会社の存続・発展に必要な社内体制を整えなければなりません。社内体制を整備するためには、就業規則などの社内規程などを整備する必要もありますが、同時に、役所への届出などの事務作業が必要になります。たとえば、労働力となる「人材」を確保するための採用に伴う事務、従業員の退職に伴う事務、役員の変更事務、法人税や消費税などの納税に関する事務などがあります。これらの事務は税金、社会保険、労使協定の締結・届出、議事録作成、登記申請など多岐にわたります。

　本書は、比較的社員数が少ない会社、小規模な事業所を対象として、設立後の会社で必要になる税金、社会保険、労働、登記などの基幹となる事務手続きをとりあげています。「働き方改革法」「消費税改正」など、最新の法令改正や改正に伴う様式変更に対応した書式を多数掲載しているのが特長です。

　規模が小さい会社の場合、経営者や事業主自身が前述した事務作業を行うこともあります。これらの事務作業には専門的な知識が要求されますから、税理士や社会保険労務士、司法書士といった専門家にこれらの事務作業をまかせてしまうというのも1つの方法です。ただ、専門家にまかせるとしても、正確かつ安全に手続きを進めるためには、会社経営にかかわる経営者や事業主が必要な事務や届出について最低限の内容を理解しておくことは重要だと言えるでしょう。

　本書を通じて日常業務のお役に立つことができれば、監修者として幸いです。

監修者　社会保険労務士　小島　彰

公認会計士　　　武田　守

Contents

第2章　労働条件に関する協定などの届出事務

第3章　経理・福利厚生・その他の手続きと書式

第4章　役員や社員の変更に伴う手続きと書式

第1章

採用・退職に関する
手続きと書式

1 採用の際の社会保険・労働保険関係の書類

年金事務所や労働基準監督署などに提出する書類を作成する

■ 会社を設立したときの社会保険の手続き

　会社を設立した場合、労働者が１人もいない場合であっても、会社は社会保険（健康保険と厚生年金保険のこと）に加入する義務があります。本書では、基本的に設立後の会社の事務を想定しているため、設立関係の税金・登記関係の書類は掲載していませんが、社会保険については労働保険の保険関係成立届や雇用保険適用事業所設置届を掲載することとの関係上、社会保険の新規適用届も掲載します。

書式1　健康保険厚生年金保険新規適用届

　加入手続きをするときは、事業所の所在地を管轄する年金事務所（東京都品川区の場合、品川年金事務所）に、「健康保険厚生年金保険新規適用届」を提出します。提出期限は、加入要件を満たした日から５日以内です。会社を新たに設立した場合だけでなく、支店を設置した場合にも、新規適用届を提出します。添付書類は、①法人事業所の場合は法人の登記事項証明書、②強制適用となる個人事業所の場合は事業主の世帯全員の住民票です。保険料の納付を口座振替で希望する場合は、同時に「保険料口座振替納付（変更）申出書」を提出します。

■ 人を採用したときの雇用保険・労災保険の手続き

　労働者を雇用した場合、労働保険の加入手続きと雇用保険関係の届出を行わなければなりません。起業時は社長１人だけの会社で、その後しばらく経ってから従業員を雇用した場合、従業員を雇用した段階で、はじめて労災保険と雇用保険の加入手続きを行うことになります。

12

書式2　労働保険の保険関係成立届

　人を採用したときは、必ず労働保険に加入しなければなりません。労働保険には労災保険と雇用保険の２つがあります。原則として両保険同時に加入しなければなりません（一元適用事業）。しかし、建設業をはじめとするいくつかの事業は、現場で働いている人と会社で働いている人が異なる場合があるため、労災保険と雇用保険が別々に成立する二元適用事業とされています。

　事業主が、会社を設立したときまたは人を雇用したとき（保険関係成立日）の翌日から10日以内に「保険関係成立届」を管轄の労働基準監督署へ届け出ます。なお、支店を設置し、その支店に人を雇用した場合にも、支店について保険関係成立届を提出します。

　会社など法人の場合には登記事項証明書、個人の場合には事業主の住民票の写しを添付書類として提出します。

書式3　雇用保険適用事業所設置届

　人を雇用した場合、パート、アルバイト、正社員を問わず雇用保険に加入します。業種や事業規模に関係なく加入の義務があります。ただ、従業員が５人未満の個人経営で農林水産・畜産・養蚕の事業に限って加入が任意となります。手続きとしては、労働基準監督署に労働保険保険関係成立届を提出して労働保険関係を成立させ、その上で雇用保険の加入手続きを行います。事業主が、雇用保険の加入該当者を雇用した日の翌日から10日以内に「雇用保険適用事業所設置届」を管轄公共職業安定所に届け出ます。添付書類は以下のとおりです。
・労働保険の保険関係成立届の控えと雇用保険被保険者資格取得届
・会社などの法人の場合には法人登記簿謄本
・個人の場合には事業主の住民票または開業に関する届出書類
・賃金台帳・労働者名簿・出勤簿等の雇用の事実が確認できる書類

書式4　雇用保険被保険者資格取得届

　社員を採用すると、その社員は雇用保険の被保険者となりますので、

資格取得の手続きを行わなければなりません。社員が正社員以外であっても以下の場合には被保険者となります。

① 1週間の所定労働時間が20時間以上であり、31日以上雇用される見込みがあるパートタイマー（一般被保険者）

② 65歳以上の一般被保険者（高年齢被保険者）

③ 4か月を超えて季節的に雇用される者（短期雇用特例被保険者）

④ 30日以内の期間を定めて日々雇用される者（日雇労働被保険者）

　個人事業主、会社など法人の社長、社長と同居する親族は雇用保険の被保険者にはなりませんが、代表者以外の取締役については、部長などの従業員として事業主と使用従属関係があり、労働者としての賃金が支給されていると認められれば、被保険者となる場合があります。

　届出は、社員を採用した日の属する月の翌月10日までに提出する必要があります。添付書類として、労働者名簿、出勤簿（またはタイムカード）、賃金台帳、雇用契約書などの雇用の事実と雇入日が確認できる書類が必要になる場合があります。

■ 労働保険料の納付についての手続き

　労働保険料は、人を採用した日より、保険年度の終了日（3月31日）までに支払うはずの賃金総額（賞与を含む）を概算で予測（算定）して申告・納付します（概算保険料申告）。たとえば、4月1日から翌年3月31日までの1年間に支払うことが見込まれる賃金総額が3000万円であれば、3000万円を基準として概算保険料を計算します。

　保険料の納付回数は原則1回ですが、概算保険料額が40万円以上（建設業などについては労災保険、雇用保険のそれぞれで20万円以上）の場合には、3回に分けて納付することができます（延納）。ただし、保険関係成立日が10月1日以降である場合は延納ができません。

書式5　概算保険料申告書

　会社を設立したとき、または人を雇用した日（保険関係成立日）の

翌日から50日以内に、事業主が、「概算保険料申告書」を管轄の労働基準監督署へ届け出ます。会社を新たに設立した場合だけでなく、支店を設置し、その支店に人を雇用した場合にも、支店について「概算保険料申告書」を提出します。

なお、書式中の⑰欄の延納の申請には延納回数を記入します。欄の期別納付額について延納により分割した各期の納付額に1円未満の端数が生じた場合には、その端数を1期の納付額にまとめて記入します。

■ 被保険者を雇用したときの社会保険の手続き

社員を採用すると、その社員は社会保険の被保険者となりますので、資格取得の手続きを行わなければなりません。ただ、ⓐ日雇労働者、ⓑ2か月以内の期間を定めて使用される者、ⓒ4か月以内の季節的業務に使用される者、ⓓ臨時的事業の事業所に使用される者、ⓔパートタイマー（1週の所定労働時間または1か月の所定労働日数が正社員の4分の3未満）は、被保険者にはなりません。

なお、会社などの法人の役員・代表者は、社会保険では「会社に使用される人」として被保険者になります。

書式6　健康保険厚生年金保険被保険者資格取得届

事業主は、採用した日から5日以内に「健康保険厚生年金保険被保険者資格取得届」を、事業所を管轄する年金事務所に届け出ます。添付書類は、①健康保険被扶養者（異動）届（被扶養者がいる場合）、②定年再雇用の場合は就業規則、事業主の証明書等、です。

■ 被扶養者がいる場合の社会保険の手続き

健康保険において「被扶養者になる人」とは、主に被保険者に生計を維持されている人をいいます。生計維持の大まかな基準は、被扶養者の年収が130万円未満（60歳以上・障害者は180万円未満）であり、被保険者の年収の半分未満であることです。また、同一世帯でない場

合は、被扶養者の年収が被保険者からの仕送り額より少ないことも必要基準になります。被扶養者の範囲は、配偶者や子に限られません。直系尊属（父母、祖父母、曾祖父母）、配偶者（内縁関係を含む）、子、孫、兄弟姉妹、同一世帯である上記以外の３親等内の親族、内縁関係の配偶者の父母・配偶者の子も、被扶養者の範囲に含まれます。

書式７　健康保険被扶養者（異動）届

　事業主が「健康保険厚生年金保険被保険者資格取得届」と同時に、「健康保険被扶養者（異動）届（国民年金第３号被保険者関係届）」を管轄の年金事務所に届け出ます。配偶者を扶養する場合、この書類は、配偶者が国民年金第３号被保険者に加入するための関係届も兼ねています。そのため、配偶者の個人番号もしくは基礎年金番号を記載する必要があります。なお、第３号被保険者とは厚生年金加入者（第２号被保険者）が生計を維持する者で、国民年金保険料の納付が免除されます。添付する書類は以下のとおりです。

①　続柄確認のための書類（被扶養者の戸籍謄本、住民票の写）
②　収入要件確認のための書類（雇用保険被保険者離職票など）
　さらに、被保険者と被扶養者が同一世帯でない場合
③　仕送りの事実と仕送り額の確認書類（預金通帳などの写）

　ただし、②に関しては所得税法上の控除対象配偶者、扶養親族であることの事業主の証明がある場合は添付不要です。

■ その他必要な場合に行う手続き

　外国人を雇用する場合や、中小企業の事業主自身が労災保険に加入する場合など、ケースに応じて必要な手続きを行うことになります。

書式８　外国人雇用状況届出書

　外国人労働者（特別永住者を除く）を採用したとき、離職のときにその氏名、在留資格等をハローワークに届け出なければなりません。
　雇用保険の被保険者の場合は、資格取得届、喪失届の備考欄に在留

資格、在留期限、国籍などを記載して届け出ますが、その他の外国人労働者については「外国人雇用状況届出書」を提出します。具体的には、事業主が、雇用保険の被保険者に該当しない外国人を雇用した場合、「外国人雇用状況届出書」を管轄の公共職業安定所に、雇入れ、離職の場合ともに翌月末日までに提出します。添付書類は特にありませんが、事業主は、①在留カードまたはパスポート、②資格外活動許可書または就労資格証明書を確認する必要があります。一方、雇用する外国人労働者が、雇用保険の被保険者に該当する場合には、外国人雇用状況届出書ではなく、被保険者資格取得届を提出し、「備考」欄（「雇用保険被保険者資格取得届」参照）に記載します。

書式9　特別加入申請書（中小事業主等）

　労災保険の本来の対象者は事業主に使用される労働者であり、事業主は補償の対象外です。しかし、事業主や自営業者の中には業務の実態上、労働者に準じて保護すべき場合もあり、一定規模以下の中小企業の事業主についても、労災保険本来の建前を損なわない範囲で労災保険への加入が認められています。事業所の所在地を管轄する労働基準監督署を経由して都道府県労働局長に「特別加入申請書」を提出します。添付書類については、中小事業主等の特別加入の場合、事務組合ごとに異なるため、提出の際に確認することが必要です。

● 社員を採用した場合の各種届出

事　由	書類名	届出期限	提出先
社員を採用したとき（雇用保険）	雇用保険被保険者資格取得届	採用した日の翌月10日まで	所轄公共職業安定所
社員を採用したとき（社会保険）	健康保険厚生年金保険被保険者資格取得届	採用した日から5日以内	所轄年金事務所
採用した社員に被扶養者がいるとき(社会保険)	健康保険被扶養者（異動）届	資格取得届と同時提出	

健康保険
厚生年金保険　　新　規　適　用　届

届書コード
1 0 1

◎記入の方法は裏面に書いてありますのでお読みください。
◎「※」印欄は記入しないでください。

①※事業所整理記号　アイイウ
⑥事業所番号　0 0 0 0 0
⑥郵便番号　1 4 1　0 0 0 0
⑦事業所所在地　東京都品川区五反田本町 2-2-2
　フリガナ　トウキョウトシナガワクゴタンダ 1-2-3
⑧事業所名称　株式会社　緑建築
　フリガナ　カブシキガイシャ　ミドリケンチク
⑩事業主（又は代表者）氏名　代表取締役　鈴木 太郎
　フリガナ　ダイヒョウトリシマリヤク　スズキ　タロウ
⑪事業主（又は代表者）の住所　東京都品川区五反田本町 2-2-2

②※管轄区分　協1. 協会5. 組12. 組基6. 健のみ3.
③※変更区分
⑤事業の種類　建設業
④※適用区分　増員1. 任単2.　同内の事務所1. 外事業所2.（4を除く）

④※適用　権健管理3. 法適用除外事業所4.

②※適用　令和　年　月　日　0 1 0 7 0 1
⑤※適用　年　月　日
④事業所の電話番号　0 3 - 3 2 1 - 1 1 2 3

内線　代表取締役　鈴木 太郎
内線　事務担当者名

⑫定期券1. その他5.　⑬食事1. 住宅2. その他3.

昇給月　0 4
賞与支払予定月　0 6 1 2
給与形態　現金給与2. 現物給与3.

⑯算定基礎届電子媒体作成　必要1. 必要CD不要2.
⑰賞与届電子媒体作成　用紙作成0. 必要1. 必要CD不要2.

⑱厚生年金基金番号
⑲厚生年金基金名

⑱※社会保険労務士コード
必要1. 必要電子媒体CD不要2.

⑳※法人・事業所区分　1. 法人　2. 個人　3. 国・地方公共団体
⑳※事業所区分　0. 内国法人1. 外国法人2.

社会保険労務士の提出代行者印

㉒※被保険者数
㉓※内・外国区分　1. 内国法人　2. 外国法人
㉔※本・支区分　1. 本店　2. 支店
㉕※送信　年　月　日　提出
㉖健康保険組合名称
㉗社会保険労務士名
㉑会社法人等番号

⑤※適用種別　健康保険組合
⑭事業主代理人　無 0　有 1
①※適用種別

⑥※　受付年月日印

送信
裏面も記入してください

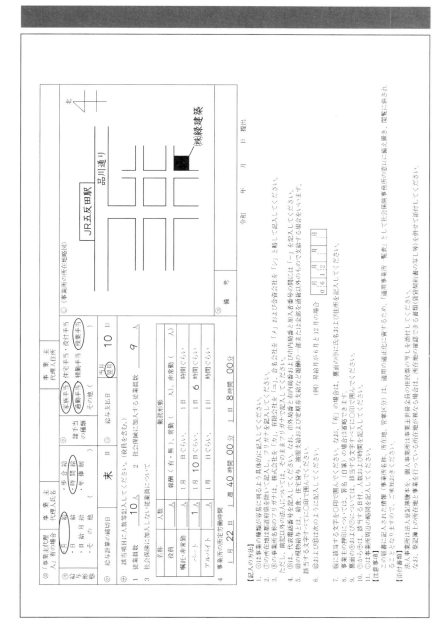

様式第1号（第4条、第64条、附則第2条関係）（1）（表面）　　　　　　　　　　　　　　　　　　　提出用

労働保険　0：保険関係成立届（継続）（事務処理委託届）
　　　　　1：保険関係成立届（有期）
　　　　　2：任意加入申請書（事務処理委託届）

令和1年　7月　5日

① 種別　[3][1][6][0][0]

品川　労働局長　労働基準監督署長　公共職業安定所長　殿

住所又は所在地　品川区五反田1-2-3
氏名又は名称　株式会社 緑建築
　　　141-0000
　　　品川区五反田1-2-3
　　　03-3321-1123

下記のとおり
（イ）届けます。（31600又は31601のとき）
（ロ）労災保険
（ハ）雇用保険　の加入を申請します。（31602のとき）

名称　株式会社 緑建築

事業の概要　建設業

事業の種類　建設業

② 加入済の労働保険（イ）労災保険（ロ）雇用保険
保険関係成立年月日（労災）令和1年7月1日（雇用）令和1年7月1日
雇用保険被保険者数　一般・短期　9人　日雇　0人
賃金総額の見込額　25,000 千円

所在地　委託事務組合
名称　代表者の氏名

⑪ 事業開始年月日　　年　月　日
⑫ 事業廃止年月日　　年　月　日
建設の事業の請負金額
立木の伐採の事業の素材見込生産量　立方メートル
所在地・住所又は所在地・氏名又は名称　発注者

郵便番号　[1][4][1]-[0][0][0][0]　住所 市・区・郡名　[シ][ナ][カ][゛][ワ][ク]
住所（つづき）町村名　[コ][゛][タ][ン][タ][゛]
住所（つづき）丁目・番地　[1][-][2][-][3]
住所（つづき）ビル・マンション名等

事業所
住所 市・区・郡名　[品][川][区]
住所（つづき）町村名　[五][反][田]
住所（つづき）丁目・番地　[1][-][2][-][3]
住所（つづき）ビル・マンション名等

名称・氏名　[カ][フ][゛][シ][キ][カ][゛][イ][シ][ャ]
名称・氏名（つづき）[ミ][ト][゛][リ][ケ][ン][チ][ク]
名称・氏名（つづき）
電話番号（市外局番）[0][3]-（市内局番）[3][3][2][1]-（番号）[1][1][2][3]

名称・氏名　[株][式][会][社]
名称・氏名（つづき）[緑][建][築]
名称・氏名（漢字）

㉒ 保険関係成立年月日（31600又は31601のとき）㉓ 任意加入申請年月日（31602のとき）　元号9-01-7-1
㉔ 事務処理委託年月日（31600又は31602のとき）事業終了予定年月日（31601のとき）㉕常時使用労働者数　10
㉖保険関係等区分（31600又は31602のとき）

㉗雇用保険被保険者数（31600又は31602のとき）十万千百十9
㉘免除対象高年齢労働者数（31600又は31602のとき）十万千百十0
㉙片保険理由コード
㉚加入済労働保険番号（31600又は31602のとき）都道府県 所掌 管轄(1) 基幹番号 枝番号

㉛適用済労働保険番号1　都道府県 所掌 管轄(1) 基幹番号 枝番号
㉜適用済労働保険番号2　都道府県 所掌 管轄(1) 基幹番号 枝番号

※雇用保険の事業所番号（31600又は31602のとき）
※府県区分（31600又は31602のとき）※特殊コード（31600又は31602のとき）※号管轄(2)（31600のとき）※業種※産業分類（31600又は31602のとき）※データ指示コード※再入力区分

※修正項目（英数・カナ）
※修正項目（漢字）
※受付年月日（元号は7：平成7）元号-　-　※法人番号[9][8][7][6][5][4][3][2][1][0][9][8][7]

事業主氏名（法人のときはその名称及び代表者の氏名）記名押印又は署名
代表取締役　鈴木太郎　代表者印

20

書式3　雇用保険適用事業所設置届

雇用保険適用事業所設置届

（必ず第2面の注意事項を読んでから記載してください。）

※ 事業所番号

下記のとおり届けます。

公共職業安定所長　殿

令和　1　年　7　月　5　日

帳票種別　`1 2 0 0 1`

1. 法人番号（個人事業の場合は記入不要です。）　`9 8 7 6 5 4 3 2 1 0 9 8 7`

2. 事業所の名称（カタカナ）

`カ フ゛ シ キ カ゛ イ シ ャ`

事業所の名称〔続き（カタカナ）〕

`ミ ト゛ リ ケ ン チ ク`

3. 事業所の名称（漢字）

`株 式 会 社`

事業所の名称〔続き（漢字）〕

`緑 建 築`

4. 郵便番号　`1 4 1 - 0 0 0 0`

5. 事業所の所在地（漢字）※市・区・郡及び町村名

`品 川 区 五 反 田`

事業所の所在地（漢字）※丁目・番地

`1 - 2 - 3`

事業所の所在地（漢字）※ビル、マンション名等

6. 事業所の電話番号（項目ごとにそれぞれ左詰めで記入してください。）

`0 3` （市外局番）　`3 3 2 1`（市内局番）　`1 1 2 3`（番号）

7. 設置年月日　`5 - 0 1 0 7 0 1`（3 昭和　4 平成／5 令和）
元号　年　月　日

8. 労働保険番号　`1 3 1 0 9 6 5 4 3 2 1 0 0 0`
府県　所掌　管轄　基幹番号　枝番号

※ 公共職業安定所 記載欄	9. 設置区分（1 当然／2 任意）□	10. 事業所区分（1 個別／2 委託）□	11. 産業分類 □□	12. 台帳保存区分（1 日雇被保険者のみの事業所／2 船舶所有者）□

13.事業主	（フリガナ）	シナガワクゴタンダ	17. 常時使用労働者数		10人
	住所（法人のときは主たる事務所の所在地）	品川区五反田1－2－3	18. 雇用保険被保険者数	一般	9人
	（フリガナ）	カブシキガイシャ　ミドリケンチク		日雇	0人
	名称	株式会社　緑建築	19. 賃金支払関係	賃金締切日	未日
	（フリガナ）	ダイヒョウトリシマリヤク　スズキ　タロウ		賃金支払日	当・翌月25日
	氏名（法人のときは代表者の氏名）	代表取締役　鈴木　太郎　㊞（代表者印）			
14. 事業の概要（漁業の場合は漁船の総トン数を記入すること）		建設業	20. 雇用保険担当課名		総務　課／労務　係
15. 事業の開始年月日	令和　1　年　7　月　1　日	16. 事業の廃止年月日　令和　年　月　日	21. 社会保険加入状況		健康保険／厚生年金保険／労災保険

備考	※	所長	次長	課長	係長	係	操作者

（この届出は、事業所を設置した日の翌日から起算して10日以内に提出してください。）

2019. 5

様式第2号　　　　　　　雇用保険被保険者資格取得届　　標準字体 0 1 2 3 4 5 6 7 8 9
（必ず第2面の注意事項を読んでから記載してください。）

帳票種別
1 7 1 0 1

1. 個人番号
1 2 3 4 5 6 7 8 9 0 1 2

2. 被保険者番号
3 4 1 2 - 3 4 5 6 7 8 - 9

3. 取得区分
1 （ 1 新規　2 再取得 ）

4. 被保険者氏名　高橋　均
フリガナ（カタカナ）　タカハシ　ヒトシ

5. 変更後の氏名
フリガナ（カタカナ）

6. 性別
1 （ 1 男　2 女 ）

7. 生年月日
3 - 5 8 0 3 0 4
（ 元号　1 明治　3 昭和　4 平成　5 令和　2 大正 ）

8. 事業所番号
1 3 0 6 - 7 8 9 1 2 3 - 4

9. 被保険者となったことの原因
2

1 新規雇用（新規学卒）
2 新規雇用（その他）
3 日雇からの切替
7 その他
8 出向元への復帰等（65歳以上）

10. 賃金（支払の態様－賃金月額：単位千円）
1 - 2 5 6
百万　十万　万　千　円
（ 1 月給　3 日給　2 週給　4 時間給　5 その他 ）

11. 資格取得年月日
5 - 0 1 0 7 0 1
（ 元号　4 平成　5 令和 ）

12. 雇用形態
3

1 日雇
2 パートタイム
3 有期契約労働者
4 船員
5 派遣
6 季節的雇用
7 その他

13. 職種
1 0
（01～11）
第2面参照

14. 就職経路
1

1 安定所紹介
2 自己就職
3 民間紹介
4 把握していない

15. 1週間の所定労働時間
3 0 0 0
時間　分

16. 契約期間の定め
2

1 有　契約期間　□ - □ □ □ □ から □ - □ □ □ □ まで
元号　　　年　　月　　日　　（ 4 平成　5 令和 ）元号　年　月　日
契約更新条項の有無 □ （ 1 有　2 無 ）

2 無

事業所名　[株式会社　緑建築]

備考 [ ]

-------- 17欄から22欄までは、被保険者が外国人の場合のみ記入してください。--------

17. 被保険者氏名（ローマ字）（アルファベット大文字で記入してください。）

被保険者氏名〔続き（ローマ字）〕

18. 国籍・地域 ( )

19. 在留資格 ( )

20. 在留期間　□□□□□□□□ まで
西暦　　年　　月　　日

21. 資格外活動許可の有無 □ （ 1 有　2 無 ）

22. 派遣・請負就労区分 □
1 派遣・請負労働者として主として当該事業所以外で就労する場合
2 1に該当しない場合

※公共職業安定所記載欄

23. 取得時被保険者種類 □
1 一般
2 短期雇用
3 季節
4 高年齢被保険者（65歳以上）

24. 番号複数取得チェック不要 □
チェック・リストが出力されたが、調査の結果、同一人でなかった場合に「1」を記入。

25. 国籍・地域コード □
18欄に対応するコードを記入

26. 在留資格コード □
19欄に対応するコードを記入

雇用保険法施行規則第6条第1項の規定により上記のとおり届けます。

住　所　品川区五反田1－2－3

令和　1 年　7 月　5 日

事業主　氏　名　株式会社　緑建築
　　　　　　　　代表取締役　鈴木　太郎
電話番号　03－3321－1123

記名押印又は署名
代表者印

品川 公共職業安定所長　殿

※備考

社会保険労務士記載欄	作成年月日・提出代行者・事務代理者の表示	氏　名	印	電話番号

※	所長	次長	課長	係長	係	操作者

確認通知　令和　　年　　月　　日

2019. 5

（この用紙は、このまま機械で処理しますので、汚さないようにしてください。）

書式5　労働保険概算・確定保険料申告書

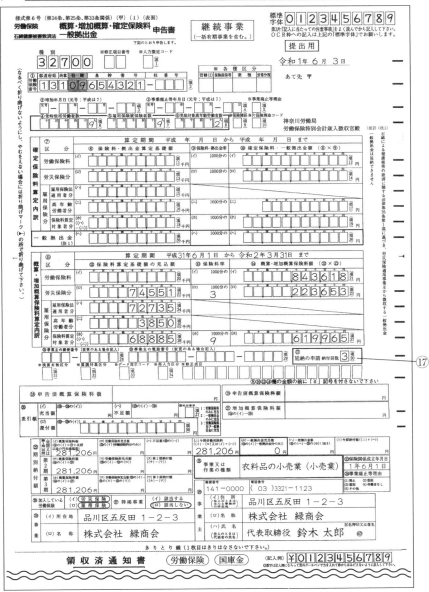

23

書式６　健康保険厚生年金保険被保険者資格取得届

様式コード	
2 2 0 0	

健康 保険
厚生年金保険 **被保険者資格取得届**
厚生年金保険 70歳以上被用者該当届

令和　1　年　7　月　5　日提出

事業所整理記号	００－アイウ	事業所番号	1 2 3 4 5

提出者記入欄

届書記入の個人番号に誤りがないことを確認しました。

事業所所在地
〒 141-0000
東京都品川区五反田１-２-３

事業所名称
株式会社緑商会

事業主氏名
代表取締役　鈴木　太郎　㊞代表者印

電話番号
03（3321）1123

受付印

社会保険労務士記載欄
氏　名　等　　　　　　㊞

被保険者1

①被保険者整理番号	②氏名 （フリガナ）イケガミ　ユキコ　（氏）池上　（名）雪子	③生年月日 5.昭和 7.平成 9.令和　６１０９１０ 年 月 日	④種別 1.男 5.男(基金) 2.女 6.女(基金) 3.坑内員 7.坑内員(基金)
⑤取得区分	①健保・厚年 2.共済出向 3.船保任継	⑥個人番号[基礎年金番号] 1 2 3 4 5 6 7 8 9 1 2 3	⑦取得(該当)年月日 9.令和　０１０７０１ 年 月 日	⑧被扶養者 0.無 1.有
⑨報酬月額	⑦(通貨)180,000 円 ⑦(現物)0 円	⑦(合計 ⑦+⑦)180000 円	⑩備考 該当する項目を○で囲んでください。 1. 70歳以上被用者該当 2. 二以上事業所勤務者の取得 3. 短時間労働者の取得(特定適用事業所等) 4. 退職後の継続再雇用者の取得 5. その他	
⑪住所	〒 135-0042 （フリガナ）トウキョウト コウトウク キバ 東京都江東区木場１-２-０	日本年金機構に提出する際、個人番号を記入した場合は、住所記入は不要です。	理由: 1. 海外在住 2. 短期在留 3. その他

被保険者2

①被保険者整理番号	②氏名 （フリガナ） （氏）（名）	③生年月日 5.昭和 7.平成 9.令和 年 月 日	④種別 1.男 5.男(基金) 2.女 6.女(基金) 3.坑内員 7.坑内員(基金)
⑤取得区分	1.健保・厚年 2.共済出向 4.船保任継	⑥個人番号[基礎年金番号]	⑦取得(該当)年月日 9.令和 年 月 日	⑧被扶養者 0.無 1.有
⑨報酬月額	⑦(通貨) 円 ⑦(現物) 円	⑦(合計 ⑦+⑦) 円	⑩備考 該当する項目を○で囲んでください。 1. 70歳以上被用者該当 2. 二以上事業所勤務者の取得 3. 短時間労働者の取得(特定適用事業所等) 4. 退職後の継続再雇用者の取得 5. その他	
⑪住所	〒 （フリガナ）	日本年金機構に提出する際、個人番号を記入した場合は、住所記入は不要です。	理由: 1. 海外在住 2. 短期在留 3. その他

被保険者3

①被保険者整理番号	②氏名 （フリガナ） （氏）（名）	③生年月日 5.昭和 7.平成 9.令和 年 月 日	④種別 1.男 5.男(基金) 2.女 6.女(基金) 3.坑内員 7.坑内員(基金)
⑤取得区分	1.健保・厚年 2.共済出向 4.船保任継	⑥個人番号[基礎年金番号]	⑦取得(該当)年月日 9.令和 年 月 日	⑧被扶養者 0.無 1.有
⑨報酬月額	⑦(通貨) 円 ⑦(現物) 円	⑦(合計 ⑦+⑦) 円	⑩備考 該当する項目を○で囲んでください。 1. 70歳以上被用者該当 2. 二以上事業所勤務者の取得 3. 短時間労働者の取得(特定適用事業所等) 4. 退職後の継続再雇用者の取得 5. その他	
⑪住所	〒 （フリガナ）	日本年金機構に提出する際、個人番号を記入した場合は、住所記入は不要です。	理由: 1. 海外在住 2. 短期在留 3. その他

被保険者4

①被保険者整理番号	②氏名 （フリガナ） （氏）（名）	③生年月日 5.昭和 7.平成 9.令和 年 月 日	④種別 1.男 5.男(基金) 2.女 6.女(基金) 3.坑内員 7.坑内員(基金)
⑤取得区分	1.健保・厚年 2.共済出向 4.船保任継	⑥個人番号[基礎年金番号]	⑦取得(該当)年月日 9.令和 年 月 日	⑧被扶養者 0.無 1.有
⑨報酬月額	⑦(通貨) 円 ⑦(現物) 円	⑦(合計 ⑦+⑦) 円	⑩備考 該当する項目を○で囲んでください。 1. 70歳以上被用者該当 2. 二以上事業所勤務者の取得 3. 短時間労働者の取得(特定適用事業所等) 4. 退職後の継続再雇用者の取得 5. その他	
⑪住所	〒 （フリガナ）	日本年金機構に提出する際、個人番号を記入した場合は、住所記入は不要です。	理由: 1. 海外在住 2. 短期在留 3. その他

協会けんぽご加入の事業所様へ
※ 70歳以上被用者該当届のみ提出の場合は、「⑩備考」欄の「1.70歳以上被用者該当」および「5. その他」に○をし、「5. その他」の〔　〕内に「該当届のみ」とご記入ください（この場合、健康保険被保険者証の発行はありません）。

書式7　健康保険被扶養者（異動）届

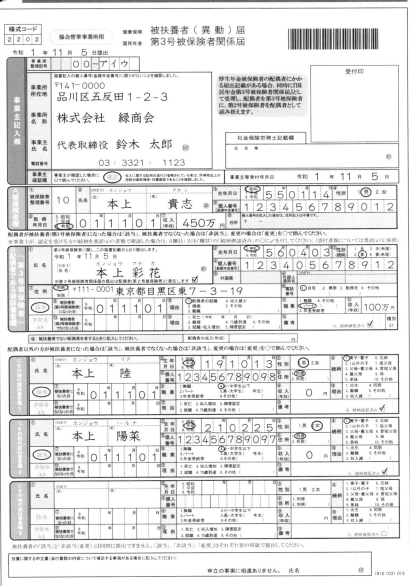

25

書式8　雇入れに係る外国人雇用状況届出書

様式第3号（第10条関係）（表面）

雇　　入　　れ
に係る外国人雇用状況届出書
離　　　　職

フリガナ（カタカナ）		イ	ケンパク	
①外国人の氏名 （ローマ字又は漢字）	姓 李	名 建白	ミドルネーム	
②①の者の在留資格	特定技能	③①の者の在留期間 （期限） （西暦）	20××年 11 月 30 日 まで	
④①の者の生年月日 （西暦）	1988 年 5 月 4 日	⑤①の者の性別	①男 ・ 2 女	
⑥①の者の国籍・地域	中華人民共和国	⑦①の者の資格外 活動許可の有無	1 有 ・ ②無	

雇入れ年月日 （西暦）	20×× 年 9 月 21 日	離職年月日 （西暦）	年 月 日
	年 月 日		年 月 日
	年 月 日		年 月 日

　労働施策の総合的な推進並びに労働者の雇用の安定及び職業生活の充実等に関する法律施行規則第10条第3項の規定により上記のとおり届けます。

20×× 年 9 月 27 日

事業主	事業所の名称、 所在地、電話番号等	雇入れ又は離職に係る事業所　　雇用保険適用事業所番号 1305－706123－4 ①の者が主として左記以外 の事業所で就労する場合 □ （名称）株式会社○○建設 （所在地）東京都○○区○○×－×－× 　　　　　　　　　　　TEL 0000-00-0000 主たる事務所 （名称）株式会社○○建設 （所在地）東京都○○区○○×－×－×　TEL 0000-00-0000
	氏名	代表取締役　佐藤　一郎　㊞

社会保険 労務士 記載欄	作成年月日・提出代行者・事務代理者の表示	氏名
		㊞

○○ 公共職業安定所長　殿

26

書式9　特別加入申請書（中小事業主等）

■　様式第34号の7（表面）

労働者災害補償保険　特別加入申請書（中小事業主等）

帳票種別

| 3 | 6 | 2 | 1 | 1 |

① 申請に係る事業の労働保険番号

◎裏面の注意事項を読んでから記載してください。
※印の欄は記載しないでください。（職員が記載します。）

府県	所掌	管轄	基幹番号	枝番号
1 3	1	0 9	6 5 4 3 2 1	□□□

※受付年月日　7 平成　元号□□　月□□　日□□
1～9年は右へ　1～9月は右へ　1～9日は右へ

② 事業主の氏名（法人その他の団体であるときはその名称）
　株式会社 緑商会　代表取締役　鈴木 太郎

③ 申請に係る事業
　名称（フリガナ）カブシキガイシャ　ミドリショウカイ
　名称（漢字）　株式会社 緑商会
　事業場の所在地　品川区五反田1－2－3

④ 特別加入予定者　加入予定者数　計 2 名
＊この用紙に記載しきれない場合には、別紙に記載すること。

特別加入予定者	業務の内容	除染作業	特定業務・給付基礎日額		
フリガナ 氏名 スズキ タロウ 鈴木 太郎	事業主との関係（地位又は続柄） 1 本人 3 役員 5 家族従事者	業務の具体的内容 衣料品の小売業		従事する特定業務 1 粉じん 3 振動工具 5 鉛 7 有機溶剤 ⦅該当なし⦆	業務歴 最初に従事した年月　年　月 従事した期間の合計　年間　ヶ月
生年月日 昭和37 年 4 月 15 日		労働者の始業及び終業の時刻 9 時 00 分～ 18 時 00 分	⦅無⦆		希望する給付基礎日額 20,000 円
フリガナ 氏名 スズキ キョウコ 鈴木 京子	事業主との関係（地位又は続柄） 1 本人 3 役員 ⦅5 家族従事者⦆ 妻	業務の具体的内容 経理等一般事務		従事する特定業務 1 粉じん 3 振動工具 5 鉛 7 有機溶剤 ⦅該当なし⦆	業務歴 最初に従事した年月　年　月 従事した期間の合計　年間　ヶ月
生年月日 昭和40 年 6 月 21 日		労働者の始業及び終業の時刻 9 時 00 分～ 18 時 00 分	⦅無⦆		希望する給付基礎日額 10,000 円
フリガナ 氏名	事業主との関係（地位又は続柄） 1 本人 3 役員 5 家族従事者	業務の具体的内容		従事する特定業務 1 粉じん 3 振動工具 5 鉛 7 有機溶剤 9 該当なし	業務歴 最初に従事した年月　年　月 従事した期間の合計　年間　ヶ月
生年月日 年 月 日		労働者の始業及び終業の時刻 時 分～ 時 分	1 有 3 無		希望する給付基礎日額 円
フリガナ 氏名	事業主との関係（地位又は続柄） 1 本人 3 役員 5 家族従事者	業務の具体的内容		従事する特定業務 1 粉じん 3 振動工具 5 鉛 7 有機溶剤 9 該当なし	業務歴 最初に従事した年月　年　月 従事した期間の合計　年間　ヶ月
生年月日 年 月 日		労働者の始業及び終業の時刻 時 分～ 時 分	1 有 3 無		希望する給付基礎日額 円

⑤ 労働保険事務の処理を委託した年月日　平成25 年 7 月 10 日

⑥ 労働保険事務組合の証明

上記⑤の日より労働保険事務の処理の委託を受けていることを証明します。

令和1 年 7 月 16 日

労働保険事務組合
名称　関東中小企業協会
郵便番号 141-0009　電話番号 03-1111-9999
主たる事務所の所在地　品川区大井4－2－8
代表者の氏名　会長　坂本 良一　印

⑦ 特別加入を希望する日（申請日の翌日から起算して30日以内）　令和1 年 8 月 1 日

上記のとおり特別加入の申請をします。

令和1 年 7 月 20 日

品川　労働局長　殿

事業主の
郵便番号 141-0000　電話番号 03-3321-1123
住所　品川区五反田1－2－3
氏名　株式会社 緑商会 代表取締役　鈴木 太郎　印
（法人その他の団体であるときはその名称及び代表者の氏名）

折り曲げる場合には（▶）の所で折り曲げてください。

人を採用する際に必要な税金関係の書類

■ 特別徴収のための書類を提出する

　事業主（給与を支払う者）は、毎月、すべての従業員の給与から、所得税の源泉徴収と同じように、従業員（納税の義務のある者）に代わり住民税を引き（給与天引き）、住民税を市区町村に特別徴収により納める義務があります。

書式10　給与支払報告・特別徴収にかかる給与所得者異動届出書

　従業員が納付すべき住民税を、会社が従業員へ給与を支払う際に天引きし、従業員に代わって市区町村へ納付するしくみを特別徴収といいます。会社が中途採用した従業員が、前職でも特別徴収されており、そのまま特別徴収を継続する意思がある場合に提出が必要な書類として「給与支払報告・特別徴収にかかる給与所得者異動届出書」があります。前勤務先にこの届出書の上段、給与支払報告の欄を記入してもらい、採用した会社へ提出してもらいます。採用した会社は報告書の下段にある特別徴収届出書を記入します。この届出書は異動があった月、つまり入社した月の翌月10日までに、従業員の1月1日時点での所在地である市区町村の役所へ提出します。

書式11　市民税・都民税の特別徴収への切替申請書

　新たに採用した従業員が、採用するまでは自身で住民税を納付（普通徴収）していたような場合の手続きです。採用後、入社するにあたってそれまでと異なり特別徴収での納付を希望する場合は、「市民税・都民税の特別徴収への切替申請書」を提出する必要があります。

　提出先は従業員が住民票を有する市区町村の役所です。届出に際しては、切替申請書の他に、普通徴収の納税通知書が必要です。普通徴

収の納税通知書は納税義務者である従業員が保管していますので、提出してもらいましょう。

　届出に提出期限はありませんが、一般的には毎月20日までに市区町村の役所に届出をすれば、提出した翌月には市区町村から、特別徴収する税額を記載した税額決定通知書が会社に届き、その月の給与から特別徴収できます。税額決定通知書が会社に到着しないことには、給与から特別徴収する金額もわかりませんので、特別徴収するまでの間、納付すべき住民税については、普通徴収として従業員が自身で納付する必要があります。

●住民税とは？

　住民税は、都道府県に納める道府県民税と市区町村に納める市町村民税の総称です。住民税は、前年の所得を基に税額を算出する「賦課課税方式」をとっています。会社などの事業所では、毎年1月31日までに前年1年間に支払った給与や賞与の額につき、支給人員ごとの「給与支払報告書」を作成します。住民税は給与支払報告書を基にして計算し、徴収されます。住民税を徴収する方法として、①普通徴収と②特別徴収の2つの方法があります。

①　普通徴収

　自営業者などが住民税を納める場合にとられる方法が普通徴収です。普通徴収の場合、納税者が直接、市区町村に住民税を納付します（原則として年4回の納付期限までに納付します）。給与所得者であっても、普通徴収の方法によって住民税を徴収することがあります。

②　特別徴収

　会社員などの給与所得者の場合の一般的な徴収方法です。特別徴収とは、市区町村に代わって会社などの事業所が社員から住民税を徴収し、市区町村に納付する方法です。特別徴収の場合、事業所が社員の毎月の給与から住民税を天引きすることによって徴収します。

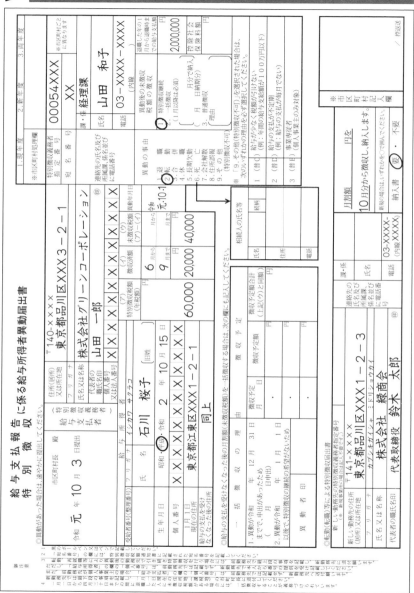

特別徴収切替届出（依頼）書

令和　元　年　10　月　17　日

（宛先）　江東区長

提出

給与支払義務者（特別徴収義務者）	所在地（住所）　〒141－XXXX　東京都品川区XXX1－2－3
	フリガナ　カブシキガイシャ　ミドリショウカイ
	名称（氏名）　株式会社　緑商会　㊞
	代表者職氏名　代表取締役　鈴木　太郎
	法人番号　X X X X X X X X X X X X X

給与所得者		
フリガナ	イシカワ　サクラコ	
氏名	石井　桜子㊞	旧姓
生年月日	昭和・令和　2　年　10　月　15　日	
1月1日現在の住所	〒　東京都江東区XXX1－2－1	
現在の住所	〒　同　上	

※1月1日現在の住所と違う場合は記入してください。

江東区使用欄

特別徴収義務者指定番号	00012XXX　・新規
	新規の場合は納入書（要・不要）
担当者連絡先	係
	氏名
	電話　03－XXXX－XXXX

期別を〇で囲んでください。

普通徴収切替期別	〔1・2・③・4・　　　〕期以降を切替希望 ※普通徴収の納期限を過ぎたものは、特別徴収への 切替ができません。
特別徴収開始予定月	10　月分（　　日納期分）から特別徴収を開始します。
届出理由	①入社　　2.その他（　　　　　　　　）
月割の連絡	月　　　日まで通知書が必要 ※通知書が期間に合わない場合のみ電話連絡します。

江東区使用欄

【注意事項】
1. 普通徴収の納付書をお持ちの場合に納付書の提出は不要ですが、二重納付防止のため、後日発送する特別徴収の税額通知受領後に破棄してください。
2. 普通徴収の納期限を過ぎたものは、特別徴収への切替ができません。本人がお納めいただくようお伝えください。
3. 税額通知は、月2回（15日前後と月末）発送で、おおよそ発送から税額通知発送の1週間前がその締切りとなります。
　　つきましては、特別徴収開始予定月は、税額通知の発送と貴事業所による給与振込の締切日等を考慮の上、ご記入ください。
4. 65歳以上の方については、年金所得に係る税額の給与からの特別徴収に追加することはできません。

控除送

3 採用時に社内で使用する書類

誓約書や労使協定書を準備する

■ 給与から天引きするためには労使協定が必要

採用が決まった場合、新入社員や中途採用の内定者に対して、社内秩序に従い、企業秘密を守ることなどを誓約する書面を提出してもらう必要があります。また、給与から組合費や購買代金などを天引きできるようにするには、就業規則に定めを設けておくことに加え、賃金控除の項目を労使協定で定めておかなければなりません。

書式12　誓約書／書式13　機密保持誓約書

「誓約書」は、誠実に業務に従事するなど、従業員としての心構えを確かなものにするため提出を求める書類です。就業規則の遵守や損害賠償の責任などを記載し、署名押印を求めます。さらに、機密情報の不正な開示（漏えい）などを防ぐため、機密情報の取扱いや不当な開示などに対する責任などを記載した「機密保持誓約書」を別途用意し、新入社員に対し入社時に署名押印してもらうのが一般的です。

書式14　賃金控除に関する労使協定書

労働基準法が定める給与の全額払の原則（給与は定められた額の全額を支払わなければならないとするルール）は、労使協定を締結した場合にその一部を控除することができます。たとえば、組合費、購買代金、社宅の賃料、寮その他の福利厚生施設の費用、社内預金、親睦会費などです。労使協定には「控除対象となる具体的な項目」「控除対象となる賃金支払期」を定めることが必要です。「賃金控除に関する労使協定書」は、控除項目を定める際に締結の必要はありますが、労働基準監督署への提出は不要です。この労使協定に加え、就業規則にも控除項目を定めることで、賃金からの一部控除が可能になります。

令和○年○月○日

△△△△株式会社
　代表取締役社長　　○○○○　殿

○○○○　㊞

誓約書

　この度貴社に従業員として入社するにあたり、次の条項を誓約し
厳守履行致します。

1　貴社就業規則および服務に関する諸規定・諸命令を遵守し誠実に
　勤務すること

2　履歴書および入社志願書など、採用に際し貴社に提出した一切の
　書類の記載事項が真実に相違ないこと

3　貴社従業員としての対面を汚す行為をしないこと

4　故意または重大な過失によって貴社に与えた一切の損害について
　責任を負うこと

5　採用活動に際し知り得た全ての貴社情報は、機密情報として一切
　他に開示しないこと

令和○年○月○日

株式会社○○○○御中

（住所）

（氏名）　　　　㊞

機密保持誓約書

　このたび、私は、令和○年○月○日より従業員として貴社に雇用されることになりました。

　つきましては、下記事項を遵守し、誠実に勤務することを誓約いたします。万一、本誓約書に違反した場合、私は、貴社から懲戒処分を受けること及び法的責任を負うことを十分に理解し、そのことにより貴社が被った一切の損害を賠償することを約束いたします。

記

1　法令並びに貴社の就業規則及び機密保持に関連する諸規程を遵守し、上長の指示命令に従い、機密保持を厳守すること。

2　貴社の秘密情報を、貴社の事前の許可なく開示、複写、社外持ち出しをしないこと、及び業務上の目的以外で、又は不正の目的で使用しないこと。

3　貴社の秘密情報を退職後も不正に開示又は不正に使用しないこと、及び退職時に貴社との間で機密保持契約を締結することに同意すること。

4　貴社の顧客及び従業員などに関する一切の個人情報（顧客から預

かった個人情報を含む）を、在職中はもとより退職した後も、不正
の目的で使用し、又は開示しないこと。

5　貴社の顧客及び従業員などに関する一切の個人情報（顧客から預
かった個人情報を含む）の利用及び管理に関し、法令並びに貴社の
就業規則及び諸規程を遵守すること。

6　貴社の顧客から秘密情報又は個人情報の保護に関する誓約書等の
提出を求められた場合、必要な誓約書等を貴社及び当該顧客に遅滞
なく提出すること。

7　貴社の在職中に業務に関連して創り出した情報に関する一切の権
利を貴社に帰属させること、及び貴社に雇用される前に創り出し、
業務上貴社に開示した情報を貴社が何らの制限なく使用できること
に一切の異議を述べないこと。

8　第三者が所有する一切の情報、資料並びに特許権及び著作権等の
知的財産権を、当該第三者の事前の書面による承諾なしに、貴社に
使用させ、貴社が使用するように仕向け、又は貴社が使用している
とみなされるような行為を貴社にとらせないこと。

9　貴社に雇用される前の勤務先等の第三者に関する情報を不正に貴
社に対して開示しないこと。

10　貴社を退職する場合又は貴社から要請された場合には、自らが使
用し、作成し又は管理している一切の資料を直ちに貴社に引き渡す
こと。

以上

賃金控除に関する労使協定書

　○○○○株式会社と従業員代表○○○○とは、労働基準法第24条第1項ただし書に基づき賃金控除に関し、下記の通り協定する。

記

1　会社は、毎月末日の賃金支払の際、次に掲げるものを控除して支払うことができる。
　(1)　財形貯蓄積立金
　(2)　生命・損害保険料
　(3)　持株会拠出金
　(4)　会社施設の利用代金
　(5)　共済会費・親睦会費
　(6)　会社借上げ社宅費
　(7)　会社貸付金の返済金
2　前記(3)、(7)については、従業員の希望により賞与支払の際、(1)から(7)について未払金を残したまま従業員が死亡または退職したときは、退職金支払の際、それぞれ控除することができる。
3　この協定は、平成○年○月○日から有効とする。
4　この協定は、いずれかの当事者が30日前に文書による破棄の通告をしない限り、効力を有するものとする。

以上

令和○年○月○日

　　　　　　　　○○○○株式会社　代表取締役　○○○○　㊞

　　　　　　　　　　　　　　　　従業員代表　○○○○　㊞

4 退職時の社会保険・労働保険の書類

社員は退職すると社会保険・労働保険の資格を喪失する

■ 作成しなければならない書類はたくさんある

社員が離職した場合には、健康保険・厚生年金保険の社会保険及び労働保険の資格喪手続きをしなければなりません。また、離職した人が雇用保険の失業等給付を受けられるようにするための手続きも、本人の希望などにより必要になる場合があります。

書式15　健康保険厚生年金保険被保険者資格喪失届

社員が離職したときは健康保険と厚生年金保険の資格も喪失します。資格の喪失日は原則として離職した日の翌日になります。

事業主は、労働者が社会保険の資格を喪失した日（離職した日の翌日）から5日以内に管轄の年金事務所へ「健康保険厚生年金保険被保険者資格喪失届」を提出します。

添付書類としては、健康保険被保険者証が必要になります。離職した者と連絡がつかない場合などには被保険者証を回収できないこともあります。そのようなときは、「資格喪失届」の他に「健康保険被保険者証回収不能届」を提出します。

会社の社会保険事務という観点から注意すべき点は「月末退職」の問題です。資格の喪失日は原則として「離職した日の翌日」になることを前述しましたが、社会保険料は喪失した日（退職日の翌日）の属する月の前月まで発生します。たとえば、10月に退職する場合で考えると以下のようになります。

10/30退職→10/31資格喪失→10月の前月である9月まで保険料発生

10/31退職→11/1資格喪失→11月の前月である10月まで保険料発生

このように、退職日が1日違うだけで会社が負担する社会保険料が1か月分増加するため、月末退職を避ける方向で従業員と調整することもあるようです。従業員から見れば、月途中で退職すると、その月は新たに国民年金および国民健康保険に加入しなければならず、新たな勤務先が決まっていないような場合では従業員の手続き負担や費用負担が増えることもあります。

会社としては社会保険の制度を説明した上で、従業員と退職日の調整をするのがよいでしょう。

書式16　雇用保険被保険者資格喪失届

社員が離職したときに雇用保険の資格を喪失させる手続きを行います。主な離職理由には、①自己都合、②契約期間満了、③定年、④取締役就任、⑤移籍出向、⑥解雇があります。

事業主が、離職した日の翌日から10日以内に「雇用保険被保険者資格喪失届」を、管轄の公共職業安定所へ届け出ます。添付書類として、離職者が希望した場合には「雇用保険被保険者離職証明書」を添付します。また、退職届などの離職理由が分かる書類を求められる場合があります。

資格喪失届は、氏名変更届と同じ様式のため、⑩欄や㉔欄は空白のまま提出してかまいません。

書式17　離職証明書

離職した人が雇用保険の失業等給付を受けるためには、離職票が必要になります。離職票の交付を受けるために作成しなければならない書類が離職証明書です。離職者が雇用保険の失業給付を受けるために離職票の交付を希望したときは、資格喪失届に加えて雇用保険被保険者離職証明書を作成します。離職票の交付を本人が希望しないとき（転職先が決まっているときなど）は作成・届出の必要はありません。ただし、離職者が59歳以上のときは本人の希望に関わらず作成・届出をしなければなりません。

事業主は、離職日の翌日から10日以内に管轄の公共職業安定所に離職証明書を届け出ます。添付書類は、ⓐ雇用保険被保険者資格喪失届、ⓑ労働者名簿、ⓒ賃金台帳、ⓓ出勤簿、ⓔ退職届のコピーまたは解雇通知書など（離職理由が確認できる書類）です。

　書式は、令和2年3月20日に自己都合で離職した場合の離職証明書です。もっともシンプルなパターンの離職証明書だと考えてください。⑧欄の「被保険者期間算定対象期間」には、離職日から1か月ずつさかのぼり区分日付を記入していきます。さかのぼる月数は、⑨欄の「支払基礎日数」が11日以上ある月が12か月になるまでです。

　その⑨欄には、月給者では、暦日数または所定出勤日数から欠勤控除された日数を除いた日数を記入します。⑩欄の「賃金支払対象期間」には、離職日から直前における賃金締切日の翌日まで一区分としてさかのぼり、後は賃金締切日ごとに1か月ずつさかのぼり⑨欄と同じ列になるまで区分日付を記入していきます。

　⑪欄には、賃金支払対象期間ごとに⑨欄と同様の方法で算出した日数を記入します。⑫欄の「賃金額」には、その支払対象期間に基づき支給されたすべての賃金の総額を記入します。忘れがちなのが通勤手当ですが、もちろんこれも算入します。

　本ケースは自己都合での離職であることから、⑦の離職理由欄（43ページ）には「労働者の個人的事情による離職（一身上の都合、転職希望等）」に○をつけます。

● **法定3帳簿とは**

　①労働者名簿、②賃金台帳、③出勤簿またはタイムカードは、事業所の規模や労働者数に関係なく、事業所において労務管理をする上で必要な3つの書類です。これを法定3帳簿といいます。労働基準法で事業主に作成と保存が義務付けられています。

| 様式コード 2 2 0 1 | 健 康 保 険 厚生年金保険 厚生年金保険 | 被保険者資格喪失届 70歳以上被用者不該当届 | |

令和 2 年 3 月 21 日提出

| 提出者記入欄 | 事業所 整理記号 | 0 0－アイウ | 事業所 番号 | 1 2 3 4 5 | | 受付印 |

届書記入の個人番号に誤りがないことを確認しました。

	事業所 所在地	〒141-0000 品川区五反田1-2-3
	事業所 名 称	株式会社 緑商会
	事業主 氏 名	代表取締役 鈴木 太郎 ㊞
	電話番号	03（3321）1123

在職中に70歳に到達された方の厚生年金保険被保険者喪失届は、この用紙ではなく『70歳到達届』を提出してください。

社会保険労務士記載欄
氏 名 等 ㊞

被保険者1

| ① 被保険者 整理番号 | 12 | ② 氏名 | (フリガナ) かとう (氏) 加藤 | さとし (名) 聡 | ③ 生年 月日 | 5.昭和 7.平成 9.令和 | 4 9 1 0 0 3 年 月 日 |

| ④ 個人番号 [基礎年金番号] | 2 1 1 7 5 0 0 1 3 5 6 7 | ⑤ 喪失 年月日 | 9.令和 0 2 0 3 2 1 年 月 日 | ⑥ 喪失 不該当 原因 | 4. 退職等（令和 2 年 3 月 20 日退職等） 5. 死亡 （令和 年 月 日死亡） 7. 75歳到達（健康保険のみ喪失） 9. 障害認定（健康保険のみ喪失） |

| ⑦ 備考 | 該当する項目を○で囲んでください。 1. 二以上事業所勤務者の喪失 3. その他 2. 退職後の継続再雇用者の喪失 [ ] | 保険証回収 添付 1 枚 返不能 枚 | ⑧ 70歳 不該当 | □ 70歳以上被用者不該当 （退職日または死亡日を記入してください） 不該当年月日 9.令和 年 月 日 |

被保険者2

| ① 被保険者 整理番号 | | ② 氏名 | (フリガナ) (氏) | (名) | ③ 生年 月日 | 5.昭和 7.平成 9.令和 | 年 月 日 |

| ④ 個人番号 [基礎年金番号] | | ⑤ 喪失 年月日 | 9.令和 年 月 日 | ⑥ 喪失 不該当 原因 | 4. 退職等（令和 年 月 日退職等） 5. 死亡 （令和 年 月 日死亡） 7. 75歳到達（健康保険のみ喪失） 9. 障害認定（健康保険のみ喪失） |

| ⑦ 備考 | 該当する項目を○で囲んでください。 1. 二以上事業所勤務者の喪失 3. その他 2. 退職後の継続再雇用者の喪失 [ ] | 保険証回収 添付 枚 返不能 枚 | ⑧ 70歳 不該当 | □ 70歳以上被用者不該当 （退職日または死亡日を記入してください） 不該当年月日 9.令和 年 月 日 |

被保険者3

| ① 被保険者 整理番号 | | ② 氏名 | (フリガナ) (氏) | (名) | ③ 生年 月日 | 5.昭和 7.平成 9.令和 | 年 月 日 |

| ④ 個人番号 [基礎年金番号] | | ⑤ 喪失 年月日 | 9.令和 年 月 日 | ⑥ 喪失 不該当 原因 | 4. 退職等（令和 年 月 日退職等） 5. 死亡 （令和 年 月 日死亡） 7. 75歳到達（健康保険のみ喪失） 9. 障害認定（健康保険のみ喪失） |

| ⑦ 備考 | 該当する項目を○で囲んでください。 1. 二以上事業所勤務者の喪失 3. その他 2. 退職後の継続再雇用者の喪失 [ ] | 保険証回収 添付 枚 返不能 枚 | ⑧ 70歳 不該当 | □ 70歳以上被用者不該当 （退職日または死亡日を記入してください） 不該当年月日 9.令和 年 月 日 |

被保険者4

| ① 被保険者 整理番号 | | ② 氏名 | (フリガナ) (氏) | (名) | ③ 生年 月日 | 5.昭和 7.平成 9.令和 | 年 月 日 |

| ④ 個人番号 [基礎年金番号] | | ⑤ 喪失 年月日 | 9.令和 年 月 日 | ⑥ 喪失 不該当 原因 | 4. 退職等（令和 年 月 日退職等） 5. 死亡 （令和 年 月 日死亡） 7. 75歳到達（健康保険のみ喪失） 9. 障害認定（健康保険のみ喪失） |

| ⑦ 備考 | 該当する項目を○で囲んでください。 1. 二以上事業所勤務者の喪失 3. その他 2. 退職後の継続再雇用者の喪失 [ ] | 保険証回収 添付 枚 返不能 枚 | ⑧ 70歳 不該当 | □ 70歳以上被用者不該当 （退職日または死亡日を記入してください） 不該当年月日 9.令和 年 月 日 |

様式第4号　（移行処理用）　**雇用保険被保険者**　資格喪失届　~~氏名変更届~~　標準字体 `0 1 2 3 4 5 6 7 8 9`

（必ず第2面の注意事項を読んでから記載してください。）

※ 帳票種別　`1 5 1 9`　[0 氏名変更届 / 1 資格喪失届]

1. 個人番号　`2 3 4 5 6 7 8 9 0 1 2 3`

2. 被保険者番号　`5 0 1 8 - 1 3 5 2 4 6 - 1`

3. 事業所番号　`1 3 0 6 - 7 8 9 1 2 3 - 4`

4. 資格取得年月日　`4 - 2 6 0 8 0 1`　[3 昭和 / 4 平成 / 5 令和]
元号　年　月　日

5. 離職等年月日　`5 - 0 2 0 3 2 0`
元号　年　月　日

6. 喪失原因　`2`　1 離職以外の理由 / 2 3以外の離職 / 3 事業主の都合による離職

7. 離職票交付希望　`1`（1 有 / 2 無）

8. 1週間の所定労働時間　`4 0 0 0`　時間　分

9. 補充採用予定の有無　`1`（空白 無 / 1 有）

10. 新氏名　フリガナ（カタカナ）

※公共職業安定所記載欄

11. 喪失時被保険者種類 □（3 季節）

12. 国籍・地域コード □□□（17欄に対応するコードを記入）

13. 在留資格コード □□（18欄に対応するコードを記入）

―― 14欄から18欄までは、被保険者が外国人の場合のみ記入してください。――

14. 被保険者氏名（ローマ字）または新氏名（ローマ字）（アルファベット大文字で記入してください。）

被保険者氏名（ローマ字）または新氏名（ローマ字）［続き］

15. 在留期間　西暦　年　月　日　まで

16. 派遣・請負就労区分 □　1 派遣・請負労働者として主として当該事業所以外で就労していた場合 / 2 1に該当しない場合

17. 国籍・地域 （　）

18. 在留資格 （　）

19. （フリガナ）	カトウ　サトシ	20. 性別	21. 生年月日
被保険者氏名	加藤　聡	男 ・ 女	大正 平成 昭和 令和　49年 10月 3日

22. 被保険者の住所又は居所	足立区足立1-2-3		
23. 事業所名称	株式会社 緑商会	24. 氏名変更年月日	令和　年　月　日
25. 被保険者でなくなったことの原因	転職希望による退職		

雇用保険法施行規則第7条第1項・第14条第1項の規定により、上記のとおり届けます。

令和 2 年 3 月 27日

事業主　住所　〒141-0000　品川区五反田1-2-3
氏名　株式会社 緑商会　代表取締役 鈴木 太郎
電話番号 03-3321-1123

記名押印又は署名　印
品川　公共職業安定所長　殿

社会保険労務士記載欄	作成年月日・提出代行者・事務代理者の表示	氏　名 印	電話番号	安定所
				備考欄

※ | 所長 | 次長 | 課長 | 係長 | 係 | 操作者 |

確認通知年月日　令和　年　月　日

2019. 5

41

書式17　雇用保険被保険者離職証明書（転職による自己都合退職の場合）

様式第5号

雇用保険被保険者離職証明書（安定所提出用）

① 被保険者番号	1234 - 567890 - 1	③フリガナ	カトウサトシ	④ 離職 年月日	令和	年 2	月 3	日 20
② 事業所番号	1111 - 111111 - 1	離職者氏名	加藤聡					

⑤ 名称 事業所 所在地 電話番号	株式会社佐藤商事 品川区○○1-1-1 03-1111-1111	〒 離職者の 住所又は居所	120-0123 足立区○○1-2-3 電話番号（ 03 ）1234-5678

⑩ この証明書の記載は、事実に相違ないことを証明します。
事業主　住所　品川区○○1-1-1
　　　　氏名　代表取締役　佐藤清　㊞

※離職票交付　平成　　年　　月　　日
（交付番号　　　　　　　番）

離職受
職領
票印

⑪

⑧ ⑨

離職の日以前の賃金支払状況等

⑧ 被保険者期間算定対象期間		⑨⑧の期間における賃金支払基礎日数	⑩ 賃金支払対象期間	⑪⑩の基礎日数	⑫ 賃 金 額			⑬ 備考
Ⓐ 一般被保険者等	Ⓑ 短期雇用特例被保険者				Ⓐ	Ⓑ	計	
離職日の翌日 3月21日								
2月21日～離職日	離職月	28日	2月21日～離職日	28日	250,000			
1月21日～2月20日	月	31日	1月21日～2月20日	31日	250,000			
12月21日～1月20日	月	31日	12月21日～1月20日	31日	250,000			
11月21日～12月20日	月	30日	11月21日～12月20日	30日	250,000			
10月21日～11月20日	月	31日	10月21日～11月20日	31日	250,000			
9月21日～10月20日	月	30日	9月21日～10月20日	30日	250,000			
8月21日～9月20日	月	31日	8月21日～9月20日	31日	250,000			
7月21日～8月20日	月	31日	7月21日～8月20日	31日	250,000			
6月21日～7月20日	月	30日	6月21日～7月20日	30日	250,000			
5月21日～6月20日	月	31日	5月21日～6月20日	31日	250,000			
4月21日～5月20日	月	30日	4月21日～5月20日	30日	250,000			
3月21日～4月20日	月	31日	3月21日～4月20日	31日	250,000			
月　日～　月　日			月　日～　月　日					

⑫　⑬　備考欄

⑭ 賃金に関する特記事項

⑮この証明書の記載内容（⑦欄を除く）は相違ないと認めます。（記名押印又は自筆による署名）
（離職者氏名）加藤　聡　㊞

⑮

※公共職業安定所記載欄
⑮欄の記載　有・無
⑯欄の記載　有・無
　資・聴　有・無

社会保険 労務士 記載欄	作成年月日・提出代行者・事務代理者の表示	氏　名	電話番号
		㊞	

※　所長　次長　課長　係長　係

42

⑦

⑦**離職理由欄**…事業主の方は、離職者の主たる離職理由が該当する理由を1つ選択し、左の事業主記入欄の□の中に○印を記入の上、下の具体的事情記載欄に具体的事情を記載してください。

【離職理由は所定給付日数・給付制限の有無に影響を与える場合があり、適正に記載してください。】

事業主記入欄	離　職　理　由	※離職区分
	1　事業所の倒産等によるもの	
□ ……	（1）　倒産手続開始、手形取引停止による離職	1 A
□ ……	（2）　事業所の廃止又は事業活動停止後事業再開の見込みがないため離職	1 B
	2　定年、労働契約期間満了等によるもの	
□ ……	（1）　定年による離職（定年　　歳）	2 A
□ ……	（2）　採用又は定年後の再雇用時等にあらかじめ定められた雇用期限到来による離職	2 B
□ ……	（3）　労働契約期間満了による離職 　①　一般労働者派遣事業に雇用される派遣労働者のうち常時雇用される労働者以外の者 　　（1回の契約期間　　箇月、通算契約期間　　箇月、契約更新回数　　回） 　　（契約を更新又は延長することの確約・合意の　有・無　（更新又は延長しない旨の明示の　有・無）） 　　　　　　　　　　　　　　　　　　　　　{を希望する旨の申出があった 　　　労働者から契約の更新又は延長{を希望しない旨の申出があった 　　　　　　　　　　　　　　　　　　　　　{の希望に関する申出はなかった 　　a　労働者が適用基準に該当する派遣就業の指示を拒否したことによる場合 　　b　事業主が適用基準に該当する派遣就業の指示を行わなかったことによる場合（指示した派遣就業が取りやめになったことによる場合を含む。） 　　（aに該当する場合は、更に下記の4のうち、該当する主たる離職理由を更に1つ選択し、○印を記入してください。該当するものがない場合は下記の5に○印を記入した上、具体的な理由を記載してください。） 　②　上記①以外の労働者 　　（1回の契約期間　　箇月、通算契約期間　　箇月、契約更新回数　　回） 　　（契約を更新又は延長することの確約・合意の　有・無　（更新又は延長しない旨の明示の　有・無）） 　　（直前の契約更新時に雇止め通知の　有・無） 　　　　　　　　　　　　　　　　　　　　　{を希望する旨の申出があった 　　　労働者から契約の更新又は延長{を希望しない旨の申出があった 　　　　　　　　　　　　　　　　　　　　　{の希望に関する申出はなかった	2 C 2 D 2 E 3 A 3 B 3 C 3 D 4 D
□ ……	（4）　早期退職優遇制度、選択定年制度等により離職	5 E
□ ……	（5）　移籍出向	
	3　事業主からの働きかけによるもの	
□ ……	（1）　解雇（重責解雇を除く。）	
□ ……	（2）　重責解雇（労働者の責めに帰すべき重大な理由による解雇）	
	（3）　希望退職の募集又は退職勧奨	
□ ……	①　事業の縮小又は一部休廃止に伴う人員整理を行うためのもの	
□ ……	②　その他（理由を具体的に　　　　　　　　　　　　　　）	
	4　労働者の判断によるもの	
	（1）　職場における事情による離職	
□ ……	①　労働条件に係る重大な問題（賃金低下、賃金遅配、過度な時間外労働、採用条件との相違等）があったと労働者が判断したため	
□ ……	②　就業環境に係る重大な問題（故意の排斥、嫌がらせ等）があったと労働者が判断したため	
□ ……	③　事業所での大規模な人員整理があったことを考慮した離職	
□ ……	④　職種転換等に適応することが困難であったため（教育訓練の有・無）	
□ ……	⑤　事業所移転により通勤困難となった（なる）ため（旧(新)所在地：　　　　　）	
□ ……	⑥　その他（理由を具体的に　　　　　　　　　　　　　）	
◎ ……	（2）　労働者の個人的な事情による離職（一身上の都合、転職希望等）	
□ ……	5　その他（1－4のいずれにも該当しない場合） 　（理由を具体的に　　　　　　　　　　　　　　　　　）	

具体的事情記載欄（事業主用）
転職希望による自己都合退職

⑯

⑯**離職者本人の判断**（○で囲むこと）

事業主が○を付けた離職理由に異議　有り　(無し)

記名押印又は自筆による署名[離職者氏名]　加藤　聡　　㊞

所得税や住民税についての手続きが必要になる

■ 退職時に必要な税金関係の届出

　従業員や取締役・監査役などの役員が退職する際に退職金を支給する場合には、所得税や住民税関連の手続きを行う必要が生じることがあります。従業員や役員などの退職時には、通常、以下の手続きを行うことになります。

書式18　退職所得の受給に関する申告書

　退職金は金額次第では所得税と住民税が徴収され、差し引いた残りを受給することになります。この退職金を受給する際には、退職者である受給者は受給する日の前日までに、「退職所得の受給に関する申告書」を会社に提出することで、適切な税負担後の退職金を受給できます。つまり、申告書の提出によって会社は徴収すべき税額を計算し、その税額分を退職金から徴収し、残額を退職者へ支払います。しかし、会社への申告書の提出がない場合は、一定の税額つまり20.42％の所得税の源泉徴収と10％の住民税の特別徴収をします。確定申告をすれば、本来負担すべきであった税額との差額は還付されますが、確定申告をしなければならない煩雑さを考えれば、「退職所得の受給に関する申告書」を提出すべきです。

　提出された申告書について会社は7年間保管する義務がありますが、税務署や市区町村へ提出する必要は原則としてありません。

書式19　特別徴収にかかる給与所得者異動届出書

　従業員が退職する際は、従業員が所在する市区町村の役所に退職した月の翌月10日までに「特別徴収にかかる給与所得者異動届出書」を提出する必要があります。退職者が退職後は自ら直接住民税を納付す

る、普通徴収での住民税納付を希望する場合も同じです。届出書には、異動後の未納付税額の徴収方法を選択する箇所があります。ここで普通徴収を選択することで、住民税が普通徴収に切り替わります。給与所得者異動届出書で普通徴収を選択すると、市区町村から元従業員へ納税通知書が送付され、それに基づき直接納付していくことになります。

　しかし、未納付税額についての徴収方法の切り替えは、退職した日の属する月がいつかによって、その扱いが異なるため、注意が必要です。退職日が1月1日から4月30日までの間である場合は、退職する従業員の意思にかかわらず、5月末日までに支払う給与または退職金から、未納税額を一括して徴収します。退職日が6月1日から12月31日である場合は、一括して未納税額を徴収することも可能ですし、普通徴収に切り替えることも可能です。退職日が5月中である場合は5月分の給与で5月分の住民税を特別徴収し、6月以降は市区町村から退職者へ届いた納税通知書に基づいて直接納付します。

書式20　退職所得についての特別徴収納入書・申告書

　退職金は、その金額によっては住民税が課税される場合があることは前述しました。この退職所得に対する住民税は特別徴収しなければ

● 退職所得にかかる税金

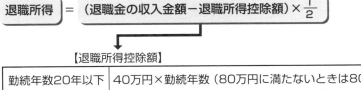

$$退職所得 = (退職金の収入金額 - 退職所得控除額) \times \frac{1}{2}$$

【退職所得控除額】

勤続年数20年以下	40万円×勤続年数（80万円に満たないときは80万円）
勤続年数20年超	800万円＋70万円×（勤続年数－20年）

※1　障害退職のときは、上記控除額＋100万円
※2　役員等勤続年数が5年以下である役員が支払を受ける退職金のうち、その役員等勤続年数に対応する退職金として支払を受けるものについては、上記の1/2は行われず、退職金に退職所得控除額を差し引いた残りの金額に対して所得税が課税される

なりません。退職金に基づく特別徴収税額については、「退職所得についての特別徴収納入書」を使用して納付します。退職者が退職する年の1月1日時点で居住していた市区町村の役所へ、特別徴収した月の翌月10日までに納付します。特別徴収納入書と申告書は通常セットになっています。申告書についても、同市区町村の役所へ同期限内に申告します。納入書と申告書については直接、該当する市区町村へ問い合わせて取り寄せます。

書式21　退職所得の源泉徴収票

　従業員が退職した際に退職金を支給した場合は、退職金の支払額や所得税を源泉徴収した金額、住民税を特別徴収した金額を記入した退職所得の源泉徴収票と特別徴収票を作成します。源泉徴収票と特別徴収票は複写でセットになっており、作成後、源泉徴収票を受給者である退職者に交付します。

　しかし、取締役や監査役など、会社の役員が退職し、退職金を支払った場合は、退職者に対してだけでなく、税務署等にも提出しなければなりません。税務署に対しては退職所得の源泉徴収票と、それをとりまとめた法定調書合計表を作成し、提出します。市区町村に対しては、退職所得の特別徴収票を提出します。いずれも提出期限は、退職後1か月以内です。ここでいう提出先の税務署とは会社の所轄税務署です。市区町村とは退職金の受給者が所在する市区町村の役所です。

書式18　退職所得の受給に関する申告書

令和元 年 10 月 8 日		令和元 年分	退職所得の受給に関する申告書		支払者受付印
税務署長 殿 ○ ○ 市町村長 殿			退 職 所 得 申 告 書		

退職手当の支払者の	所 在 地 （住所）	〒141-XXXX 東京都品川区XXX1-2-3		あなたの	現住所	〒152-XXXX 東京都目黒区XXX7-7-6 印
	名　称 （氏名）	株式会社　緑商会			氏　名	本上貴志 ⑪
	法人番号 （個人番号）	※提出を受けた退職手当の支払者が記載してください。 XXXXXXXXXXXXX			個人番号	X X X X X X X X X X X X
					その年1月1日現在の住所	同上

A このA欄には、全ての人が、記載してください。（あなたが、前に退職手当等の支払を受けたことがない場合には、下のB以下の各欄には記載する必要がありません。）

			③ この申告書の提出先から受ける退職手当等についての勤続期間	自平成22年 4 月 1 日 至令和元年 9 月 30日	10 年
① 退職手当等の支払を受けることとなった年月日		令和元年 9 月 30日	うち特定役員等勤続期間	有 無 自 年 月 日 至 年 月 日	年
② 退職の区分等	一般・障害	生活扶助 の 有・無	うち重複勤続期間	有 無 自 年 月 日 至 年 月 日	年

B あなたが本年中に他にも退職手当等の支払を受けたことがある場合には、このB欄に記載してください。

④ 本年中に支払を受けた他の退職手当等についての勤続期間	自 年 月 日 至 年 月 日	⑤ ③と④の通算勤続期間	自 年 月 日 至 年 月 日 年
うち特定役員等勤続期間	有 無 自 年 月 日 至 年 月 日 年	うち特定役員等勤続期間	有 無 自 年 月 日 至 年 月 日 年
		うち重複勤続期間	有 無 自 年 月 日 至 年 月 日 年

C あなたが前年以前4年内（その年に確定拠出年金法に基づく老齢給付金として支給される一時金の支払を受ける場合には、14年内）に退職手当等の支払を受けたことがある場合には、このC欄に記載してください。

⑥ 前年以前4年内（その年に確定拠出年金法に基づく老齢給付金として支給される一時金の支払を受ける場合には、14年内）の退職手当等についての勤続期間	自 年 月 日 至 年 月 日	⑦ ③又は⑤の勤続期間のうち、⑥の勤続期間と重複している期間	自 年 月 日 至 年 月 日 年
		⑦ うち特定役員等勤続期間との重複勤続期間	有 無 自 年 月 日 至 年 月 日 年

D A又はBの退職手当等についての勤続期間のうちに、前に支払を受けた退職手当等についての勤続期間の全部又は一部が通算されている場合には、その通算された勤続期間等について、このD欄に記載してください。

⑧ Aの退職手当等についての勤続期間（③）に通算された前の退職手当等についての勤続期間	自 年 月 日 至 年 月 日	⑩ ③又は⑤の勤続期間のうち、⑧又は⑨の勤続期間だけからなる部分の期間	自 年 月 日 至 年 月 日 年
うち特定役員等勤続期間	有 無 自 年 月 日 至 年 月 日	うち特定役員等勤続期間	有 無 自 年 月 日 至 年 月 日 年
⑨ Bの退職手当等についての勤続期間（④）に通算された前の退職手当等についての勤続期間	自 年 月 日 至 年 月 日	⑪ ⑦と⑩の通算期間	自 年 月 日 至 年 月 日 年
うち特定役員等勤続期間	有 無 自 年 月 日 至 年 月 日	⑪ うち⑦と⑩の通算期間	自 年 月 日 至 年 月 日 年

E B又はCの退職手当等がある場合には、このE欄にも記載してください。

	区分	退職手当等の支払を受けることとなった年月日	収 入 金 額 （円）	源 泉 徴収税額 （円）	特別徴収税額		支払を受けた年月日	退職の区分	支 払 者 の 所 在 地 （住所）・名称（氏名）
					市町村民税 （円）	道府県民税 （円）			
E	B 一般	・　・					・　・	一般 障害	
	B 特定役員	・　・					・　・	一般 障害	
	C	・　・					・　・	一般 障害	

（注意）　1　この申告書は、退職手当等の支払を受ける際に支払者に提出してください。提出しない場合は、所得税及び復興特別所得税の源泉徴収税額は、支払を受ける金額の20.42％に相当する金額となります。また、市町村民税及び道府県民税については、延滞金を徴収されることがあります。
　　　　　2　Bの退職手当等がある人は、その退職手当等についての退職所得の源泉徴収票(特別徴収票)又はその写しをこの申告書に添付してください。
　　　　　3　支払を受けた退職手当等の金額の計算の基礎となった勤続期間に特定役員等勤続期間が含まれる場合は、その旨並びに特定役員等勤続期間、年数及び収入金額等を所定の欄に記載してください。

（規格A4）

27.06 改正

47

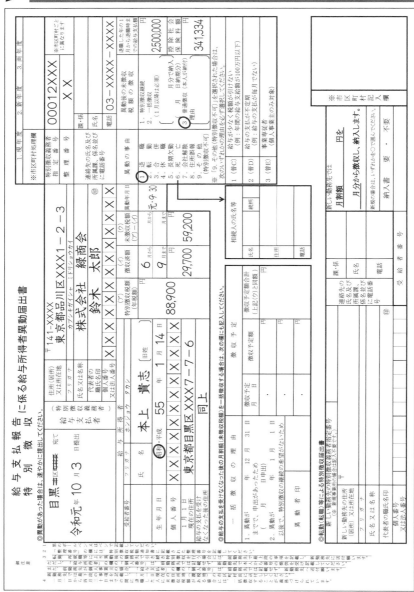

書式20　退職所得についての特別徴収納入書・申告書

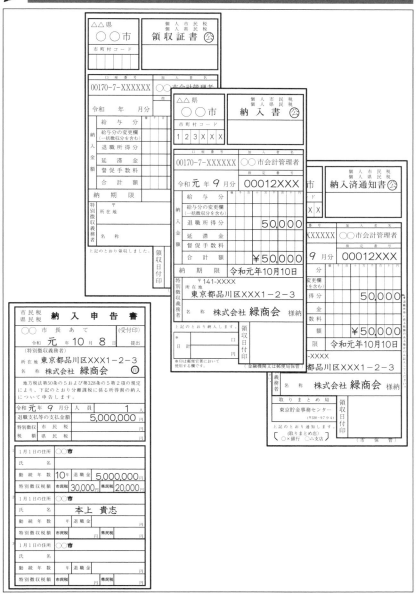

書式21　退職所得の源泉徴収票

令和 元 年分　退職所得の源泉徴収票・特別徴収票

支払を受ける者	個人番号	X X X X X X X X X X X X		
	住所又は居所 平成31年1月1日の住所	東京都目黒区XXX7－7－6		
		同上		
	氏　名	(役職名)　　本上　貴志		

区　　　分	支 払 金 額	源泉徴収税額	特 別 徴 収 税 額	
			市町村民税	道府県民税
所得税法第201条第1項第1号並びに地方税法第50条の6第1項第1号及び第328条の6第1項第1号適用分	5,000,000	25,525	30,000	20,000
所得税法第201条第1項第2号並びに地方税法第50条の6第1項第2号及び第328条の6第1項第2号適用分				
所得税法第201条第3項並びに地方税法第50条の6第2項及び第328条の6第2項適用分				

退職所得控除額	勤 続 年 数	就 職 年 月 日	退 職 年 月 日
400 万円	10 年	22 年 4 月 1 日	元 年 9 月 30 日

(摘要)

支払者	個人番号又は法人番号	X X X X X X X X X X X X　(右詰で記載してください。)
	住所(居所)又は所在地	東京都品川区XXX1－2－3
	氏名又は名称	株式会社 緑商会　　(電話) 03-XXXX-XXXX

整　　理　　欄	①	②
(税務署提出用)

○個人番号又は法人番号欄に個人番号(12桁)を記載する場合には、右詰で記載します。

- -

令和　　　年分　退職所得の源泉徴収票・特別徴収票

支払を受ける者	個人番号			
	住所又は居所 平成　年1月1日の住所			
	氏　名	(役職名)		

区　　　分	支 払 金 額	源泉徴収税額	特 別 徴 収 税 額	
			市町村民税	道府県民税
所得税法第201条第1項第1号並びに地方税法第50条の6第1項第1号及び第328条の6第1項第1号適用分				
所得税法第201条第1項第2号並びに地方税法第50条の6第1項第2号及び第328条の6第1項第2号適用分				
所得税法第201条第3項並びに地方税法第50条の6第2項及び第328条の6第2項適用分				

退職所得控除額	勤 続 年 数	就 職 年 月 日	退 職 年 月 日
万円	年	年 月 日	年 月 日

(摘要)

支払者	個人番号又は法人番号	(右詰で記載してください。)
	住所(居所)又は所在地	
	氏名又は名称	(電話)

整　　理　　欄	①	②
(税務署提出用)

○個人番号又は法人番号欄に個人番号(12桁)を記載する場合には、右詰で記載します。

6 退職と関わる労働関係の書類

従業員を解雇する場合は特に慎重に手続きを行う

退職関係の労働基準監督署への提出書類

従業員を解雇する場合や、退職勧奨によって従業員に退職を求める場合は、より慎重に手続きを進めなければなりません。安易な対応や法令などへの違反によって、後々大きなトラブルになるケースが後を絶ちませんので、十分に注意する必要があります。

書式22　解雇予告除外認定申請書

天災事変その他やむを得ない事由があって事業の継続が不可能になった場合、または従業員に責任があって雇用契約を継続できない場合には、労働基準監督署から除外認定を受けることで、労働基準法上の解雇手続き（30日前の解雇予告など）が不要になります。除外認定を受けるためには、事業所を管轄する労働基準監督署に「解雇予告除外認定申請書」を提出することが必要です。

退職関係の社内文書

従業員の退職時には、事業主は、以下のような文書を作成し、場合によっては従業員に交付する必要が生じます。

書式23　解雇予告通知書

従業員を解雇するときは、原則として30日前の解雇予告が必要であるため、解雇予告をする書面に労働基準法上の手続きを満たしていることを明確に記載し、従業員に交付します。書面には「解雇予告通知書」といった表題をつけ、就業規則などに基づく解雇で、労働基準法20条に定める解雇予告であることを示し、解雇する従業員名、解雇予定日、解雇の理由、会社名と代表者名を記載します。

なお、解雇予告日が30日前よりも短い場合には、解雇する従業員について、その短い期間分以上の平均賃金（原則として過去３か月に支給された賃金総額を同じ期間の総日数で割った金額のこと）を解雇予告手当として支払うことが必要です（次ページ図）。

書式24　解雇通知書

　解雇の理由は、従業員に起きた事実を正確かつ具体的に記載する必要があります。それとともに、就業規則のある会社の場合には、解雇の根拠となる就業規則の規定を明記し、その根拠規定のどの部分に該当するのかを明示するようにします。

書式25　即時解雇通知書

　巨大地震や大津波などの天災事変その他やむを得ない事情により事業継続が不可能になった場合や、犯罪行為など従業員に責任がある場合（懲戒解雇など）、事業主は、解雇予告や解雇予告手当の支払いをせずに従業員を即時解雇できます。即時解雇する場合、表題を「即時解雇通知書」として、どちらの場合に該当するのかを明確にします。なお、解雇予告手当として30日分以上の平均賃金を支払うことで即時解雇するときは、実際に支払う金額を記載します。

書式26　解雇理由証明書

　解雇理由証明書には、解雇した従業員（解雇予告期間中に交付する場合は解雇の予告をした従業員）、解雇した日（解雇予定日）、解雇の理由を明記します。解雇の理由については、解雇した従業員（解雇の予告をした従業員）が起こした事実を、間違いのないように正確かつ具体的に記載する必要があります。

書式27　退職に関する合意書

　退職の合意とともに、退職勧奨に至った経緯を書面で残しておくことが重要です。具体的には、始末書や警告書、社員指導票など、過去にその社員が起こした問題と、それに対して会社が行った改善指導や教育訓練を記した書類です。

書式28　退職証明書

退職証明書には、退職事由（自己都合、定年、契約期間満了など）と退職日付が記載してあればよいとされています。ただし、従業員から退職証明書の発行の請求があった場合には、事業主は、その従業員を雇用していた期間、従事していた業務、その職場における従業員の地位、賃金、退職事由（解雇の理由も含みます）のうち、従業員が請求した事項を記載して交付することが必要です。

書式29　退職金控除に関する労使協定書

退職金については、就業規則や労働契約などの定めに基づいて支払うときは賃金に該当するため、全額払の原則（32ページ）によって、退職金から社内貸付金の残額などを控除する場合は、あらかじめ労使協定を書面で締結しておくことが必要です。「退職金控除に関する労使協定書」は労働基準監督署への届出が不要です。

書式30　競業禁止及び守秘義務に関する誓約書

退職する従業員が会社と競業する業務を行って、会社の利益を損ねることや企業秘密が漏えいすることなどを防ぐため、一定期間は会社と競業する業務を行わないことや、会社・顧客に関する情報を不正に使用・開示（漏えいなど）しないことを厳守させる必要があります。

そこで、退職する従業員の競業禁止業務や守秘義務を明記した誓約書を作成し、退職時に署名押印してもらうようにします。

● 解雇予告日と解雇予告手当

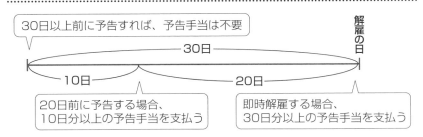

様式第3号（第7条関係）

解雇予告除外認定申請書

事業の種類	事業の名称	事業の所在地
物品販売業	株式会社〇〇〇〇	東京都〇〇〇区〇〇×-×-×

	労働者の氏名	性別	雇入年月日	業務の種類	労働者の責に帰すべき事由
	××××	男	平成〇・〇・〇	営業	左欄記載の労働者が、平成〇年〇月〇日より、度々業務命令違反を繰り返し、その結果当社の業務遂行に著しい支障を及ぼしたことによるもの。詳細の経過については別紙のとおり。
			・・		
			・・		
			・・		
			・・		

令和〇年　〇月　〇日

　　　　　　　　　〇〇労働基準監督署長殿

使用者　　職　名　株式会社〇〇〇〇
　　　　　　　　　代表取締役
　　　　　　　氏　名　△△△△　　㊞ 会社代表印

田中卓也　殿

解雇予告通知書

　貴殿を当社就業規則第○条第○項に基づき下記の事由により令和
○年10月31日付をもって解雇致します。

　なお、本通知は労働基準法第20条に定める解雇予告であることを
申し添えます。

記

（解雇年月日）

　令和○年10月31日

（解雇理由）

　私傷病による欠勤が３か月を超えて、いまだ復職のめどがたたな
いため

以上

令和○年10月１日

株式会社緑商会

代表取締役　鈴木太郎　㊞

第1章　採用・退職に関する手続きと書式

55

書式24　解雇通知書

令和○年○月○日

解雇通知書

○○○○　殿

　貴殿を当社就業規則第○条に基づき、本日付けをもって解雇します。
　なお、労働基準法第20条第1項に基づき、本日、平均賃金30日分の解雇予告手当を、貴殿の給与振込口座に振り込みましたので、お受け取りください。

東京都○○区○丁目○番○号
株式会社○○○○
代表取締役　　○○○○

[解雇理由]

　貴殿は、令和○年○月○日、所属部署の上司である○○本部長から、現在の担当業務である取引先との交渉業務を外れ、社内での文書整理の業務に従事するように業務命令を受けた。

　にもかかわらず、貴殿はかかる業務命令に従おうとせず、○○本部長及び直属の上司である○○係長の再三の注意にも従わず、同業務命令に違反して指示された業務に従事しようとしなかった。また、業務方針及び社内体制に対する不平不満も態度に現すようになり、これに対する再三の注意及び改善指導にも従わず、無断欠勤を繰り返すようになり、確認できるだけでも合計○○回の業務命令違反を繰り返した。

　以上の貴殿の行為は、当社就業規則第○条第○号違反に該当し、同規則第○条の解雇事由に該当するため、同条に基づき貴殿を解雇する。

安部　学　殿

即時解雇通知書

　今般、貴殿を就業規則第○条第○項に基づき、下記の事由により懲戒解雇致しますので、ここに通知致します。

　なお、労働基準法第20条に基づく解雇予告手当については、貴殿の給与振り込み口座に振込みますので、併せて通知します。(注)

記

（解雇年月日）

　令和○年8月30日

（解雇理由）

　貴殿は、令和○年8月28日、当社取引先である桜株式会社より当社商品のジャケット100着の売掛代金債権たる金300万円を受領しながら、これを当社財務部会計課に納付せず、遊興費として費消し、もって右金員を着服横領したものである。

　以上の貴殿の行為は、当社就業規則第○条第○項に規定する懲戒解雇事由に該当する。

以上

令和○年8月30日

株式会社緑商会

代表取締役　鈴木太郎　㊞

（注）労働基準監督署から解雇予告の除外認定を受けた場合は、解雇予告手当の支払いを省略できる。

第1章　採用・退職に関する手続きと書式

書式26　解雇理由証明書

解 雇 理 由 証 明 書

―――――――――――　○○○○　殿

　当社が、**令和○年　○　月　○　日付け**であなたに予告した解雇については、以下の理由によるものであることを証明します。

　　　　　　　　　　　　　　　　　令和○　年　○　月　○日

　　　　　　　　事業主氏名又は名称　**株式会社○○○○**
　　　　　　　　使 用 者 職 氏 名　**代表取締役　○○○○**

〔解雇理由〕※１、２

1　天災その他やむを得ない理由（具体的には、

　　　　　　　　によって当社の事業の継続が不可能となったこと。）による解雇

2　事業縮小等当社の都合（具体的には、当社が、

　　　　　　　　　　　　　となったこと。）による解雇

③　職務命令に対する重大な違反行為（具体的には、あなたが　**所属部署の上司である○○本部長の業務命令に従おうとせず、確認できるだけでも合計○○回の業務命令違反を繰り返**　したこと。）による解雇

4　業務については不正な行為（具体的には、あなたが

　　　　　　　　　　　　　　したこと。）による解雇

⑤　勤務態度又は勤務成績が不良であること（具体的には、あなたが**業務方針及び社内体制に対する不平不満を態度に現し、再三の注意及び改善指導にも従わず、無断欠勤を繰り返すようになった**　こと。）による解雇

6　その他（具体的には、
　　　上記３、５に記載したあなたの行為が当社就業規則第○条第○号違反に該当し、同規則第○条の解雇事由に該当すること　）による解雇

※１　該当するものに○を付け、具体的な理由等を（　）の中に記入すること。
※２　就業規則の作成を義務付けられている事業場においては、上記解雇理由の記載例にかかわらず、当該就業規則に記載された解雇の事由のうち、該当するものを記載すること。

58

書式27　退職に関する合意書

　株式会社○○○○（以下甲という）と○○○○（以下乙という）は、甲乙間の雇用契約に関して、以下の通り合意し、その証として本書を2通作成し、記名押印して各々1通を保管するものとする。

退職に関する合意書

第1条　甲と乙は、当事者間の雇用契約を令和○○年○月○日限りにて、合意解約するものとする。

第2条　甲は、乙に対し、退職金として金○○○○円、特別退職金として金○○○○円を支払うものとし、これを令和○○年○月○日限り、乙の指定する下記の預金口座に振込送金する方法で支払う。

記

○○銀行、○○支店
預金の種類　　普通
口座番号　　　1234567
名義人　　　　○○○○

第3条　甲は、本件の合意解約に関し、雇用保険の離職証明書の離職事由については、会社都合の扱いで処理するものとする。

第4条　甲は、前1条の合意解約日現在、乙が有する年次有給休暇が残存する場合において、給与として乙に1か月に支払われる給与を1か月の平均労働日数にて割って求めた額を第2条の預金口座に振込送金する方法にて支払うものとする。

第5条　乙は、甲の許可なく、本件の合意解約ならびに本退職合意書の成立および内容を第三者に開示しないものとし、甲は、乙に不利益となる情報を第三者に開示しないとともに、第三者から乙の退職原因を問われた場合には、円満に退職したことのみを告げるものとする。

第6条　乙は、甲の営業秘密および甲の保有する個人情報に係る資料を、正本、複写の別を問わず、すべて甲に返却し、第1条の合意解約日現在、それらを一切所持しないことを誓約するものとする。

2　乙は、在職中に知り得た甲の会社の営業秘密および甲の保有する個人情報について、甲が特に許可した場合を除き、退職後においても、第三者に開示し、または漏えいしないとともに、自ら使用しないものとする。

第7条　甲と乙は、本退職合意書に定める以外の債権および債務について、互いに有していないことを確認するものとする。

令和○○年○月○日

甲　住所　東京都○○区○○×－×－×
　　　　　　株式会社○○○○
　　　　　　代表取締役　○○○○

乙　住所　東京都○○市○○町×－×－×
　　　　　　○○○マンション303号室
　　　　　　氏名○○○○

書式28　退職証明書

退　職　証　明　書

石田成三　　　　殿

　以下の事由により、あなたは当社を **令和○○** 年　**8** 月 **31** 日に退職したこと
を証明します。

令和○○ 年　**12** 月　**1** 日

　　　　　事業主氏名又は名称　**株式会社 緑商会**　

　　　　　使用者職氏名　　**代表取締役 鈴木 太郎**

①　あなたの自己都合による退職　　（②を除く。）

②　当社の勧奨による退職

③　定年による退職

④　契約期間の満了による退職

⑤　移籍出向による退職

⑥　その他（具体的には　　　　　　　　　　　　　　　　　　　　）による退職

⑦　解雇（別紙の理由による。）

※　該当する番号に○を付けること。
※　解雇された労働者が解雇の理由を請求しない場合には、⑦の「（別紙の理由による。）」
　　を二重線で消し、別紙は交付しないこと。

ア　天災その他やむを得ない理由（具体的には、

　　　　　　　　　　　によって当社の事業の継続が不可能になったこと。）による解雇

イ　事業縮小等当社の都合（具体的には、当社が、

　　　　　　　　　　　　　　　　　　　　　　　　となったこと。）による解雇

㋒　職務命令に対する重大な違反行為（具体的には、あなたが
　　令和〇年7月1日に所属部署の上司から、現在の担当業務である取引先との
　　交渉の業務を外れ、社内において文書の整理の業務に従事するよう業務命
　　令を受けた。にもかかわらず、あなたは、この業務命令に従おうとせず、所
　　属部署の上司および直属の上司の再三の注意にも従わず、同業務命令に違
　　反して指示された業務に従事しようとせず、さらに無断欠勤も繰り返すよう
　　になり、確認できるだけで合計10回の業務命令違反を　　　　したこと。）による解雇

エ　業務について不正な行為（具体的には、あなたが

　　　　　　　　　　　　　　　　　　　　　　　　したこと。）による解雇

オ　相当長期間にわたる無断欠勤をしたこと等勤務不良であること（具体的には、あなたが

　　　　　　　　　　　　　　　　　　　　　　　　したこと。）による解雇

カ　その他（具体的には、

　　　　　　　　　　　　　　　　　　　　　　　　　）による解雇

※　該当するものに〇を付け、具体的な理由等を（　）の中に記入すること。

退職金控除に関する労使協定書

　〇〇〇〇株式会社と、同社の従業員の過半数を代表する〇〇〇〇との間において、労働基準法第24条第1項但書に基づき、次の通り退職金控除に関する労使協定を締結した。

1　〇〇〇〇株式会社（以下「会社」という）は、会社に勤務する従業員（以下「従業員」という）に対して下記の債権を有する場合には、当該従業員の退職に際して支給すべき退職金から、会社の債権額を控除して当該債権の弁済に充当するものとする。
　①　会社の従業員に対する住宅取得資金貸付に関わる元本および利息の残額
　②　会社の従業員に対する上記①以外の貸付金に関わる元本および利息の残額
　③　会社が従業員に求め得る損害賠償債権（但し、損害の発生が確実である場合において、確実な証拠によって確認された損害額の範囲に限る）
2　本協定の有効期間は、本協定成立後3年間とし、期間満了に際しては、当事者の合意により更新できるものとする。

令和〇年〇月〇日

　　　　　　　　　　　　　使用者職氏名　〇〇〇〇株式会社
　　　　　　　　　　　　　代表取締役　〇〇〇〇　㊞
　　　　　　　　　　　　　従業員代表　〇〇〇〇　㊞

令和○年○月○日

株式会社○○○○　御中

（住所）

（氏名）　　　　㊞

競業禁止及び守秘義務に関する誓約書

　私は、今般、貴社を退職するにあたり、以下のことを誓約いたします。

記

1　退職後、在職中に知得した貴社の有形無形の技術上、営業上その他一切の有用な情報及び貴社の顧客に関する情報（以下「本件情報」といいます）を、公知になったものを除き、第三者に開示し、又は漏えいさせないとともに、自己のため又は貴社と競業する事業者その他第三者のために使用しないこと。

2　退職後、貴社の顧客に関する個人情報（顧客から預かった個人情報を含む）を、第三者に開示し、又は漏えいしないとともに、不正に使用しないこと。

3　貴社の承認を得た場合を除き、離職後1年間は日本国内において貴社と競業する業務を行わないこと。また、貴社在職中に知り得た顧客、及び貴社と取引関係のある企業および個人との間で、離職後1年間は取引をしないこと。

4　本件情報が具体化された文書、電磁的記録物その他の資料、及び

本件情報に関連して入手した書類、サンプル等、すべての資料を退職時までに貴社に返還すること。

5　貴社在職中に、前項の資料を貴社の許可なく社外に搬出していないこと、及び第三者に交付等していないこと。

6　貴社在職中に、業務に関連して第三者に対し守秘義務を負って第三者の情報を知得した場合、当該守秘義務を退職後も遵守すること。

7　退職後、直接であると間接であるとを問わず、貴社の従業員（派遣社員やパートも含む）を勧誘しないこと。

8　この誓約書に違反して貴社に損害を及ぼした場合には、貴社の被った損害一切を賠償すること。

以上

第2章

労働条件に関する
協定などの届出事務

1 就業規則に関する届出

■ 就業規則を変更した場合の届出

　従業員が常時10人以上の企業は、就業規則を作成しなければなりません。そして、作成した就業規則については、①労働者の過半数を代表する労働組合（過半数組合）または労働者の過半数を代表する労働者（過半数代表者）の意見を聴取する、②労働基準監督署に届け出る、③対象となる労働者全員に周知させる、といった手続きが必要です。

　以上の手続きは、初めて就業規則を作成したときだけでなく、就業規則の内容を変更するたびに必要となります。

書式1　就業規則（変更）届

　労働基準監督署に届け出る際は、正副2部の就業規則を作成します。就業規則（変更）届に、変更した就業規則の条文を記載し、変更した就業規則とともに提出します。正副2部のうち一部（正本）は事業所を管轄する労働基準監督署に提出し、もう一部（副本）は受理印をもらい、会社に就業規則原本として保管します。

書式2　意見書

　就業規則を作成または変更した際、過半数組合（過半数組合がない場合は過半数代表者）の意見を聴き、就業規則に添付して労働基準監督署に届出する書類です。労働者側の同意は要求されていないため、反対意見でも差し支えありません。また、パートタイム労働者や有期雇用労働者を対象とする就業規則の作成・変更に際しては、対象の労働者から意見を聴くよう努めなければなりません。なお、労働条件の不利益変更にあたる場合には、労働基準監督署へ提出した就業規則であっても、労働者に対する効力が否定されることがあります。

就業規則（変更）届

令和 ○○ 年　11 月　2 日

<u>　　　大田　　　</u> 労働基準監督署長　殿

　今回、別添のとおり当社の就業規則を制定・変更いたしましたので、意見書を添えて提出します。

主な変更事項

条文	改 正 前	改 正 後
社員就業規則第53条（時間単位の年次有給休暇）	(3)　時間単位年休は、2時間単位で付与する。	(3)　時間単位年休は、<u>1時間</u><u>単位</u>で付与する。
パートタイム労働者就業規則第9条（正規社員への登用）	2　正規社員として登用した場合、社員就業規則第○条に定める退職金の算定上、パートタイム労働者の期間は勤続年数に通算しない。	2　正規社員として登用した場合、**会社が認めた場合を除き、**社員就業規則第○条に定める退職金の算定上、パートタイム労働者の期間は勤続年数に通算しない。

労働保険番号	都道府県	所轄	管轄	基 幹 番 号	枝 番 号	被一括事業番号
	0 0	0 0	0	0 0 0 0 0 0	0 0 0	0 0

ふ り が な 事 業 場 名	たまりばーかぶしきがいしゃ 多摩リバー株式会社
所　在　地	東京都大田区東多摩川1－2－1　℡03-○○○○-○○○○
使用者職氏名	代表取締役社長　川崎　一男　　　　　　　　㊞
業種・労働者数	小売業

企 業 全 体	83	人
事業場のみ	20	人

前回届出から名称変更があれば旧名称
また、住所変更もあれば旧住所を記入。

意　見　書

令和○○　年　10　月　30　日

多摩リバー株式会社
代表取締役社長　川崎　一男　殿

　令和○○年10月20日付をもって意見を求められた就業規則変更案について、下記のとおり

意見を提出します。

記

対象となる規程
　1. 社員就業規則
　2. パートタイム労働者就業規則

上記規程の変更につき、全く異議はなく、同意いたします。

　なお、1 については、正規社員を集め意見聴取をし、2 については、
パートタイム労働者を集め意見聴取をしましたが、異論は出ませんでした。

以上

労働組合の名称又は労働者の過半数を代表する者の

労働者の過半数を代表する者の選出方法（　　従業員の互選により選出　　　　　）

職名　一般事務職
氏名　従業員代表　品川　二郎 ㊞

② 労働時間・休日・休暇に関する届出

三六協定は労働基準監督署に届け出なければならない

■ 時間外労働・休日労働に関する手続き

　労働者に対して、時間外労働（法定労働時間を超える労働）または休日労働（法定休日における労働）を命じる場合には、原則として労使協定を締結し、「時間外労働・休日労働に関する協定届」を労働基準監督署に届け出ることが必要です。ここでの労使協定は、労働基準法36条に基づいて締結されるため「三六協定」と呼ばれています。

書式３、４　時間外労働・休日労働に関する協定届

　三六協定の「延長することができる時間数」は、時間外労働の時間数を指します。平成31年４月以降は、通常の三六協定（71ページ）を定める場合、１か月45時間、１年360時間が時間外労働の上限であるため（２か月や３か月単位での上限の設定はできません）、この範囲内で定めます。１日の上限も定めることが必要ですが、坑内労働などを除いて上限はありません。これに対し、１か月単位・１年単位の上限を超える時間外労働をさせようとする場合は、特別条項付きの三六協定（72ページ）の締結・届出が必要です。

書式５　代替休暇に関する協定書

　１か月の時間外労働が60時間を超えた場合、労使協定を締結しておくことで、割増賃金（通常の賃金の150％）の支払いに代えて休暇を付与できます。ここでの休暇を「代替休暇」といいます。「割増賃金の支払いに代えて付与する代替休暇に関する協定書」は、労働基準監督署への届出が不要です。労使協定には、代替休暇の時間数の算定方法、代替休暇の単位、代替休暇を付与できる期間、代替休暇の取得日の決定方法、割増賃金の支払日を定めることが必要です。

■ 労働時間管理のための社内文書

　人件費などの経費の節減や、労働時間の正確な管理のため、労働時間を文書またはデータで管理することも重要です。

書式6　労働時間管理表

　会社側には労働者の労働時間を把握する義務があります。管理する項目は、会社の業態などによりさまざまですが、出勤時刻と退勤時刻は労働時間の計算に直接関係するので、必ず管理すべきものです。時間項目としては、時間外労働・深夜労働・休日労働の時間は必須で、給与規程によっては、欠勤・遅刻・早退で勤務しなかった時間数も管理が必要です。年休を時間単位で付与する場合も同様です。

書式7　時間外労働命令書／書式8　時間外勤務・休日勤務・深夜勤務届出書

　時間外労働をさせる方法は、会社側が命令書に基づいて命令する場合と、労働者側から申請書を提出させて会社側が許可する場合が考えられます。記載内容は、残業をする日付、残業の開始時間と終了予定時間、業務の内容などが挙げられます。後でトラブルになるのを避けるため、手続きは明確にしておく方がよいでしょう。

■ 年休を管理するための社内文書

　労働者の日々の出退勤を記録する通常の労働時間管理表または出勤簿などとは別に、年休（年次有給休暇）の取得状況を一覧できる休暇管理簿を作成するとよいでしょう。

書式9　年次有給休暇記録・管理簿

　年休の取得状況は、個々の労働者につき、それぞれ個票を作成して管理する方がよいでしょう。記録する書類には、勤続年数（入社年月日）、取得できる年休の日数、年休の有効期間（年休が発生から2年で時効消滅するため）、前年度繰越分、年休の取得日（取得期間）などを確認できるようにし、本人と上長の押印欄を作るようにします。

書式3　時間外労働・休日労働に関する協定届（一般条項）

様式第9号（第16条第1項関係）

時間外労働
休日労働　　に関する協定届

事業の種類	事業の名称	事業の所在地（電話番号）	協定の有効期間
ソフトウェア開発業	日本パソコン株式会社	（〒○○○－○○○○）東京都港区芝中央1－2－3（電話番号：03－3987－6543）	令和○年4月1日から1年間

労働保険番号 □□□□□□□□□□□□□□
法人番号 □□□□□□□□□□□□□

	時間外労働をさせる必要のある具体的事由	業務の種類	労働者数（満18歳以上の者）	所定労働時間（1日）（任意）	法定労働時間を超える時間数（1日）	所定労働時間を超える時間数（1日）（任意）	法定労働時間を超える時間数（1箇月）（①については45時間まで、②については42時間まで）	所定労働時間を超える時間数（1箇月）（任意）	法定労働時間を超える時間数（1年）（①については360時間まで、②については320時間まで）起算日（年月日）	所定労働時間を超える時間数（1年）（任意）
時間外労働 ① 下記②に該当しない労働者	臨時の受注、納期変更	設計	10人	1日7.5時間	10時間		45時間		360時間	370時間
	月末の決算事務	経理	5人	同上	6時間		45時間		360時間	同上
② 1年単位の変形労働時間制により労働する労働者	臨時の受注、納期変更	企画	10人	同上	6時間		42時間		320時間	同上

	休日労働をさせる必要のある具体的事由	業務の種類	労働者数（満18歳以上の者）	所定休日（任意）	労働させることができる法定休日の日数	労働させることができる法定休日における始業及び終業の時刻
休日労働	臨時の受注、納期変更	設計	10人	毎週土曜・日曜	1か月に1日	8:30～17:30

上記で定める時間数にかかわらず、時間外労働及び休日労働を合算した時間数は、1箇月について100時間未満でなければならず、かつ2箇月から6箇月までを平均して80時間を超過しないこと。 ☑（チェックボックスに要チェック）

協定の成立年月日　令和○年　3月　12日

協定の当事者である労働組合（事業場の労働者の過半数で組織する労働組合）の名称又は労働者の過半数を代表する者の　職名 設計課主任（一般職）　氏名 川 野 三 郎

協定の当事者（労働者の過半数を代表する者の場合）の選出方法（ 投票による選挙 ）

令和○年　3月　15日

使用者　職名 代表取締役社長　氏名 山 田 太 郎 ㊞

三田　労働基準監督署長殿

書式4　時間外労働・休日労働に関する協定届（特別条項）

時間外労働／休日労働 に関する協定届

| 労働保険番号 | □□□□□□□□□□□□□ |
| 法人番号 | □□□□□□□□□□□□□ |

事業の種類	事業の名称	事業の所在地（電話番号）	協定の有効期間
金属製品製造工場	株式会社○○金属　□□工場	（〒○○○-○○○○）東京都板橋区板橋5-2-5（電話番号：03-0123-9876）	令和○年4月1日から　1年間

時間外労働

時間外労働をさせる必要のある具体的事由	業務の種類	労働者数（満18歳以上の者）	所定労働時間（1日）（任意）	1日 法定労働時間を超える時間数	1日 所定労働時間を超える時間数（任意）	1箇月（①については45時間まで、②については42時間まで）法定労働時間を超える時間数	1箇月 所定労働時間を超える時間数（任意）	1年（①については360時間まで、②については320時間まで）起算日 令和○年4月1日 法定労働時間を超える時間数	1年 所定労働時間を超える時間数（任意）
① 下記②に該当しない労働者　臨時の受注、納期の変更	設計	15人	7.5時間	2時間	2.5時間	15時間	25時間	150時間	270時間
月末の決算事務	経理	7人	7.5時間	3時間	3.5時間	20時間	30時間	150時間	270時間
② 1年単位の変形労働時間制により労働する労働者　棚卸	購買	6人	7.5時間	3時間	3.5時間	25時間	35時間	200時間	320時間

休日労働

休日労働をさせる必要のある具体的事由	業務の種類	労働者数（満18歳以上の者）	所定休日（任意）	労働させることができる法定休日の日数	労働させることができる法定休日における始業及び終業の時刻
臨時の受注、納期の変更	設計	12人	土曜日・日曜日	1か月に1日	9:00～17:00

上記で定める時間数にかかわらず、時間外労働及び休日労働を合算した時間数は、1箇月について100時間未満でなければならず、かつ2箇月から6箇月までを平均して80時間を超過しないこと。☑（チェックボックスに要チェック）

72

様式第9号の2（第16条第1項関係）

時間外労働
休日労働　に関する協定届（特別条項）

業務の種類	労働者数（満18歳以上の者）	1日（任意）延長することができる時間数　法定労働時間を超える時間数	所定労働時間を超える時間数	限度時間を超えて労働させることができる回数（6回以内に限る。）	1箇月（時間外労働及び休日労働を合算した時間数。100時間未満に限る。）延長することができる時間数及び休日労働の時間数　法定労働時間を超える時間数と休日労働の時間数を合算した時間数	所定労働時間を超える時間数と休日労働の時間数を合算した時間数（任意）	限度時間を超えた労働に係る割増賃金率	1年（時間外労働のみの時間数。720時間以内に限る。）起算日（年月日）令和○年4月1日　延長することができる時間数　法定労働時間を超える時間数	所定労働時間を超える時間数（任意）	限度時間を超えた労働に係る割増賃金率
臨時的に限度時間を超えて労働させることができる場合										
新システムの導入　設計	20人	6時間	6.5時間	6回	90時間	100時間	35%	700時間	820時間	35%
製品の不具合・大規模なクレームへの対応　検査	10人	6時間	6.5時間	4回	80時間	90時間	30%	500時間	620時間	30%

限度時間を超えて労働させる場合における手続　労働者代表者に対する事前の申入れ

限度時間を超えて労働させる労働者に対する健康及び福祉を確保するための措置
- （該当する番号）②、③、⑦
- （具体的内容）対象労働者を午後22時から午前5時までの間に労働させる回数を1か月に3回以内にする、対象労働者に11時間の勤務間インターバルを設定、対象労働者の心身の健康問題に関する相談窓口の設置

限度時間を超えた労働に係る割増賃金率を所定労働時間を超えた割増賃金率に変更チェック

☑（チェックボックスに要チェック）

※1箇月について100時間未満でなければならず、かつ2箇月から6箇月までを平均して80時間を超過しないこと。

協定の成立年月日　令和○年　3月　12日

協定の当事者である労働組合（事業場の労働者の過半数で組織する労働組合）の名称又は労働者の過半数を代表する者の　職名　設計課主任　氏名　鈴木　一郎

協定の当事者（労働者の過半数を代表する者の場合）の選出方法（　投票による選挙　）

令和○年　3月　15日

使用者　職名　代表取締役社長　氏名　伊藤　四朗　㊞

池袋　労働基準監督署長殿

代替休暇に関する協定書

　日本パソコン株式会社（以下「会社」という）と日本パソコン株式会社従業員代表川野三郎（以下「従業員代表」という）は、就業規則第○条の代替休暇について、以下のとおり協定する。

記

1　会社は、別に従業員代表と締結した特別条項付三六協定における、従業員の労働時間として賃金計算期間の初日を起算日とする1か月につき60時間を超える時間外労働時間部分を、代替休暇として取得させることができる。

2　代替休暇として与えることができる時間数の算定は、次のとおりとする。
（1か月の時間外労働時間数－60）×0.25

3　代替休暇は、半日（4時間）または1日（8時間）単位で与えられる。この場合の半日とは、午前半日休暇（午前8時00分より午後0時00分）または午後半日休暇（午後1時00分より午後5時00分）のそれぞれ4時間のことをいう。

4　代替休暇は、60時間を超える時間外労働時間を行った月の賃金締切日の翌日から起算して、2か月以内に取得させることができる。

5　代替休暇を取得しようとする者は、60時間を超える時間外労働時間を行った月の賃金締切日の翌日から起算して10日以内に人事部労務課に申請するものとする。

6　期日までに前項の申請がない場合は、代替休暇を取得せずに、割増賃金の支払いを受けることを選択したものとみなす。

7　期日までに前項の申請がなかった者が、第4項の期間内の日を指定して代替休暇の取得を申し出た場合は、会社の承認により、代替休暇を与えることがある。この場合、取得があった月に係る賃金支払日に過払分の賃金を清算するものとする。

8　本協定は、令和○年4月1日より効力を発し、有効期間は1年間とする。
　会社と従業員は協力し、長時間の時間外労働を抑止するものとし、本協定に疑義が生じた場合は、誠意をもって協議し解決を図るものとする。

以上

令和○年3月25日

日本パソコン株式会社
代表取締役　山田　太郎　㊞
従業員代表　川野　三郎　㊞

労働時間管理表

令和○年8月分

		所　　属	経理部財務課
		氏　　名	北風　太陽　㊞

日付	曜日	出勤 時刻	退勤 時刻	労働 時間	時間外 労働	深夜 勤務	休日 出勤	備　考
1	金	8：55	18：05	8：05	0：05			
2	土							
3	日							
4	月	8：54	18：11	8：11	0：11			
5	火	8：57	20：08	10：08	2：08			
6	水	8：50	18：07	8：07	0：07			
7	木	8：45	18：05	8：05	0：05			
8	金	8：48	21：14	11：14	3：14			
9	土							
10	日							
11	月	10：53	18：02	6：09				私用遅刻
12	火	8：59	23：03	13：03	5：03	1：03		
13	水	8：48	18：08	8：08	0：08			
14	木	8：36	23：06	13：06	5：06	1：06		
15	金	8：49	18：01	8：01	0：01			
16	土							
17	日							
18	月	8：51	23：39	13：39	5：39	1：39		
19	火							有給休暇
20	水	8：52	18：10	8：10	0：10			
21	木	8：58	19：08	9：08	1：08			
22	金	8：55	18：14	8：14	0：14			
23	土							
24	日	8：54	18：04	8：04			8：04	
25	月	8：54	18：12	8：12	0：12			
26	火	8：53	19：05	9：05	1：05			
27	水	8：56	18：08	8：08	0：08			
28	木	8：47	22：06	12：06	4：06	0：06		
29	金	8：44	18：13	8：13	0：13			
30	土							
31	日							
合　　計				195：16	37：07	3：54		

人事部	
承認	処理

所属部署	
承認	確認

書式7　時間外労働命令書

令和○年 8 月12日

所属：第一システム部
氏名：北風　太陽

第一システム部
部長　川田　公平

時間外労働命令書

下記の通り、時間外労働を命じる。

記

1．年月日　　　　　令和○年 8 月12日
2．残業予定時間　　17:30　〜　21:00
3．業務内容　　　　有名商事給与計算システム開発作業

以上

部　長	課　長	係　長

書式8　時間外勤務・休日勤務・深夜勤務届出書

時間外勤務・休日勤務・深夜勤務届出書

株式会社○○○○

人事部長　　○○○○　　殿

　下記の通り、（　時間外勤務　　／　　休日勤務　　／　　深夜勤務　）
の届出を致します。

記

　勤務予定日　　　令和○年○月○日

　勤務予定　　　　○○時○○分　～　○○時○○分

　（結　　　果　　○○時○○分　～　○○時○○分）

　　　　　　　　　　　（合計　　○時間○○分）

時間外勤務・休日勤務・深夜勤務を必要とする事由

届出が事後の場合はその理由

令和○年○月○日

　　　　　　　　　　　　（役職）

　　　　　　　　　　　　（氏名）　　　　　　印

第2章　労働条件に関する協定などの届出事務

書式9　年次有給休暇表

年次有給休暇表

部門名　第一システム部　　　　　　　　氏名　北風　大陽　　　　　令和○年度分

入社年月日	有効期間及び年次	有休休暇日数
令和○年10月1日	令和○年4月1日から 令和○年3月31日まで	19日

	前年度繰越	今年度		計
		法定分	付加分	
	3日	16日	日	19日

年次有給休暇年月日 自〜至	使用日数（時間数）	残日数（時間数）	本人申請月日	直属上司印	部門長印	備考
令和○年 8月19日 ～ 令和○年 8月20日	1日　時	18日　時	7/25	南 川 印	西 山	
年 月 日 ～ 年 月 日	日　時	日　時	／			
年 月 日 ～ 年 月 日	日　時	日　時	／			
年 月 日 ～ 年 月 日	日　時	日　時	／			
年 月 日 ～ 年 月 日	日　時	日　時	／			
年 月 日 ～ 年 月 日	日　時	日　時	／			
年 月 日 ～ 年 月 日	日　時	日　時	／			
年 月 日 ～ 年 月 日	日　時	日　時	／			

③ 変形労働時間・裁量労働に関する届出

労使協定などで必要事項を定める必要がある

■ 変形労働時間に関する手続き

　変形労働時間制は、一定の期間内を通じて、平均して「1週40時間以内」）を守っていれば、その期間内の特定の日や特定の週に「1日8時間、1週40時間」を超えて労働させてもよいとする制度です。労働基準法が認めている変形労働時間制は、1年単位・1か月単位・1週間単位の3種類があります。

　3種類の変形労働時間制のうち、1週間単位の非定型的変形労働時間制を導入できるのは、小売業など接客を伴う常時30人未満の労働者が働く事業所に限られます。これに対し、1か月単位・1年単位の変形労働時間制は、どの事業所においても導入ができます。

書式10　1年単位の変形労働時間制労使協定

　労使協定では、対象労働者の範囲、対象期間（1か月を超え1年以内）、特定期間（繁忙期）、対象期間における労働日と各労働日ごとの労働時間、対象期間の起算日、労使協定の有効期間を定めます。書式は労使協定の例ですが、就業規則も変更する必要があるため注意が必要です。

書式11　1か月単位の変形労働時間制労使協定

　1か月単位の場合は、就業規則で定めれば、労使協定を締結する必要がありません。労使協定で定める場合は、変形期間（1か月以内）、変形期間の起算日、対象労働者の範囲、変形期間の1週間平均の労働時間が40時間（特例措置対象事業場では44時間）を超えない定め、各日・各週の労働時間、労使協定の有効期間を定めます。

　なお、特例措置対象事業場とは、一定の業種（小売業など）で、常時10人未満の労働者のみが働く事業所のことを指します。

第2章　労働条件に関する協定などの届出事務

■ フレックスタイム制を導入する場合の手続き

　フレックスタイム制とは、3か月以内（平成31年4月に1か月から3か月に延長された）の一定の期間の総労働時間を定めておき、労働者が、その範囲内で、各日の始業と終業の時刻を選択できる制度です。フレックスタイム制度についての労使協定は、清算期間が1か月以内の場合は労働基準監督署への届出が不要ですが、1か月を超える場合は届出が必要とされています。

書式12　フレックスタイム制度についての協定

　就業規則に始業および就業の時刻を労働者の決定にゆだねることを規定する必要があります。その上で、労使協定を定めます。

　労使協定では、①フレックスタイム制が適用される労働者の範囲、②清算期間（3か月以内）、③清算期間内の総労働時間、④標準となる1日の労働時間、⑤コアタイムを定める場合はその時間帯、⑥フレキシブルタイムを定める場合はその時間帯を定めます。本書では、清算期間を「1か月」として定めた書式例を掲載しています。

■ みなし労働時間制を導入する場合の手続き

　みなし労働時間制には、事業場外労働のみなし労働時間制、専門業務型裁量労働制、企画業務型裁量労働制があります。本書では、事業場外労働と専門業務型裁量労働制を見ていきます。いずれも労使協定の定めが必要です。また、始業・終業時間に関することであるため、就業規則の変更も必要になります。

書式13　事業場外労働に関する協定届

　営業など労働者が社外で業務に従事することがありますが、始業時刻や終業時刻が明確でなく、会社側が実際に何時間労働したのかを管理できないことがあります。特に事業場外での業務が所定労働時間を超えるのが通常である場合は、その業務については一定の時間を労働したとみなすことを労使協定で取り決めておきます。

労使協定では、対象業務、通常必要時間（対象業務の遂行に通常必要とされる一定の時間）、対象労働者、有効期間を締結します。通常必要時間については、事業所外での業務に必要とされる労働時間が毎日変化するため、平均してみなし労働時間を設定します。

　なお、通常必要時間が法定労働時間（原則1日8時間）を超える場合には、「事業場外労働に関する協定届」を労働基準監督署に届け出なければなりません。さらに、法定労働時間を超える労働をさせるので、三六協定の締結・届出も必要です。

書式14　専門業務型裁量労働制に関する協定届

　専門業務型裁量労働制を導入できるのは、厚生労働省令で定めている19の業務に限定されています。専門業務の場合、労働時間の管理について労働者自身にゆだねることが適切ですが、労使協定では1日に何時間労働したとみなすかについて定めます。

　専門業務型裁量労働制を導入するためには、①対象業務と対象労働者の範囲、②1日のみなし労働時間数、③業務の遂行方法や時間配分などに関し具体的な指示をしないこと、④対象業務に従事する労働者の労働時間の状況に応じた健康・福祉確保措置、⑤苦情処理に関する措置、⑥有効期間、⑦④および⑤の措置に関する労働者ごとの記録を有効期間中と当該有効期間後3年間保存すること、について労使協定を締結し、「専門業務型裁量労働制に関する協定届」を労働基準監督署に届け出なければなりません。労使協定の有効期間は、3年以内とすることが望ましいとされています。さらに、みなし労働時間数が法定労働時間（原則1日8時間）を超える場合は、三六協定の締結・届出もあわせて必要です。

　そして、事業場外労働のみなし労働時間制も専門業務型裁量労働制も同じく、時間外労働、休日労働、深夜労働については、その労働時間に応じた割増賃金が必要になりますので注意しましょう。

書式10　1年単位の変形労働時間制労使協定

様式第4号（第12条の4第6項関係）

1年単位の変形労働時間制に関する協定届

事業の種類	事業の名称	事業の所在地（電話番号）	常時使用する労働者数
自動車製造業	○○自動車工業株式会社	○○市○○町4-3-2　電話○○○-○○○○	120人

該当労働者数（満18歳未満の者）	対象期間及び特定期間（起算日）	対象期間中の各日及び各週の労働時間並びに所定休日	対象期間中の1週間の平均労働時間数	協定の有効期間
30人（　　人）	1年（令和○年4月1日）特定期間12月1日から12月31日まで	（別紙）	38時間30分	令和○年4月1日から一年間

労働時間が最も長い日の労働時間数（満18歳未満の者）	労働時間が48時間を超える週の最長連続週数	対象期間中の最も長い週の労働時間数（　　時間　　分）	対象期間中の最も長い連続労働日数	対象期間中の総労働日数
9時間00分（　時間　分）	3週	49時間00分	6日間	269日

労働時間が48時間を超える週の最長連続週数	対象期間中の最も長い週の労働時間数	特定期間中の最も長い連続労働日数	対象期間中の総労働日数
11週	49時間00分	10日間	

旧協定の対象期間	旧協定の労働時間が最も長い日の労働時間数	旧協定の対象期間中の総労働日数
1年	9時間00分	270日

協定の成立年月日　令和○年○月○日

協定の当事者である労働組合の名称又は労働者の過半数を代表する者の　職名　○○自動車工業株式会社　営業部主任（一般職）
　　　　　　　　　　　　　　　　　　　　　　　　　　　　　　　　　氏名　○○　○○

協定の当事者（労働者の過半数を代表する者の場合）の選出方法　投票による選挙

投票者　職名　○○自動車工業株式会社　代表取締役
　　　　氏名　××　××　　　　　　　　　　　　㊞

令和○年○月○日

　○○労働基準監督署長　殿

記載心得
1　法第32条の4第3項第2号の規定に基づく満18歳以上の者に変形労働時間制を適用する場合には、「該当労働者数」、対象期間における1週間の平均労働時間の各欄に記入すること。
2　「対象期間及び特定期間」の欄のうち、対象期間については当該労使変形労働時間制における時間を記入し、及び「労働時間が最も長い週の労働時間数」の各欄に記入すること。
3「対象期間中の各日及び各週の労働時間並びに所定休日」については、別紙に記載し、別紙に記載すること。
4　「旧協定」とは、規則第12条の4第3項に規定するものであること。

書式11　１か月単位の変形労働時間制労使協定

様式第3号の2（第12条の2の2関係）

1箇月単位の変形労働時間制に関する協定届

事業の種類	事業の名称	事業の所在地（電話番号）	常時使用する労働者数
衣服・身の回り品の卸売業	株式会社　緑商会	〒141-0000 東京都品川区五反田1-2-3 （03-3321-1123）	15人

業務の種類	該当労働者数 （満18歳未満の者）	変形期間 （起算日）	変形期間中の各日及び各週の 労働時間並びに所定休日	協定の有効期間
衣料品、雑貨品の販売	10人	1箇月 （令和○年4月1日）	別紙	令和○年4月1日から 1年間

労働時間が最も長い日の労働時間数 （満18歳未満の者）	労働時間が最も長い週の労働時間数 （満18歳未満の者）		
10時間00分 （　　　時間　　　分） 時間	44時間00分 （　　　時間　　　分） 時間		

協定の成立年月日　令和○年 3 月 4 日

協定の当事者である労働組合の名称又は労働者の過半数を代表する者の　職名 営業１課（一般職）
氏名 金一

協定の当事者（労働者の過半数を代表する者の場合）の選出方法（　投票による選挙　）

令和○年 3 月11日

使用者　職名 株式会社　緑商会
氏名 代表取締役　鈴木　太郎 ㊞

品川 労働基準監督署長殿

記載心得

1　法第60条第3項第2号の規定に基づき満18歳未満の者に変形労働時間制を適用する場合には、「該当労働者数」、「労働時間が最も長い日の労働時間数」及び「労働時間が最も長い週の労働時間数」の各欄に￥の各欄に括弧書きすること。
2　「変形期間」には、当該変形労働時間制における時間通算の期間の単位を記入し、当該期間の起算日を括弧書きすること。
3　「変形期間中の各日及び各週の労働時間並びに所定休日」の欄に当該事項を記入しきれない場合には、別紙に記載して添付すること。

フレックスタイム制度についての協定

　新栄出版株式会社（以下「会社」という）と同社従業員の過半数を代表する○○○○は従業員のフレックスタイム制度に関して、下記のとおり協定する。

1　フレックスタイム制度の適用者は、総合職労働者とし、担当職務の内容・職務遂行に基づき、決定する。

2　フレックスタイム制度の適用対象は、平日における06：00 〜 19：00とする。平日における上記以外の時間帯（00：00 〜 06：00、19：00 〜 24：00）および休日は、フレックスタイム制度の適用対象外とする。

3　就業時間を下記のとおり「コアタイム」と「フレキシブルタイム」に区分する。

⑴　コアタイムは特段の事情のない限り、原則として全員が就業すべき時間帯をいう。

就業時間	10：00 〜 15：00まで
休憩時間	12：00より13：00まで （一斉休憩時間とし、実働時間に算入しない）

⑵　フレキシブルタイムはコアタイム前後の時間帯であり、各人の始業・終業時刻は次の所定の時間帯の中から本人が選択できる。

　　但し、予定出退勤時刻は、事前に各所属長に申し出るものとする。

始業時間帯	6 ：00より10：00まで
終業時間帯	15：00より19：00まで

⑶　フレックスタイム制度の適用者においては、8：00 ～ 17：
　　00の8時間（通常勤務形態の所定勤務時間）を標準労働時間と
　　呼称する。

4　フレックスタイム制度の適用者の勤務時間の清算期間は、毎月
　1日から当該月末日までの1か月間とする。清算期間における総
　労働時間は、1日の標準労働時間（8時間）に各月の就業日数を
　乗じた数を総労働時間とする。

5　休日に勤務した場合および平日のフレックスタイム制度の適用
　対象外の時間帯に勤務した場合は、フレックス労働時間（フレッ
　クスタイム適用対象時間帯の実労働時間）の累計とは切り離し、
　勤務した日数および時間数により、時間外勤務、深夜勤務、休日
　勤務として現行労働協約によって手当を支給する。

6　⑴　清算期間（1か月）におけるフレックスタイム適用対象
　　　時間帯の実労働時間をフレックス労働時間と呼称すること
　　　し、その累計時間が第4条の各月の総労働時間を超過した場
　　　合（フレックス時間外数）については、所定の時間外手当を
　　　支給する。

　　⑵　フレックス労働時間の累計が総労働時間に達しなかった場
　　　合であっても、当該月は基準給与を減額せず支給し、その不足
　　　時間分を翌月の所定労働時間に加算するものとする。それでも
　　　なお不足時間が発生したときは、不足時間1時間につき基準内
　　　給与の160分の1の割合をもって基準内給与を減額する。但し、

第2章　労働条件に関する協定などの届出事務

この不足時間を以て賞与算定の基準とはしない。

7　(1)　年次有給休暇および有給の特別休暇を取得する場合には、休暇取得当日は標準労働時間（8時間）を労働したものとみなし、フレックス労働時間に算入する。

　　(2)　半休を取得する場合には、標準労働時間帯（平日8：00〜17：00）内にて、半休を取得するものとし、標準労働時間（8時間）を労働したものとみなし、フレックス労働時間に算入する。

　　(3)　代休は、フレックスタイム制度の適用者については、原則として認めない。

8　出張中に就業した時間はフレックス労働時間とする。出張中の標準労働時間帯（平日8：00〜17：00）内の移動時間は、フレックス労働時間とし、標準労働時間帯外の移動時間はフレックス労働時間としない。

9　出退勤時刻がコアタイムを超過する場合には、事前に所属長に書面をもって届け出るものとする。

　　令和　　年　　月　　日

　　　　　　　　　　　　　株式会社　　○○○○
　　　　　　　　　　　　　　代表取締役　　○○○○　㊞

　　　　　　　　　　　　　　従業員代表　　○○○○　㊞

様式第12号（第24条の2第3項関係）

事業場外労働に関する協定届

事 業 の 種 類	事 業 の 名 称	事業の所在地（電話番号）		
衣服・身の回り品卸売業	株式会社　緑商会	〒141-0000 東京都品川区五反田1-2-3 （03-3321-1123）		
業 務 の 種 類	該 当 労 働 者 数	1日の所定労働時間	協定で定める時間	協定の有効期間
衣料品、雑貨品の販売	5人	8時間	9時間	令和○年4月1日から1年間
時間外労働に関する協定の届出年月日		令和○年3月11日		

協定の成立年月日　　令和○ 年 3 月 4 日

協定の当事者である労働組合の名称
　　　又は労働者の過半数を代表する者の　職名　営業1課
　　　　　　　　　　　　　　　　　　　氏名　東京　金一

協定の当事者（労働者の過半数を代表する者の場合）の選出方法
　（　　　　　　　　投票による選挙　　　　　　　　）

　　令和○ 年 3 月11 日
　　　　　　　　　　　　職名　株式会社　緑商会
　　　　　　　　　使用者
　　　　　　　　　　　　氏名　代表取締役　鈴木　太郎　㊞

品川 労働基準監督署長殿

記載心得
　　「時間外労働に関する協定の届出年月日」の欄には、当該事業場における時間外労働に関する協定の届出の年月日（届出をしていない場合はその予定年月日）を記入すること。

書式14　専門業務型裁量労働制に関する協定届

様式第13号（第24条の2の2第4項関係）

専門業務型裁量労働制に関する協定届

事業の種類	事業の名称	事業の所在地（電話番号）
情報処理システムの設計	株式会社○○システム	東京都港区三田○丁目○-○ （03-0000-0000）

業務の種類	該当労働者数	業務の内容	協定で定める労働時間	1日の所定労働時間	労働者の健康及び福祉を確保するために講ずる措置（労働者の労働時間の状況の把握方法）	労働者からの苦情の処理に関して講ずる措置	協定の有効期間
ソフトウェア開発	8名	アプリケーションシステムの設計	8時間	6時間30分	特別健康診断の実施、産業医による面談（IDカードによる管理）	相談室を設置し、個人のプライバシーに配慮して苦情を取り扱い・調査を行い改善策を労使に提示	令和○年○月○日から 令和○年○月○日まで

協定の成立年月日　令和○年○月○日

協定の当事者である労働組合の名称又は労働者の過半数を代表する者の

協定の当事者（労働者の過半数を代表する者の場合）の選出方法（　）

時間外労働に関する協定の届出年月日　令和○年○月○日

　　　令和○年○月○日　　　　職名　株式会社○○労働組合委員長
　　　　　　　　　　　　　　　氏名　○○　○○

　　　　　　　　　　　　　　　使用者　職名　株式会社○○システム　代表取締役
　　　　　　　　　　　　　　　　　　　氏名　○○　○○　㊞

三田　労働基準監督署長　殿

記載心得
1　「業務の内容」の欄には、業務の性質上当該業務の遂行の方法を大幅に当該業務に従事する労働者の裁量に委ねる必要がある旨を具体的に記入すること。
2　「労働者の健康及び福祉を確保するために講ずる措置（労働者の労働時間の状況の把握方法）」の欄には、労働基準法第38条の3第1項第4号に規定する措置の内容を具体的に記入するとともに、同号の労働時間の状況の把握方法を具体的に（　）に記入すること。
3　「労働者からの苦情の処理に関して講ずる措置」の欄には、労働基準法第38条の3第1項第5号に規定する措置の内容を具体的に記入すること。
4　「時間外労働に関する協定の届出年月日」の欄には、当該事業場における届出年月日（届出年月日がその予定年月日）を記入すること。
　ただし、協定で定める時間が労働基準法第32条又は第40条の労働時間を超えない場合は記入を要しないこと。

88

4 継続雇用に関する届出

就業規則に記載または労使協定を締結する必要がある

■ 継続雇用制度についての労使協定

　継続雇用制度とは、高年齢者雇用安定法に基づき、60歳以上で定年となった労働者につき、いったん退職した後に再雇用する形で勤務してもらうか、退職せずに引き続き勤務してもらう制度のことです。

　継続雇用制度は、企業に対し希望者全員を65歳まで雇用することを義務付けるものですが、その具体的な内容まで法令が規定しているわけではありません。継続雇用制度の形態は、法令に違反しない範囲で各企業が自由に設定できます。たとえば、正社員であった労働者を1年契約の嘱託社員として再雇用するなど、労働条件の変更も可能です。ただし、給料など労働条件の大幅な引下げは、労働契約法に違反して無効とされる場合があることに注意を要します。

書式15　継続雇用について定める労使協定書

　継続雇用制度を導入する場合は、希望者全員を対象としなければなりません。ただし、厚生労働省の「高年齢者雇用確保措置の実施及び運用に関する指針」では、①心身の故障のために業務を遂行できないと認められる者、②勤務状況が著しく悪く従業員としての職責を果たし得ない者、③就業規則に定める解雇事由や退職事由に該当する者については、継続雇用制度の対象外とすることを認めています。

　もっとも、指針を労働者に適用するためには、就業規則または労使協定（届出不要）にその内容を盛り込んでおくことが必要です。労使協定に盛り込むときの規定例が本書式です。

協定書

　○○○○株式会社（以下「会社」という）と同社に勤務する過半数の労働者を代表する××××（以下「代表者」という）は、高年齢者雇用安定法に基づき、満60歳に達して定年退職する者の再雇用について以下のように定める。

第１条（再雇用制度の設置） 会社は、60歳に達して定年退職する者を、60歳を超えてから65歳に達するまで再雇用するため、再雇用正社員制度、再雇用契約社員制度、再雇用社員在宅勤務制度、再雇用社員在籍出向制度等を設ける。

第２条（再雇用の対象者） 会社は、60歳を超え65歳未満までの者のうち、希望する者全員を再雇用の対象とする。

第３条（再雇用の対象とならない者） 前条の規定により再雇用を希望する者であったとしても、以下の事由に該当する者については再雇用の対象としない。

① 　健康状態が著しく悪く、回復の見込みがない者

② 　勤務態度が著しく悪く、再三に渡る指導にも関わらず改善の見込みがない者

③ 　就業規則で定める普通解雇事由に該当する者

④ 　就業規則で定める懲戒解雇事由に該当する者

第４条（再雇用制度の種類） 60歳に達したことで定年退職した従業員を、どのような形態で再雇用するかについては、会社は、再雇用を希望する従業員から意見聴取をした上で、さまざまな事情を勘案した上で決定する。

第５条（再雇用された者の職務） 再雇用後に従業員が配置される職場や職務については、再雇用を希望する従業員から意見聴取をした上で、さまざまな事情を勘案した上で決定する。

第６条（再雇用契約期間） 再雇用された者の雇用契約の期間は、原則として１年間とする。

2 　雇用契約の満了の際に、会社と従業員の双方から申し出がなかった場合には、雇用契約が更新されたものとみなす。

第7条（**福利厚生等**）会社は、再雇用した従業員を、健康保険・雇用保険・厚生年金保険に加入させる。

2　会社は、再雇用した従業員についても、正社員と同じように会社の福利厚生施設を使用することを認める。

3　会社は、再雇用した従業員に対しても、労働安全衛生に関する対策を講じる。

第8条（**正社員の就業規則の準用等**）再雇用された従業員に関して、本協定に定めがない事項については、正社員の就業規則を準用する。

2　本協定と正社員の就業規則に定めのない事項については、高年齢者雇用安定法や労働基準法など、労働関係法令が定めるところによる。

第9条（**再雇用の手続**）定年退職者の再雇用のための手続については、以下の通りとする。

① 会社による再雇用に関する説明会を実施する。

② 再雇用を希望する者は指定された期日までに会社に申し出る。

③ 会社は再雇用を希望する従業員と面談を行い、再雇用の際の勤務形態や職務内容を決定する。

第10条（**本協定の有効期間**）本協定の有効期間は、令和○年○月○日から１年間とする。

2　本協定の有効期間満了の○日前までに、会社または代表者から相手方に申し出があった場合には、本協定の内容の見直しを行う。

3　会社または代表者から、相手方に対して、本協定の解約の申し出がなかった場合には、本協定の有効期間満了の日から、自動的に１年間本協定の効力が延長される。

令和○○年○月○日
　○○○○株式会社
　代表取締役
　　△△△△　㊞
　○○○○株式会社従業員過半数代表者
　　××××　㊞

Column

勤務間インターバル制度

　勤務間インターバル制度とは、労働者が１日の勤務が終了（終業時刻）してから、翌日の勤務が開始（始業時刻）するまでに、一定時間以上経過しなければならないとする制度です。終業時刻から翌日の始業時刻までに休息時間（勤務間インターバル）を設けることで、労働者の長時間労働を解消することが目的です。

　たとえば、始業時刻が午前９時の企業が「11時間」の勤務間インターバルを定めている場合、始業時刻の通りに労働者が勤務するためには、遅くとも前日の終業時刻が午後10時前でなければなりません。もし前日の終業時刻が午後11時である労働者がいた場合には、そこから11時間（勤務間インターバル）は翌日の勤務に就くことができず、始業時刻を少なくとも午前10時（１時間の繰下げ）まで繰り下げなければなりません。

● 勤務間インターバルとは

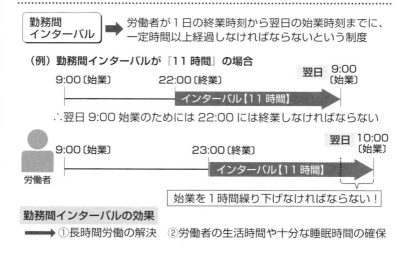

勤務間インターバルの効果
→ ①長時間労働の解決　②労働者の生活時間や十分な睡眠時間の確保

第3章

経理・福利厚生・
その他の手続きと書式

年度更新に関する事務

昨年分の保険料の確定額と今年の予定額はあわせて申告する

■ 年度更新と申告書の作成

　労働保険の保険料は、毎年7月10日までに1年分を概算で計算して申告・納付し、翌年度の7月10日までに確定申告の上、精算する方法をとっています。会社は、前年度の確定保険料と当年度の概算保険料を一緒に申告・納付することになります。この手続きが年度更新です。一般の会社は、労働保険料（労災保険分・雇用保険分）の徴収事務が一体として取り扱われており、労働基準監督署が窓口になります。

書式1　労働保険概算・確定保険料申告書／書式2　確定保険料算定基礎賃金集計表

　事業主が毎年6月1日から7月10日までの間に手続きを行います。前年度の確定保険料と当年度の概算保険料を「労働保険概算・確定保険料申告書」に記載し、併せて申告・納付します。

　労働保険料は、社員に支払う賃金の総額に保険料率（労災保険率＋雇用保険率）を乗じて算出された額です。しかし、社員のうち、雇用保険料の負担が免除となる各年度の4月1日現在で64歳以上の高年齢被保険者や雇用保険の被保険者とならない者に対して支払った賃金がある場合には、労災保険についての賃金総額と雇用保険についての賃金総額とを区別して計算し、それぞれの保険料率を乗じて保険料を計算することになります。

　賃金の総額については、「確定保険料算定基礎賃金集計表」を作成の上、保険料申告書の確定保険料算定内訳欄の労災保険分と雇用保険分の算定基礎額欄にそれぞれ転記します。概算・増加概算保険料算定内訳の算定基礎額欄については、賃金総額の見込額を記入することに

なります。見込額が前年度の賃金総額（確定保険料の算定基礎額）の50%以上200%以下である場合は、前年度の賃金総額（確定保険料の算定基礎額）と同じ額を転記することになります。

保険料率は業種によって異なります。労災保険についてはかなり細かく分類されています。一方、雇用保険については、一般の事業、農林水産の事業、建設の事業に大別されています。また、確定保険料を計算する際には、石綿による健康被害の救済給付の支給にあてるために一般拠出金をすべての事業主が公平に負担します。

なお、年度当初に年度更新を行った場合、条件がそろえば、保険料を分割して納付することができます（延納）。概算保険料額が40万円（労災保険または雇用保険のどちらか一方の保険関係だけ成立している場合は20万円）以上の場合、または労働保険事務組合（事業主の委託を受けて、労働保険の事務を代行する中小事業主などの団体のこと）に労働保険事務の事務処理を委託している場合には、労働保険料を3回に分納できます。

● 労働保険料の延納の納期限

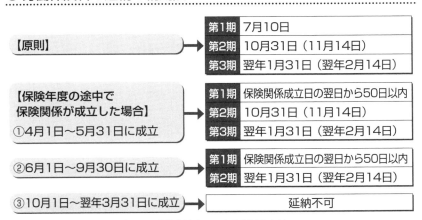

※労働保険事務組合に委託している場合はカッコ内の日付となる

書式1　労働保険概算・確定保険料申告書

様式第6号（第24条、第25条、第33条関係）（甲）（1）（表面）

労働保険
石綿健康被害救済法
概算・増加概算・確定保険料　申告書
一般拠出金

継続事業（一括有期事業を含む。）

下記のとおり申告します。

標準字体　0 1 2 3 4 5 6 7 8 9
第3片「記入に当たっての注意事項」をよく読んでから記入して下さい。
OCR枠への記入は上記の「標準字体」でお願いします。

提出用

平成31年 6月 3日

あて先 〒

種別　3 2 7 0 0
※修正項目番号
入力確定コード

※各種区分
管轄　保険関係等　種別　産業分類

①労働保険番号　都道府県 131 所掌 09 管轄 6 基幹番号 54321 枝番号 ---

②増加年月日（元号：平成は7）
③事業廃止等年月日（元号：平成は7）
④事業廃止等理由

⑤常時使用労働者数　　　9
⑥雇用保険被保険者数　　　9
⑥対象被保険者数　⑥片保険関係　雇用保険料率適用区分

神奈川労働局
労働保険特別会計歳入徴収官殿

石綿による健康被害の救済に関する法律第35条第1項に基づく、労災保険適用事業主から徴収する一般拠出金

確定保険料算定内訳

算定期間　平成30年 4月 1日 から 平成31年 3月31日 まで

⑦区分	⑧保険料・拠出金算定基礎額	⑨保険料・拠出金率	⑩確定保険料・一般拠出金額（⑧×⑨）
労働保険料 (イ)		1000分の	8 4 3 6 1 8 円
労災保険分 (ロ)	7 4 5 5 1 千円	3	2 2 3 6 5 3 円
雇用保険法適用者分 (ハ)	7 2 7 3 5 千円	1000分の 9	
高年齢労働者分 (ニ)	3 8 5 0 千円	9	3 4 6 5 0 円
保険料算定対象者分 (ホ) (ハ)-(ニ)	6 8 8 8 5 千円	1000分の 9	6 1 9 6 6 5 円
一般拠出金 (ヘ)	7 4 5 5 1 千円	0.02	1 4 9 1 円

概算・増加概算保険料算定内訳

算定期間　平成31年 4月 1日 から 平成32年 3月31日 まで

⑪区分	⑫保険料算定基礎額の見込額	⑬保険料率	⑭概算・増加概算保険料額（⑫×⑬）
労働保険料 (イ)		1000分の	8 4 3 6 1 8 円
労災保険分 (ロ)	7 4 5 5 1 千円	3	2 2 3 6 5 3 円
雇用保険法適用者分 (ハ)	7 2 7 3 5 千円	1000分の	
高年齢労働者分 (ニ)	3 8 5 0 千円		
保険料算定対象者分 (ホ) (ハ)-(ニ)	6 8 8 8 5 千円	1000分の	6 1 9 6 6 5 円

⑮事業廃止等区分
⑯保険料算定基礎額区分
データ指示コード
再入力コード
修正項目番号

⑰延納の申請 納付回数　3

⑱～⑳②の金額の前に「¥」記号を付さないで下さい

⑱申告済概算保険料額　　　850,000
⑲申告済概算保険料額　　　　円
⑳増加概算保険料額　　　　円

㉑差引額
(イ) 充当額　6,382円
(ロ) 不足額　円
(ハ) 還付額　円

㉒期別納付額	第1期 概算保険料額 281,206円	労働保険料充当額 6,382円	不足額 円	一般拠出金充当額 274,824円	一般拠出金額 円	今期納付額 276,315円
	第2期 281,206円				1,491円	
	第3期 281,206円					

事業又は作業の種類　衣料品の小売業（小売業）

㉖保険関係成立年月日　25年 7月 1日
事業廃止等理由

㉓郵便番号　141-0000　（ 03 ）3321-1123
(イ)住所　品川区五反田 1-2-3
(ロ)名称　株式会社 緑商会
(ハ)氏名　代表取締役 鈴木 太郎 ㊞

㉔加入している労働保険　(イ)労災保険　(ロ)雇用保険
㉕特掲事業　(イ)該当する　(ロ)該当しない

事業　(イ)所在地　品川区五反田 1-2-3
(ロ)名称　株式会社 緑商会

きりとり線（1枚目ははがさないで下さい。）

領収済通知書　（労働保険）（国庫金）
（記入例）¥ 0 1 2 3 4 5 6 7 8 9
⓪数字は記入例にならって黒のボールペンで力を入れてからはっきりとご記入下さい。

※新元号（令和）に変わりましたが、平成で表記しています。

96

書式2　確定保険料算定基礎賃金集計表

平成30年度　確定保険料・一般拠出金算定基礎賃金集計表
（算定期間　平成30年4月1日～平成31年3月31日）

※概算・確定保険料・一般拠出金申告書（事業主控）と一緒に保管してください

労働保険番号	府県 13	所掌 1	管轄 09	基幹番号 654321	枝番号 000

事業の名称：株式会社 綠商会
事業の所在地：東京都品川区五反田1－2－3
電話 03（3321）1123
郵便番号 141-0000
具体的な業務又は作業の内容：衣料品の小売業

出向者の有無　受○名　出○名

労災保険および一般拠出金（対象者数及び賃金）

月	① 常用労働者		② 役員で労働者扱いの人		③ 1・2以外のすべての労働者（パート、アルバイトその他雇用保険の資格のない人）		合計（①＋②＋③）	
	人	円	人	円	人	円	人	円
平成30年 4月	8	5,535,000			0	0	8	5,535,000
5月	9	5,720,145			1	151,000	10	5,871,145
6月	9	5,801,452			1	151,000	10	5,952,452
7月	9	5,720,000			1	151,000	10	5,871,000
8月	9	5,901,222			1	151,000	10	6,052,222
9月	9	6,024,000			1	151,000	10	6,175,000
10月	9	6,125,000			1	151,000	10	6,276,000
11月	10	6,012,300			1	180,000	11	6,192,300
12月	9	6,152,242			1	189,000	10	6,341,242
平成31年 1月	9	6,250,000			1	195,000	10	6,445,000
2月	10	6,012,000			1	195,000	11	6,207,000
賞与30年7月		638,000						638,000
賞与30年12月		1,024,000						1,024,000
合計	108	72,735,361			11	1,816,000	119	74,551,361

雇用保険（被保険者数及び賃金）

月	被保険者（③の免除対象高年齢労働者を含む）		④ のうち被保険者の資格のある人（免除対象高年齢労働者分を含む）	⑦ 合計（⑤＋⑥）		被保険者のうち免除対象高年齢労働者数
	人	円	円	人	円	人
平成30年 4月	8	5,535,000		8	5,535,000	2	320,000
5月	9	5,720,145		9	5,720,000	2	320,000
6月	9	5,801,452		9	5,801,452	2	322,595
7月	9	5,720,000		9	5,720,000	2	322,595
8月	9	5,901,222		9	5,901,222	2	320,000
9月	9	6,024,000		9	6,024,000	2	320,000
10月	10	6,125,000		10	6,125,000	2	322,595
11月	9	6,012,300		9	6,012,300	2	322,000
12月	9	6,152,242		9	6,152,242	2	320,595
平成31年 1月	9	6,250,000		9	6,250,000	2	320,000
2月	9	6,012,000		9	6,012,000	2	320,000
賞与30年7月		638,000			638,000		
賞与30年12月		1,024,000			1,024,000		
合計	108	72,735,361		108	72,735,361	14	3,850,380

雇用保険被保険者数　108

常時使用労働者数　119
⑨の合計人数÷12＝　119　人

雇用保険被保険者数　108
⑪の合計人数÷12＝　9　人

役員で雇用保険の資格のある人　9

	労災保険対象者分	雇用保険対象者分
	⑩の合計人数の千円未満 ⑫の合計人数の千円未満を切り捨てた額 74,551 千円 申告書⑧欄（イ）へ転記	A 雇用保険対象分 ⑫の合計人数の千円未満を切り捨てた額 72,735 千円 申告書⑧欄（ホ）へ転記
		B 免除対象高年齢労働者分 ⑭の合計人数の千円未満を切り捨てた額 3,850 千円 申告書⑧欄（ハ）へ転記
一般拠出金		A－B（千円未満切り捨て） 68,885 千円 申告書⑧欄（ホ）へ転記
	⑩の合計人数の千円未満を切り捨てた額 74,551 千円 申告書⑧欄（ニ）へ転記	

役員で雇用保険の資格のある人（平成30年度における所定労働日数）

役職	氏名	雇用保険の資格
		有・無
		有・無
		有・無

免除対象高年齢労働者
（平成30年4月1日現在、満64歳以上で、その年度4月以降に賃金が支払われた人）

氏名	生年月日
鈴木 博	昭和27年7月5日
佐藤 一	昭和28年4月5日

ただし、64歳以上であっても、季節労働者・日雇労働被保険者等の短期雇用特例被保険者、日雇い労働被保険者及び保険料が免除にはなりません。

第3章

経理・福利厚生・その他の手続きと書式

97

■ 標準報酬月額の見直しを図る手続きがある

社会保険料は、被保険者の標準報酬月額に保険料率を乗じて算出します。標準報酬月額とは、給与額をいくつかの報酬枠に区分したものです。標準報酬月額の決め方には、以下の3つの方法があります。

① **資格取得時決定**

事業所で新たに採用した労働者や新たに社会保険の被保険者となることになった労働者について、給与から控除する社会保険料を決定するための方法です。給与の支給実績がないので、労働（雇用）契約などで決められた給与額に残業代の見込額などを加えた額によって決定します。

② **定時決定**

従業員の給料に昇給や減給があった場合、労働者の実際の報酬と標準報酬月額に差が生じてしまう可能性があります。大きな差があると労働者間で不公平となるため、毎年7月1日を基準に4月～6月に支払われた報酬から標準報酬月額を決定します。このしくみを定時決定といいます。定時決定を行うことで、毎年1回は標準報酬月額の決定、見直しが行われます。

③ **随時改定**

年の途中で給与額が大幅に変動した場合に行う改定方法です。固定的賃金の変更などが行われた月以降の3か月間の平均給与額による標準報酬月額と、それまでの標準報酬月額とを比べて2等級以上の差が生じた場合に随時改定を行います。

📖 定時決定の手続き

　事業所に 7 月 1 日時点で在籍している被保険者を対象に、 4 月〜 6 月の 3 か月間に支払われた給与額により決定する方法です。

　定時決定は法律上、 7 月 1 日〜 10日までに届け出ることとされていますが、実際は年金事務所から文書で日時、会場が指定されますので、そこで一斉に届出（健康保険・厚生年金保険被保険者報酬月額算定基礎届）の受付が行われます。

　届け出る書類は、「健康保険・厚生年金保険被保険者報酬月額算定基礎届」（一般的には「算定基礎届」と略して呼ばれます）です。算定基礎届には、「健康保険・厚生年金保険被保険者報酬月額算定基礎届総括表」（略して「総括表」と呼ばれます）を添付します。

書式3　算定基礎届

　「算定基礎届」は個々の労働者の標準報酬月額を決定し、毎月の保険料額を決定する際に利用します。報酬の中には、通貨による給与以外にも通勤定期券や食事などの現物給与があった場合も金銭に換算して加える必要があります。なお、本書式では、山本豊六、小林七海、加藤八重のようなパートタイム労働者がいます。パートタイム労働者など、日給や時給で報酬額を決定する者については、⑩欄には出勤日数を記入します（100ページ）。注意すべき点として、出勤日数（給与計算の基礎日数）が17日未満の場合は、17日以上あった月だけを用いて平均額を算出します。 3 か月とも17日未満であった場合は、15日以上の月を用いて平均額を算出します。

書式4　総括表

　「総括表」は、各事業所の報酬の支払状況や被保険者の人数などを把握するために提出するものです。総括表には、事業の種類・具体的な報酬の支払状況・被保険者の人数・パートタイム労働者の人数・勤務状況などを記載します。

様式コード			
2 2 2 5			

健康保険
厚生年金保険　　**被保険者報酬月額算定基礎届**
厚生年金保険　　70歳以上被用者算定基礎届

令和　1　年　7　月　10　日提出

事業所整理記号	5 5 - ヤ ケ サ

届書記入の個人番号に誤りがないことを確認しました。

提出者記入欄

事業所所在地　〒 1 6 0 - 0 0 0 0
東京都新宿区○○1-1-1

事業所名称　株式会社　山田印刷

事業主氏名　代表取締役　山田　一郎　㊞

電話番号　03（5555）5555

受付印

社会保険労務士記載欄
氏　名　等

		① 被保険者整理番号	② 被保険者氏名	③ 生年月日	④ 適用年月	⑤ 個人番号 [基礎年金番号] ※70歳以上被用者の場合のみ
項目名		⑥ 従前の標準報酬月額	⑦ 従前改定月	⑧ 昇（降）給	⑨ 遡及支払額	
⑩	給与支給月	給与計算の基礎日数	⑪ 通貨によるものの額	⑫ 現物によるものの額	⑬ 合計（⑪+⑫）	⑭ 総計（一定の基礎日数以上の月のみ） / ⑮ 平均額 / ⑯ 修正平均額	備考

1

① 1	② 山田 一郎	③ 5-450605	④ 1 年 9 月	
⑥ 健 500 千円 厚 500 千円	⑦ 30 年 9 月	⑧ 昇（降）給 月 1.昇給 2.降給	⑨ 遡及支払額 月 円	
4 月 31 日	500,000 円		⑬合計（⑪+⑫） 500,000 円	⑭総計 1,500,000 円
5 月 30 日	500,000 円		500,000 円	⑮平均額 500,000 円
6 月 31 日	500,000 円		500,000 円	⑯修正平均額

備考: 1. 70歳以上被用者算定（算定基礎月：　月　月）　2. 二以上勤務　3. 月額変更予定　4. 途中入社　5. 病休・育休・休職等　6. 短時間労働者（特定適用事業所等）　7. パート　8. 年間平均　9. その他（　）

2

① 2	② 佐藤 二恵	③ 5-551220	④ 1 年 9 月	
⑥ 健 260 千円 厚 260 千円	⑦ 30 年 9 月	⑧ 昇（降）給 月 1.昇給 2.降給	⑨ 遡及支払額 月 円	
4 月 31 日	250,000 円		⑬合計（⑪+⑫） 250,000 円	⑭総計 750,000 円
5 月 30 日	250,000 円		250,000 円	⑮平均額 250,000 円
6 月 31 日	250,000 円		250,000 円	⑯修正平均額

備考: 1. 70歳以上被用者算定（算定基礎月：　月　月）　2. 二以上勤務　3. 月額変更予定　4. 途中入社　5. 病休・育休・休職等　6. 短時間労働者（特定適用事業所等）　7. パート　8. 年間平均　9. その他（　）

3

① 3	② 山本 豊六	③ 5-530525	④ 1 年 9 月	
⑥ 健 134 千円 厚 134 千円	⑦ 30 年 9 月	⑧ 昇（降）給 月 1.昇給 2.降給	⑨ 遡及支払額 月 円	
4 月 15 日	120,000 円		⑬合計（⑪+⑫） ——	⑭総計 136,000 円
5 月 16 日	128,000 円		——	⑮平均額 136,000 円
6 月 17 日	136,000 円		136,000 円	⑯修正平均額

備考: 1. 70歳以上被用者算定（算定基礎月：　月　月）　2. 二以上勤務　3. 月額変更予定　4. 途中入社　5. 病休・育休・休職等　6. 短時間労働者（特定適用事業所等）　⑦ パート　8. 年間平均　9. その他（　）

4

① 4	② 小林 七海	③ 5-530910	④ 1 年 9 月	
⑥ 健 134 千円 厚 134 千円	⑦ 30 年 9 月	⑧ 昇（降）給 月 1.昇給 2.降給	⑨ 遡及支払額 月 円	
4 月 16 日	128,000 円		⑬合計（⑪+⑫） 128,000 円	⑭総計 248,000 円
5 月 15 日	120,000 円		120,000 円	⑮平均額 124,000 円
6 月 14 日	112,000 円		——	⑯修正平均額

備考: 1. 70歳以上被用者算定（算定基礎月：　月　月）　2. 二以上勤務　3. 月額変更予定　4. 途中入社　5. 病休・育休・休職等　6. 短時間労働者（特定適用事業所等）　⑦ パート　8. 年間平均　9. その他（　）

5

① 5	② 加藤 八重	③ 5-540120	④ 1 年 9 月	
⑥ 健 134 千円 厚 134 千円	⑦ 30 年 9 月	⑧ 昇（降）給 月 1.昇給 2.降給	⑨ 遡及支払額 月 円	
4 月 14 日	112,000 円		⑬合計（⑪+⑫） ——	⑭総計 136,000 円
5 月 17 日	136,000 円		136,000 円	⑮平均額 136,000 円
6 月 13 日	104,000 円		——	⑯修正平均額

備考: 1. 70歳以上被用者算定（算定基礎月：　月　月）　2. 二以上勤務　3. 月額変更予定　4. 途中入社　5. 病休・育休・休職等　6. 短時間労働者（特定適用事業所等）　⑦ パート　8. 年間平均　9. その他（　）

※6人目以降も同じ様式を使用して記載する。

書式4　総括表（パートタイム労働者がいる場合）

所得税・住民税の源泉徴収に関する事務

給与や賞与の支払いごとに所得税を差し引くことになる

■ 所得税・住民税の源泉徴収

　給与所得については、会社などの事業所が労働者に給与や賞与を支払うごとに所得税を徴収し、国に納付します（源泉徴収制度）。社員の給与や退職金から差し引いた源泉所得税は、給与等を支払った月の翌月10日までに納めます。

　住民税も所得税と同様で、企業に勤めている会社員の場合は会社が給与を支払う時点で源泉徴収することが定められています。住民税は、原則として給与を支給した日（源泉徴収をした日）の翌月10日までに各市町村へ納付します。住民税の計算は会社で行う必要はありません。会社が提出した「給与支払報告書」もしくは税務署の「確定申告書」に基づいて、各市区町村が住民税額を算出し、それを記載した「特別徴収税額の通知書」を会社に送付することになっています。特別徴収税額の通知書に記載の月割額が毎月の給与から源泉徴収される額となります。

書式5　給与所得・退職所得等の所得税徴収高計算書

　源泉所得税の納付の際、作成するのが「給与所得・退職所得等の所得税徴収高計算書」です。この計算書により、その月の給与等の支払年月日、人員（人数）、支給額、税額などを税務署に報告します。

　源泉徴収された所得税の金額は、あくまで概算であり、1年が終わってその年の給与所得が確定した時点で精算する必要があります。この手続きが年末調整です。年末調整による不足税額や超過税額がある場合には、算出税額から「年末調整による不足税額」または「年末調整による超過税額」を加減算して納付税額を計算します。

作成した計算書は、納付書の役割を兼ねており、納付金額と併せて金融機関の窓口などへ提出します。納めるべき税額がない場合も所轄の税務署へ提出します。用紙は３枚一組の複写になっており、提出先から３枚目の「領収済通知書」に領収日の受領印が押印されたものを受け取りますので、給与関係の書類と一緒に保管しておきましょう。

なお、常時使用する労働者が10人未満という要件を満たす小規模事業所については、源泉所得税の納付を年２回にまとめて行うこと（納期の特例）ができます。この特例を受けている事業者は１月１日から６月30日までの間に労働者から預かった源泉所得税を７月10日までに納付しなければなりません。７月１日から12月31日までの間に預かる源泉所得税は翌年１月20日までに納付することになります。一般分と納期特例分では、使用する様式が異なり、納期等の区分と支払い年月を記入する欄が異なります。

書式６ 給与所得・退職所得に対する源泉徴収簿

源泉徴収税額の計算と記録のために、「源泉徴収簿」を作成します。給与計算を行う都度、この源泉徴収簿に支給日、支給額、社会保険料等の額、源泉所得税の額を記入します。ただし、必要事項が記載されているのであれば、オリジナルの給与台帳を利用してもかまいません。年度の途中で採用した社員の分についても、忘れずに作成しておくようにしましょう。

源泉徴収簿は、税務調査などで提出を求められた場合に備えて保管しておくもので、通常はどこかへ提出する必要はありません。

源泉徴収する税額についてですが、社員から「給与所得者の扶養控除等申告書」が提出されている場合は甲欄、提出されていない場合は乙欄となり、両者では税額が異なります。ただし、乙欄が適用されるのは２か所以上の勤め先をもつ人の場合であるため、通常のフルタイムでの雇用であれば甲欄の適用となります。

書式5　給与所得・退職所得等の所得税徴収高計算書（一般分）

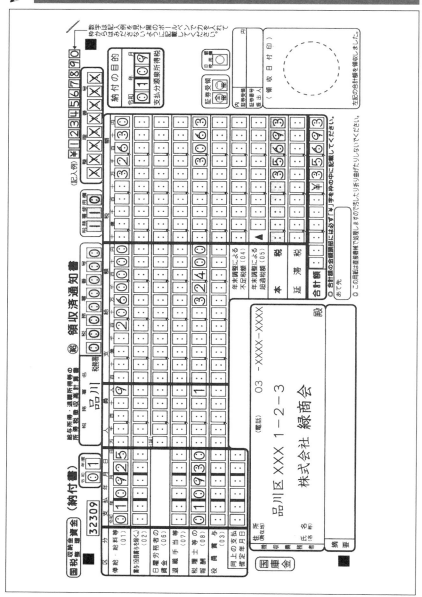

104

書式6　給与所得・退職所得に対する源泉徴収簿

整理番号 03

平成31年分　給与所得・退職所得に対する源泉徴収簿

所属	営業課	職名	営業職員
氏名	（フリガナ）アオヤマ ハルオ　青山 晴夫　昭和52年9月16日生		
住所	（郵便番号 142 XXXX）東京都品川区XXXX2-3-9		

給料・手当等

区分	月日	総支給金額	社会保険料等控除額	社会保険料等控除後の給与等の金額	扶養親族等の数	算出税額	差引徴収税額	年末調整による過不足税額
1	1 24	250,000	36,467	213,533	1人	3,640	3,640	
2	2 25	250,000	36,467	213,533	1	3,640	3,640	
3	3 25	250,000	36,467	213,533	1	3,640	3,640	
4	4 25	250,000	36,467	213,533	1	3,640	3,640	
5	5 23	250,000	36,467	213,533	1	3,640	3,640	
6	6 25	250,000	36,467	213,533	1	3,640	3,640	
7	7 25	250,000	36,467	213,533	1	3,640	3,640	
8	8 25	250,000	36,467	213,533	1	3,640	3,640	
9								
10								
11								
12								
計		① 250,000	② 21,400	228,600		③		

賞与等

区分	月日	総支給金額	社会保険料等控除額	社会保険料等控除後の給与等の金額	扶養親族等の数	率	算出税額	差引徴収税額
	7 7 10	250,000	21,400	228,600	1	2.042%	4,668	4,668
計		④	⑤	⑥				

前年の年末調整に基づき繰り越した過不足税額

区分・給料・手当・賞与等・計

年調

給与所得控除後の給与等の金額 (②+③)	⑨
社会保険料等の控除額	⑩
同上の社会保険料等控除分	⑪
生命保険料の控除額	⑫
地震保険料の控除額	⑬
配偶者（特別）控除額	⑭
扶養控除額、基礎控除額及び障害者等の控除額の合計額	⑮
所得控除額の合計額 (⑩+⑪+⑫+⑬+⑭+⑮)	⑯
差引課税給与所得金額(⑨-⑯)及び算出所得税額	⑰
（特定増改築等）住宅借入金等特別控除額	⑱
年調所得税額 (⑰-⑱、マイナスの場合は0)	⑲
年調年税額 (⑲×102.1%)	⑳
差引超過額又は不足額 (⑳-⑧)	㉑
超過額の精算	
不足額の精算	

4 賞与の支払いに関する事務

賞与の支給額に保険料率を掛けて保険料を算出する

賞与の支給額で保険料が変動する

　賞与からも社会保険料が徴収されるため、従業員に賞与を支払った場合には、事業主は届け出る必要があります。健康保険料、厚生年金保険料は、標準賞与額に保険料率を乗じて算出した額になります。標準賞与額とは、実際に支給された賞与額から千円未満の部分の金額を切り捨てた額です。標準賞与額は賞与が支給されるごとに決定されます。保険料は、事業主と被保険者が折半で負担します。

書式7　健康保険厚生年金保険被保険者賞与支払届／書式8　総括表

　賞与支払日から5日以内に事業者が、「健康保険厚生年金保険被保険者賞与支払届」を管轄の年金事務所に届け出ます。添付書類は、「健康保険厚生年金保険被保険者賞与支払届総括表」（賞与を支払うごとに、賞与を支払った従業員数や賞与額を合計した金額を保険者が把握するための書類）です。

　標準賞与額には上限が決められており、健康保険については年額累計573万円（毎年4月1日〜翌年3月31日の累計）、厚生年金保険については1か月あたり150万円が上限となっています。健康保険の累計の関係上、上限573万円を超えていても実際に支払った額を届け出ることになります。資格取得月に支給された賞与については保険料がかかりますが、資格喪失月に支給された賞与については保険料がかかりません。資格取得と資格喪失が同じ月の場合は、資格取得日から資格喪失日の前日までに支払われた賞与について保険料がかかります。

書式7　健康保険厚生年金保険被保険者賞与支払届

様式コード	
2 2 6 5	

健康保険
厚生年金保険　**被保険者賞与支払届**
厚生年金保険　70歳以上被用者賞与支払届

令和 1 年 12 月 16 日提出

提出者記入欄

事業所整理記号　0 0 ア イ ウ

届書記入の個人番号に誤りがないことを確認しました。

事業所所在地　〒 141-0000
東京都品川区五反田1－2－3

事業所名称　株式会社　緑商会

事業主氏名　代表取締役　鈴木　太郎　㊞
※押印または自署

電話番号　03（3321）1123

受付印

社会保険労務士記載欄
氏名等　　㊞

項目名	① 被保険者整理番号	② 被保険者氏名	③ 生年月日	⑦ 個人番号［基礎年金番号］ ※70歳以上被用者の場合のみ
	④ 賞与支払年月日	⑤ 賞与支払額	⑥ 賞与額（千円未満は切捨て）	⑧ 備考

| 共通 | ④ 賞与支払年月日（共通） | 9 令和 | 0 1 1 2 1 5 | ←1枚ずつ必ず記入してください。 |

	①	②	③	⑦
1	1	本上　貴志	5-390101	1 70歳以上被用者　2 二以上勤務 3 同　月内の賞与合算（初回支払日）　日
	④ ※上記「賞与支払年月日（共通）」と同じ場合は、記入不要です。 9 令和　　年　　月　　日	⑤（通貨） 100,000 円　（現物）　円	⑥（合計 ㋐+㋑）千円未満は切捨て 100 ,000 円	
2	2	石川　桜子	5-501225	1 70歳以上被用者　2 二以上勤務 3 同　月内の賞与合算（初回支払日）　日
	④ 9 令和　　年　　月　　日	⑤（通貨） 250,000 円　（現物）　円	⑥（合計 ㋐+㋑）千円未満は切捨て 250 ,000 円	
3	3	木村　裕人	5-590808	1 70歳以上被用者　2 二以上勤務 3 同　月内の賞与合算（初回支払日）　日
	④ 9 令和　　年　　月　　日	⑤（通貨） 180,000 円　（現物）　円	⑥（合計 ㋐+㋑）千円未満は切捨て 180 ,000 円	
4	4	菅谷　恭介	5-440404	1 70歳以上被用者　2 二以上勤務 3 同　月内の賞与合算（初回支払日）　日
	④ 9 令和　　年　　月　　日	⑤（通貨） 500,000 円　（現物）　円	⑥（合計 ㋐+㋑）千円未満は切捨て 500 ,000 円	
5	①	②	③	1 70歳以上被用者　2 二以上勤務 3 同　月内の賞与合算（初回支払日）　日
	④ 9 令和　　年　　月　　日	⑤（通貨）　円　（現物）　円	⑥（合計 ㋐+㋑）千円未満は切捨て ,000 円	
6	①	②	③	1 70歳以上被用者　2 二以上勤務 3 同　月内の賞与合算（初回支払日）　日
	④ 9 令和　　年　　月　　日	⑤（通貨）　円　（現物）　円	⑥（合計 ㋐+㋑）千円未満は切捨て ,000 円	
7	①	②	③	1 70歳以上被用者　2 二以上勤務 3 同　月内の賞与合算（初回支払日）　日
	④ 9 令和　　年　　月　　日	⑤（通貨）　円　（現物）　円	⑥（合計 ㋐+㋑）千円未満は切捨て ,000 円	
8	①	②	③	1 70歳以上被用者　2 二以上勤務 3 同　月内の賞与合算（初回支払日）　日
	④ 9 令和　　年　　月　　日	⑤（通貨）　円　（現物）　円	⑥（合計 ㋐+㋑）千円未満は切捨て ,000 円	
9	①	②	③	1 70歳以上被用者　2 二以上勤務 3 同　月内の賞与合算（初回支払日）　日
	④ 9 令和　　年　　月　　日	⑤（通貨）　円　（現物）　円	⑥（合計 ㋐+㋑）千円未満は切捨て ,000 円	
10	①	②	③	1 70歳以上被用者　2 二以上勤務 3 同　月内の賞与合算（初回支払日）　日
	④ 9 令和　　年　　月　　日	⑤（通貨）　円　（現物）　円	⑥（合計 ㋐+㋑）千円未満は切捨て ,000 円	

第3章　経理・福利厚生・その他の手続きと書式

書式8　健康保険厚生年金保険被保険者賞与支払届総括表

様式コード	
2 2 6 6	

健康　保険
厚生年金保険　**被保険者賞与支払届**
ー総括表ー

令和　1　年 12 月 16 日 提出

	事業所 整理記号	0 0	ア イ ウ	事業所 番　号	1 2 3 4 5

受付印

提出者記入欄

事業所 所在地	〒141-0000 東京都品川区五反田1-2-3
事業所 名　称	株式会社　緑商会
事業主 氏　名	代表取締役　鈴木　太郎　　㊞
電話番号	03（3321）1123

※ 押印または自署

社会保険労務士記載欄	
氏　名　等	㊞

・この届書は、賞与の支給がなかった場合にも提出してください。
（賞与支給予定月に総括表の提出がない場合、後日お知らせが送付されます。）

	賞与支払予定月	9. 令和　　　年　　　月	
①	賞与支払年月	9. 令和 0 1 1 2	
②	支給の有無	0. 支給　　1. 不支給	※「1.不支給」の場合、以下③～⑥欄への記入は 必要ありません。

賞与支払情報

③	被保険者人数	9 人	④	賞与支給人数	4 人
⑤	賞与支給総額	1 0 3 0 0 0 0 円			
⑥	賞与の名称	冬 期 賞 与			

賞与支払情報内訳

・従前の賞与支払予定月を変更する場合は以下⑦も記入してください。

⑦	賞与支払予定月の 変更	月 月 月	賞与支払予定月 変更前	月 月 月

変更

5 議事録を作成する

株主総会議事録は、原本を10年間本店に備え置くことが必要

何のために議事録を作成するのか

　会社法は、株主総会などの会議が開催されたとき（開催されたとみなされたときも含む）には、議事録を作成することを義務付けています。議事録とは、議事の経過の要領・その結果、場合によっては出席した役員の発言内容などについて記録したものです。

　株主総会の議事について作成する議事録を株主総会議事録、取締役会の議事について作成する議事録を取締役会議事録、監査役会の議事について作成する議事録を監査役会議事録といいます。各議事録には会社法、会社法施行規則で記載しなければならない事項が法定されています。法定記載事項さえ記載していれば、その他の形式は原則として会社の自由です。取締役会を設置せず、監査役もいないという小規模な会社でも、株主総会議事録は作成することになります。

　作成した議事録は会社の役員などが見るだけではありません。商業登記をする際の添付書類になることもあります。また、一定の要件を満たす株主や債権者などが閲覧や謄写（原本の写し）の請求をしてきた場合には、会社は原則としてそれに応じる義務があります。株式会社は会社法その他の法令に従って、適法な議事録を作成する必要があります。

取締役会非設置会社における取締役決定書

　取締役会非設置会社の場合、会社に取締役会がないため、当然取締役会議事録を作成する必要はありません。

　取締役会非設置会社の業務は、取締役が複数名いる場合、原則とし

て取締役の過半数の一致（賛成）によって決定することとされています。取締役の過半数の一致をもって、業務執行の決定をした場合は、これを証明する書類を作成すべきです。一般的には、「取締役決定書（決議書）」という名称でこの書類を作成することが多いようです。取締役決定書は、取締役会議事録と異なり会社法で作成が義務付けられている書類ではなく、そのため法定記載事項も決められていません。しかし、取締役の過半数の一致があったことを後日の証拠として残すためにも、取締役決定書の作成を習慣化させておくことが望ましいといえるでしょう。

　なお、取締役会非設置会社の登記申請の際には、取締役会議事録の添付に代え、取締役決定書の添付が必要になることもあります。

■ 株主総会議事録の作成と保管

　株主総会議事録には署名または記名押印の義務を定めた法令はありません。ただし、会社の定款などで、出席した取締役などに署名または記名押印の義務を規定している会社は、定款などの規定に従って株主総会議事録にも署名または記名押印をする義務が発生します。なお、署名とは、本人が自署することで、記名押印とは、パソコンで印字する・ゴム印を押印するなどして記載した名前の右横に印鑑を押すことです。

　株主総会議事録は、株主総会開催の日から、原本を10年間本店に備え置かなければなりません（会社が支店を設置している場合は、その写しを支店に5年間備え置く必要があります）。備え置かれた議事録は、株主および債権者は会社の営業時間内はいつでも閲覧・謄写の請求をすることが可能です。また、親子会社の場合、親会社の社員は、その権利を行使するために必要があるときは、裁判所の許可を得て、閲覧・謄写請求をすることが可能です。

■ 議事録は電磁的記録により作成することが可能

　議事録は書面で作成されることが一般的ですが、会社法上、電磁的記録によって作成することができます。

　電磁的記録とは、CD－ROMやDVD－ROMなど、確実に情報を記録しておける記録メディアあるいは電子媒体と呼ばれるものに記録したものをいいます。CD－ROMやDVD－ROMの他にも、磁気テープやフロッピーディスク、メモリースティック、SDカード、ICカードなどに情報を記録したものが電磁的記録として認められています。

　電磁的記録により議事録を作成した場合は、書面で議事録が作成された場合と署名または記名押印、後述する議事録の備置きなどについての取扱いが異なります。

　たとえば、電磁的記録によって議事録が作成された場合、書面で作成された場合と異なり、署名や記名押印をする代わりに電子署名をすることになります。電子署名とは、文書の内容の改ざんを防止するしくみがとられているもので、書面における署名や記名押印に相当します。

● 株主総会議事録の主な記載事項

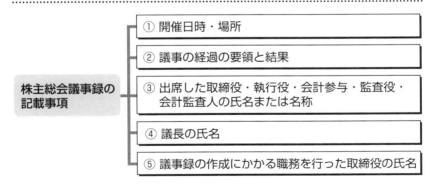

株主総会議事録の
記載事項

① 開催日時・場所

② 議事の経過の要領と結果

③ 出席した取締役・執行役・会計参与・監査役・
　会計監査人の氏名または名称

④ 議長の氏名

⑤ 議事録の作成にかかる職務を行った取締役の氏名

6 役員報酬を改定・減額・増額する事務

法律上要求されている決議は議案を作成して残しておく

■ 報酬に関する議案作成のポイント

　業務執行機関である取締役や代表取締役が報酬を自由に決定できるとすると、「自分の好きなように報酬を定めることができる」という、「お手盛り」の危険が生じます。そこで、お手盛りの弊害を防止するため、取締役の報酬は定款または株主総会で決定することとされています。取締役の報酬について、定款に定めがあればそれに従います。一方、定款に定めがない場合、株主総会の決議において、①報酬等のうち額が確定しているものについてはその額、②額が確定していないものについてはその具体的な算定方法、③金銭でないものについてはその具体的な内容を定めます。ただし、全取締役に支給する総報酬額を定めれば、お手盛りの危険は防げますから、定款または株主総会決議で各取締役の報酬額までを決める必要はありません。実務上も、定款または、株主総会で全取締役の年間報酬の総額を定め、それをどのように配分するかは、通常の業務執行として取締役が決定するのが一般的です。役員報酬を決定あるいは改定する場合、報酬総額や定款の一部変更に関する株主総会の決議や、その配分方法に関する取締役間での決定が必要になり、議事録や決定書を作成することになります。

書式9　株主総会議事録例（一人会社での役員報酬減額）

　本書式は、一人会社で取締役も1人という会社の役員報酬減額を決定する定時総会の株主総会議事録例です。個々の取締役の報酬についてまで株主総会決議で決める必要はないということを前述しましたが、一人会社で取締役1人の場合、その人が全株主兼取締役ですから、本書式では議事録の中で個々の報酬まで決定する内容としています。

なお、本議事録には、第2号議案により、代表権を持つ取締役の任期満了に伴う改選に関する議案が含まれています。この場合、株主総会議事録に押印した議長兼出席取締役の印について原則として個人の実印の押印と印鑑証明書の添付が必要です。ただし、この印が従前の代表取締役が登記所に提出している印鑑（会社代表印）と同一の場合、印鑑証明書の添付は不要です。

書式10　株主総会議事録例（役員報酬減額の決定）

　本書式は、取締役会非設置会社で取締役3人の会社において、以前から存在していた報酬総額を減額改定する株主総会議事録例です（第3号議案参照）。定款に「第○条　取締役の報酬総額は年額○○○○万円以内とする」といった報酬総額に関する定めがある場合で、報酬の減額改定をするときには、株主総会でその定款の定めを変更するという方法を採ります。なお、定時総会で減額を決定するのではなく、期中の臨時総会で減額改定を行う場合、減額前の報酬と減額後の報酬の差額が税法上の損金として認められるためには、「経営の状況が著しく悪化したことその他これに類する理由」が必要です。そのため、期中の減額改定の理由が「経営情勢等諸般の事情を考慮して」では、法人税の計算の際に、減額前の報酬と減額後の報酬の差額が損金として認められず、不利益を受ける可能性があります。

書式11　取締役決定書例（個々の取締役の報酬の減額）

　本書式は株主総会議事録を受けて、個々の取締役の報酬額を減額改定する場合の取締役決定書例です。判例によると、取締役の報酬をその取締役の同意なく一方的に減額することはできません。取締役の同意を得た上で、取締役の決定で報酬を減額する場合、「取締役報酬額改定の件」として、減額の対象となる役員と減額幅を明記するとよいでしょう。減額された報酬が適用される令和○年○月○日以降という部分は、定時株主総会の開催後、最初に始まる取締役の職務執行期間の初日の日付を記載します（本書式では令和2年7月1日）。

書式9　株主総会議事録例（一人会社での役員報酬減額の決定）

第2回　定時株主総会議事録

　令和2年6月29日午前9時00分より、当社の本店において定時株主総会を開催した。

当社の株主総数	1名
発行済み株式数	100株
議決権を行使することができる株主の総数	1名
議決権を行使することができる株主が有する議決権の総数	100株
議決権を行使することができる出席株主数	1名
この議決権の総数	100株
出席した役員　　代表取締役　星　光男	
議事録作成者　　代表取締役　星　光男	

　定刻、代表取締役星光男は議長席に着き開会を宣し、上記のとおり出席株主数及びその議決権数等を報告、本総会の付議議案の決議に必要な会社法及び定款の定める定足数を満たしている旨を述べ、直ちに議案の審議に入った。

第1号議案　第2期決算報告書の承認に関する件

〈省略〉※注釈参照

第2号議案　取締役任期満了による改選に関する件

〈省略〉※注釈参照

第3号議案

　議長は、経営状況等諸般の事情を考慮して、令和○年○月○日以降、取締役の報酬月額を下記のとおり減額変更したい旨提案し、その詳細につき説明した。

　議長が本議案の賛否を議場に諮ったところ、全員異議なく承認可決した。

代表取締役　　星　　光男
改定前：月額金５０万円 → 改定後：月額金４０万円

　議長は以上をもって本日の議事を終了した旨を述べ、午前９時３０分閉会した。

　以上の決議を明確にするために、この議事録を作り、議長及び出席取締役がこれに記名押印する。

令和２年６月２９日
　株式会社星光商事　第２回定時株主総会
　　　　　議長兼議事録作成者　　星　　光　男
　　　　　兼出席代表取締役

注）事業報告及び計算書類の承認に関する議案文例（第１号議案）と、役員の重任に関する議案文例（第２号議案）については、一人会社の役員変更に関する株主総会議事録参照（214ページ）。

書式10　株主総会議事録例（役員報酬減額の決定）

第2回定時株主総会議事録

　令和2年6月29日午前9時00分より、当社の本店において定時株主総会を開催した。

　当会社の株主総数　　　　　　　　　　　　　　　　　　　3名
　発行済株式総数　　　　　　　　　　　　　　　　　　200株
　議決権を行使することができる株主の総数　　　　　　　　3名
　議決権を行使することができる株主が有する議決権の総数200個
　議決権を行使することができる出席株主数
　（委任状によるものを含む）　　　　　　　　　　　　　　3名
　この議決権の総数（委任状によるものを含む）　　　　200個
　出席した役員　　　代表取締役　星光男、取締役　崎岡円蔵、
　　　　　　　　　　同　井田善治
　　　　　　　　　　監査役　村田一郎
　議事録作成者　　　代表取締役　星光男

　定刻、代表取締役星光男は議長席に着き開会を宣し、上記のとおり本日の出席株主数及びその議決権数等を報告、本総会の付議議案の決議に必要な会社法及び定款の定める定足数を満たしている旨を述べ、直ちに議案の審議に入った。

第1号議案　　　第2期決算報告書の承認に関する件

〈省略〉※注釈参照

第2号議案　　　取締役任期満了による改選に関する件

〈省略〉※注釈参照

第3号議案　取締役報酬額改定の件

　議長は、取締役の報酬額について、経営情勢等諸般の事情を考慮して、年額1200万円以内（従来どおり使用人兼務取締役の使用人分給与は含まない）と減額改定し、その配分方法を取締役により決定したい旨の議案の提出を崎岡円蔵取締役より受けたため、その議案の審議を求めた。

　なお、崎岡円蔵取締役からは、上記取締役の報酬額について、前期の業績と経済情勢等との関連で相当である旨の説明がなされた。

　議長が第3号議案を議場に諮ったところ、全員一致で承認可決された。

　議長は以上をもって本日の議事を終了した旨を述べ、午前9時30分閉会した。

　以上の決議を明確にするため、この議事録をつくり、議長及び出席取締役がこれに記名押印する。

令和2年6月29日

　　株式会社星光商事　　第2回定時株主総会

　　　　　　　　議長代表取締役　　　星　光　男　　　　印（認印でも可）

　　　　　　　　出席取締役　　　　　崎　岡　円　蔵　　印（認印でも可）

　　　　　　　　出席取締役　　　　　井　田　善　治　　印（認印でも可）

注）事業報告及び計算書類の承認の議案文例と、取締役任期満了による改選の承認の議案文例については、役員全員の重任についての株主総会議事録参照（220ページ）。

取締役決定書

　令和2年6月29日午後1時30分より、東京都○○区○○一丁目2番3号の当社本店会議室において、取締役は全員一致をもって次のとおり決定した。

第1号議案　取締役報酬額改定の件

　議長は、令和2年6月29日開催の定時株主総会の決議により承認を受けた範囲内で、令和2年7月1日以降、各取締役の報酬月額を下記のとおり減額変更したい旨提案し、その詳細につき説明した。

　議長が本議案の賛否を議場に諮ったところ、全員異議なく承認可決した。

記

1．代表取締役　星光男　　改定前月額50万円→改定後月額40万円
1．取締役　　　崎岡円蔵　改定前月額40万円→改定後月額30万円
1．取締役　　　井田善治　改定前月額40万円→改定後月額30万円

　以上議事を明確にするため、ここに議事録を作成し、出席取締役がこれに記名押印する。

令和2年6月29日

　株式会社星光商事

　　　　　　　　　　　　代表取締役　　星　光　男　　（印 認印でも可）

　　　　　　　　　　　　取締役　　　　崎　岡　円　蔵　（印 認印でも可）

　　　　　　　　　　　　取締役　　　　井　田　善　治　（印 認印でも可）

7 年末調整に関する事務

1人ひとりの事情にあわせて正しい年税額を計算する

■ 源泉徴収した過不足を年末に調整する

　毎月源泉徴収した給与所得額の合計が、その年の給与総額に対する所定税額に比べて過不足を生じるケースがあるため、事業者は、年末に給与を支払う際にその差額を精算する必要があります。

書式12　給与所得に対する源泉徴収簿

　社員1人ひとりの税額は、源泉徴収簿を用いて計算します。

　まず、12か月分の給与と賞与の支給額、社会保険料等の控除額、算出税額などをそれぞれ集計します。集計した給与や賞与の合計から、「給与所得控除後の給与等の金額」を計算します。次に、社員から提出を受けた「給与所得者の扶養控除等（異動）申告書」や「給与所得者の保険料控除申告書」「給与所得者の配偶者控除等申告書」に基づいて所得控除の額を計算します。最後に、「給与所得控除後の給与等の金額」から所得控除額の合計を差し引いた「差引課税給与所得金額」（千円未満切捨て）を計算し、所得税額を求めます。住宅ローン控除の適用がある場合にはここからさらに控除されます。これに復興特別所得税を加えると、その年の年末調整後の年税額となります。この金額が、集計した徴収税額より少ない場合は「超過」、多い場合は「不足」です。年末調整の計算内容を記載して、その年分の源泉徴収簿は完成です。完成した源泉徴収簿は、閲覧可能な状態で保管しておきましょう。

書式13　給与支払報告書と源泉徴収票

　年末調整の計算終了後、源泉徴収簿に基づいて源泉徴収票を作成します。源泉徴収票は2枚1組になっており、税務署へ提出するための用紙と本人へ交付するための用紙になっています。税務署提出用につ

いては、給与などの支払金額が500万円以下の場合は提出する必要はありません。本人へ交付する源泉徴収票へは、個人番号（マイナンバー）の記載はしません。その年の途中で退職した社員に対しては、退職後1か月以内に、在籍していた期間分の源泉徴収票を交付します。

「給与支払報告書（個人別明細書）」は、給与所得にかかる市民税を計算するために提出する書類で、源泉徴収票と様式はほとんど同じです。社員の住所のあるすべての市町村等の役所に対して、報告人数などを記載した「総括表」と一緒に、1月31日までに提出します。一方、その年分の給与の支給額が150万円超の役員、500万円超の社員の源泉徴収票は、会社の所轄税務署へ1月31日までに提出しなければなりません。また、年末調整をしなかった場合、役員であれば支給額が50万円超、社員であれば250万円超の場合に源泉徴収票を提出します。

なお、給与所得者の扶養控除等申告書の提出がない場合、支給額50万円超の人について、源泉徴収票を提出します。

● 年末調整の事務手順

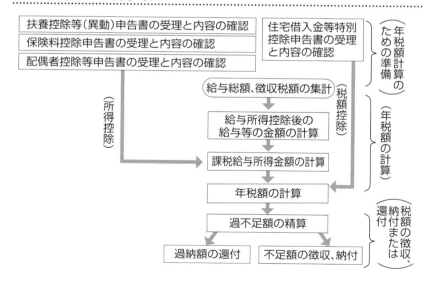

120

書式12　給与所得に対する源泉徴収簿（年末調整）

整理番号 03

平成31年分 給与所得に対する源泉徴収簿

所属	職名	氏名
営業課	営業職員	（アオヤマ ハルオ）青山 晴夫　昭和52年9月16日

住所 〒142-XXXX 東京都品川区XXXX2-3-9

給料・手当等

区分	月区分	支給月日	総支給金額	社会保険料等の控除額	社会保険料等控除後の給与等の金額	扶養親族等の数	算出税額	年末調整による過不足税額	差引徴収税額
給料	1	1.25	362,000	51,864	310,136	2	5,490		5,490
	2	2.26	362,000	51,864	310,136	2	5,490		5,490
	3	3.26	362,000	51,864	310,136	2	5,490		5,490
	4	4.25	366,000	51,858	314,142	2	5,740		5,740
	5	5.25	366,000	51,858	314,142	2	5,740		5,740
	6	6.25	366,000	51,858	314,142	2	5,740		5,740
手当等	7	7.25	366,000	51,858	314,142	2	5,740		5,740
	8	8.24	366,000	51,858	314,142	2	5,740		5,740
	9	9.25	366,000	51,858	314,142	2	5,740		5,740
	10	10.25	366,000	51,858	314,142	2	5,740		5,740
	11	11.26	366,000	51,858	314,142	2	5,740		5,740
	12	12.25	366,000	51,858	314,142	2	5,740	▲35,563 ▲29,823 (過納)	5,740
	計		①4,380,000	②622,314	3,757,686		③ 68,130		

賞与等

区分	月日	総支給金額	社会保険料等の控除額	社会保険料等控除後の給与等の金額	扶養親族等の数	算出税額	差引徴収税額
賞与等	7.7.31	660,000	95,040	564,960	2	(税率6.126%) 34,609	34,609
	12.12.10	830,000	119,520	710,480	2	(税率6.126%) 43,524	43,524
	計	④1,490,000	②214,560	1,275,440		⑥ 78,133	

前年の年末調整に基づき繰り越した過不足税額 同上の税額から充当又は還付した金額／差引残高又は過不足税額

年末調整

区分	金額
給料・手当等 ①	4,380,000円
賞与等 ④	1,490,000
計 ⑦	5,870,000
給与所得控除後の給与等の金額 ⑨	4,154,400
所得金額調整控除の適用 有・無（※ ⑩）	0
給与所得控除後の給与等の金額（調整控除後）（⑨－⑩）⑪	836,874
社会保険料等の控除分 申告による小規模企業共済等掛金の控除分	0
生命保険料の控除額 ⑭	71,550
地震保険料の控除額 ⑮	45,000
配偶者（特別）控除額 ⑯	380,000
扶養控除額、基礎控除額及び障害者等の控除額の合計額 ⑰	760,000
差引課税給与所得金額（⑪＋⑫＋⑬）及び算出所得税額 ⑱	2,093,424 → 108,500
（特定増改築等）住宅借入金等特別控除額 ⑲	
年調所得税額（⑱－⑲） ⑳	108,500
年調年税額（⑳×102.1%）㉑	110,700
差引超過額又は不足額（㉑－⑧）㉒	35,563
本年最後の給与から徴収する税額に充当する金額 ㉓	5,740
未払給与に係る未徴収の税額に充当する金額 ㉔	
差引還付する金額 ㉕	29,823
同上のうち本年中に還付する金額 ㉖	29,823
翌年において還付する金額 ㉗	
翌年に繰り越して徴収する金額 ㉘	

扶養控除等の申告 有・無

配偶者の合計所得 0円

旧長期損害保険料支払額

配偶者の本年中の合計所得金額

障害者等 老人扶養親族 特定扶養親族

配偶者の有無 有・無

令和2年度（平成31・令和元年分）給与支払報告書（総括表）

令和2年1月31日までに提出してください。

令和 **2** 年 **1** 月 **23** 日提出

指定番号	12XXX	区分※

法人番号 （又は個人番号）	X X X X X X X X X X X X X
郵便番号	141 － XXXX
給与支払 者所在地	東京都品川区XXX1－2－3
税額通知 書送付先	東京都品川区XXX1－2－3
フリガナ 名　称 （氏名）	カブシキガイシャ　ミドリショウカイ 株式会社　緑商会
代表者の 職氏名印	代表取締役　鈴木　太郎
連絡者の 係・氏名 電話番号	代表取締役　鈴木　太郎 内線（　　　　）
会計事務所 等の名称	電話番号 03（XXXX）XXXX

提出区分	年間分 退職者分
給与支払 方法／期日	20日締 25日払
事業種目	衣料品小売業
受給者 総人員	9 名

品川区への報告人員	特別徴収 （給与天引）	9 名
	普通徴収 （個人納付）	名
	合　計	9 名

納入書の送付	1．必要 2．不要
特普区分	※

「※」欄は記入しないでください。

品川区提出用　総括表　兼　普通徴収切替理由書

〜『普通徴収』に該当する受給者がいる場合の注意事項〜
①下記「普通徴収切替理由書」の「人数」欄を記入してください。
②「個人別明細書」の「摘要」欄に「普通徴収切替理由書」の『符号（普A〜F）』を
　記入してください。
③別紙「普通徴収仕切紙」の下に「個人別明細書（普通徴収分）」を綴ってください。

普通徴収切替理由書

符号	普通徴収切替理由	人数
普A	総従業員数（受給者総人員）が2人以下	名
普B	他の事業所で特別徴収（乙欄該当者）	名
普C	給与が少なく税額が引けない	名
普D	給与の支払が不定期	名
普E	事業専従者（個人事業主のみ対象）	名
普F	退職又は退職予定者（5月末日まで）及び休職者	名
	普通徴収分　　合　　計	名

令和元年分　給与所得の源泉徴収票

支払を受ける者	住所又は居所	東京都品川区XXXX2-3-9				
			(受給者番号) 03			
			(個人番号)			
			(役職名)			
			氏名 (フリガナ) アオヤマ　ハルオ　青山　晴夫			

種別	支払金額	給与所得控除後の金額	所得控除の額の合計額	源泉徴収税額
給与・賞与	内 5 870 000	4 154 400	2 093 424	110 700

(源泉)控除対象配偶者の有無等		配偶者(特別)控除の額	控除対象扶養親族の数 (配偶者を除く。)					16歳未満扶養親族の数	障害者の数 (本人を除く。)		非居住者である親族の数
有	従有	老人	特定		老人		その他		特別	その他	
			人	従人	内 人	従人	内 人	従人	人	内 人	人	人	人
○		380000						1				

社会保険料等の金額	生命保険料の控除額	地震保険料の控除額	住宅借入金等特別控除の額
内 836 874	71 550	45 000	

(摘要)

生命保険料の金額の内訳	新生命保険料の金額		旧生命保険料の金額		介護医療保険料の金額		新個人年金保険料の金額		旧個人年金保険料の金額	
住宅借入金等特別控除の額の内訳	住宅借入金等特別控除適用数		居住開始年月日(1回目)	年 月 日	住宅借入金等特別控除区分(1回目)		住宅借入金等年末残高(1回目)			
	住宅借入金等特別控除可能額		居住開始年月日(2回目)	年 月 日	住宅借入金等特別控除区分(2回目)		住宅借入金等年末残高(2回目)			

(源泉・特別)控除対象配偶者	(フリガナ) アオヤマ　ハルコ	区分	○	配偶者の合計所得		国民年金保険料等の金額		旧長期損害保険料の金額	
	氏名 青山　晴子								
	個人番号								

		(フリガナ) アオヤマ　イチロウ	区分				(フリガナ)	区分	(備考)
控除対象扶養親族	1	氏名 青山　一郎			16歳未満の扶養親族	1	氏名		
		個人番号					個人番号		
	2	(フリガナ) 氏名	区分			2	(フリガナ) 氏名	区分	
		個人番号							
	3	(フリガナ) 氏名	区分			3	(フリガナ) 氏名	区分	
		個人番号							
	4	(フリガナ) 氏名	区分			4	(フリガナ) 氏名		
		個人番号							

未成年者	外国人	死亡退職	災害者	乙欄	本人が障害者		寡婦		寡夫	勤労学生	中途就・退職					受給者生年月日					
					特別	その他	一般	特別			就職	退職	年	月	日	明	大	昭	平	年	月	日
																		○		52	9	16

(税務署提出用) 支払者	個人番号又は法人番号	XXXXXXXXXXXX (右詰で記載してください。)	
	住所(居所)又は所在地	東京都品川区XXX1-2-3	
	氏名又は名称	株式会社　緑商会	(電話) 03 -XXXX- XXXX
整理欄			

375

8 法人税の申告書を作成する

会社の業務形態に応じて必要な別表を作成することになる

確定申告書を作成する必要がある

　会社が事業で稼いだ儲けには、法人税が課税されます。納めるべき法人税の額は、自ら計算して申告しなければなりません。法人税の申告は、「法人税の確定申告書」を管轄の税務署へ提出するという方法で行います。確定申告書の提出期限は、事業年度終了の日から2か月以内です。ただし、公認会計士による会計監査が終わらないなどにより決算が2か月以内に確定しない場合には、「申告期限の延長の特例の申請書」を提出することで提出期限をさらに1か月（連結納税を行う場合には2か月）延長することができます。

法人税のしくみ

　法人税の計算は、決算で確定した「当期純利益」または「当期純損失」をベースにして行います。これに税法に基づいた調整計算を加え、課税されるべき所得の金額と、所得に対する法人税額が算出されるというのが大まかな流れです。厳密には、当期純利益（または当期純損失）は法人税等を控除した後の利益（または損失）であるため、実務上は税引前当期純利益（または税引前当期純損失）から法人税を計算することになります。

　法人税法上の所得の計算は、会計規則に基づいて計算された当期純利益（または当期純損失）を基に行われますが、税法独自の計算を加える場合があります。これを申告調整といいます。申告調整には、所得に加算する「加算項目」と減算する「減算項目」があります。加算されるということは、所得が増え、当然ながらその分税金も増えると

いうことです。反対に減算項目には、税金を減らす効果があります。

　ここで、税法用語について簡単に説明をしておきます。法人税法では、会計用語の言い回しが少し異なります。たとえば収益のことを「益金」、費用のことを「損金」、費用として計上することを「損金経理」といいます。また、費用とは認められず加算されることを「損金不算入」、費用計上が認められることを「損金算入」、収益として認識されないことを「益金不算入」といいます。

　申告調整に話を戻します。加算項目には、たとえば損金経理（確定した決算について費用または損失として経理処理をすること）をした法人税、減価償却の償却超過額、交際費等の損金不算入、法人税額から控除される所得税額などがあります。簡単に説明しますと、納付する法人税は「法人税等」などの科目で費用として計上されています。しかし、税法上は損金不算入であるため、加算されます。減価償却費は、損金経理を行った場合に税法上の限度額までの損金算入が認められています。ただし、限度額を超えた部分については損金不算入となります。交際費についても税法上の限度額が設けられており、これを超えた部分は損金不算入となります。

　減算項目には、当期に支払った事業税等の金額や、法人税や所得税の還付金などがあります。事業税は、納付をした事業年度で損金算入が認められています。一般的には前期末に「法人税等」として計上しているため、前期末においていったん加算調整した上で、翌期に支払った際に減算調整します。法人税等の還付金については、「雑収入」など収益に計上されています。しかし、そもそも法人税が損金不算入であるため、還付された場合も益金不算入として減算調整されます。

別表の作成

　法人税の確定申告書は、別表と呼ばれる複数の用紙で構成されています。別表には必ず作成が必要なものと、必要に応じて作成するもの

があります。どの法人も必ず作成が必要な別表は、別表一㈠、二、四、五㈠、五㈡の５つです。それぞれの内容については、以下で説明していきます。

これ以外の別表は、必要に応じて作成することになります。たとえば交際費であれば「別表十五」（138ページ）、減価償却であれば別表十六（139ページ）など、主に申告調整の計算を行うためのもので、それぞれの内容に応じた別表を作成します。ここでは、緑商会が作成した別表六㈠、十五、十六について以下で見ていきます。これらの他にも、留保金課税の計算を行う別表三㈠や、欠損金とその損金算入額などを計算する別表七㈠など、さまざまな別表が存在します。

計算の結果、差異が生じて調整計算を行う必要がある場合、別表四の「加算」または「減算」の欄へ転記します。また、翌期以降の損金や益金として繰り越す場合、別表五㈠にも転記します。

以下では、各調整項目に関する別表の作成、次に別表四と五の作成、最後に別表一㈠の作成という流れに沿って話を進めていきます。

書式14　別表六（一）

預貯金の利子等からは、20.315％の源泉所得税が徴収されています。その内訳は、所得税15％、復興特別所得税0.315％、地方税５％です。これらの税金は、実は法人が納めるべき税金から控除することができます。その場合、所得税及び復興特別所得税は法人税から、地方税は道府県民税から、それぞれ控除します。計算方法としては、損金経理した税額を加算調整していったんなかったものとし、最終的に算出された法人税額等から控除（税額控除）するという方法によります。そのまま損金として経理することもできますが、税額控除を受けた方が納税者には有利です。

法人税の税額控除の適用を受けるために作成するのが、別表六㈠です。

書式15　別表十五

会社が支出した交際費は原則として損金不算入であり、所得に加算

されます。交際費とは、得意先との飲食や贈答のための費用のことです。ただし1人当たり5000円以下の一定の飲食費については、この交際費から除かれ損金算入ができます。

　「原則として損金不算入」と書きましたが、例外として、一定の損金算入限度額が定められている場合があります。まず、資本金1億円以下の中小法人（資本金5億円以上の大法人に完全支配されている場合を除く）の場合は、年800万円まで損金算入が認められます。次に、資本金1億円超の会社の場合は、接待飲食費の50%までは損金算入が認められています。中小法人の場合、800万円と接待飲食費の50%とのどちらか有利な方を選択することが可能です。

● 別表同士の関係図

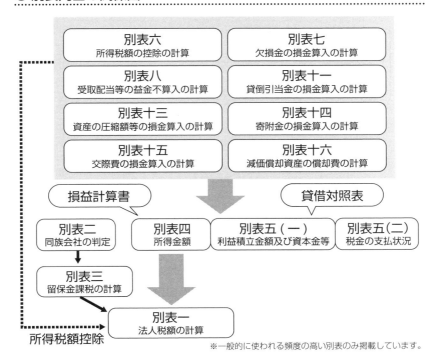

※一般的に使われる頻度の高い別表のみ掲載しています。

別表十五では、支出した交際費の額と損金算入限度額を記入し、損金不算入額を計算します。

書式16　別表十六

　法人税法では、資産の種類や構造等に応じた償却方法や耐用年数を定めており、その方法で計算した償却額が、損金算入の限度額となります。この別表十六に減価償却の内容を記載して提出した場合、「減価償却費」として損金経理した金額のうち、限度額までの損金算入が認められます。なお、定額法は㈠、定率法は㈡というように、計算方法によって用紙が異なりますので注意しましょう。

　別表には、資産の区分ごとの償却限度額及び当期に計上した償却額、償却限度超過額や償却不足額などを記入します。償却限度を超過した金額は、損金不算入であるため加算調整されます。反対に償却不足である場合、過去の償却超過額が残っているのであれば、限度額に達するまでの金額をさらに損金に算入し、所得から減算することができます。

書式17　別表四／別表五（一）

　別表四は課税されるべき所得金額を計算する表です。各別表から転記した調整金額を加減算して算出した、「所得金額又は欠損金額」の総額欄の金額が、法人税が課税されるべき所得金額となります。

　調整項目の中には、益金または損金として認識すべき時期が異なるために発生したものもあります。このような一時的な差異の場合、別表四の「処分」欄の②「留保」に記入します。一時的に発生した差異は、別表五㈠の「当期の増減」欄の③「増」に金額を記載します。たとえば減価償却超過額がこれに該当します。税法上の限度額を超えて計上した減価償却費は損金とは認められず、所得に加算されてしまいますが、翌期以降の所得から減算されることになります。差異が解消された場合にはその額を②「減」に記入します。最終的にはこの差異は全額が解消されることになります。このように、別表四と五㈠は、お互いにつながった存在だといえます。

なお、永久的な差異の場合は、別表四の処分欄は「社外流出」に記入します。たとえば交際費等の損金不算入はこの永久差異に該当します。この場合、別表五㈠への転記は必要ありません。

　損金不算入額のうち、「留保」されたものは、税法上の資産を構成します。このように、別表五㈠は「税法上の純資産」の明細を表わすものであり、調整による差異の他、利益積立金や繰越損益金、資本金や資本準備金など、法人の純資産に関する記入欄があります。これらの記入欄には、貸借対照表や株主資本等変動計算書から転記します。

　「未払法人税等」のことを税法用語で「納税充当金」といいます。別表五㈡では、法人税、住民税、事業税などの税金の発生とその支払状況、納税充当金の繰入額と取崩額などの明細を明らかにする書類です。なお、罰金や過少申告加算税、延滞税などのペナルティとしての税金は損金算入が認められません。このような税金があればこの別表に記載し、加算調整を行います。

書式19　別表二

　この別表は調整金額そのものを計算するものではなく、法人が、税法上の「同族会社」または「特定同族会社」に該当するかどうかを判定するための書類です。同族会社とは、株主やその親族等で構成される株主グループの発行済株式や議決権の数が、上位３位までの合計で過半数を所有されている会社のことです。また、特定同族会社とは、同族会社のうち、１つの株主グループで過半数の所有を占める会社をいいます。ただし、資本金１億円以下の中小法人（資本金５億円以上の大法人に完全支配されている法人以外）は除きます。これらに該当しない会社を「非同族会社」といいます。

　小規模な会社の場合、社長やその親族が株主となっている同族会社が多いと思います。株主が経営者でもある場合、利益の処分方法が経営者の意のままになりやすいといえます。利益を配当として株主へ還

元せず、会社内部へ貯める（留保）行為を抑制するため、法人税法では、一定の同族会社が限度額を超えて留保したお金に対しては特別に課税するという規定があります。これを「留保金課税」といいます。緑商会の場合は資本金1億円以下であるため特定同族会社の要件を満たしませんが、「特定同族会社」に該当した場合、別表三㈠を用いて課税される留保金の額を計算します。

　このように、法人税法上、同族会社に対しては、非同族会社よりも厳しい規定が設けられています。

書式20　別表一（一）

　別表一㈠は、別表四で計算した所得金額から、税額を計算する書類です。したがって、所得が確定して最後に作成することになります。また、納税地や法人名などを記入し、確定申告書全体の表紙としての役割もあります。所得金額に法人税率を掛けて法人税額を計算し、さらに法人税額から地方法人税率を掛けて地方法人税額を計算するのですが、税額控除の適用や、反対に課税される項目があれば、ここで加減算を行います。中間納付額や源泉所得税の支払分についても、この段階で控除します。

■ 添付書類

　「確定申告書」には、決算書を添付して提出します。通常の確定申告に添付が必要な決算書類は、「貸借対照表」「損益計算書」「株主資本等変動計算書」「勘定科目内訳明細書」です。また、決算書以外の添付書類として、「事業概況書」にも必要事項を記入して提出します。税額控除や軽減税率など、租税特別措置法の適用を受ける場合には、根拠となる条項や適用金額などを記載する「適用額明細書」を作成して、これも申告書に添付する必要があります。

書式14　法人税申告書 別表一（一）

品川　令和 2年11月25日
税務署長殿

納税地　東京都品川区 XXX1-2-3
電話(03)XXXX-XXXX

（フリガナ）カブシキガイシャ　ミドリショウカイ
法人名　株式会社　緑商会

法人番号 XXXXXXXXXXXXX

（フリガナ）スズキ　タロウ
代表者記名押印　鈴木　太郎　㊞

代表者住所　東京都品川区 XXX1-2-4

法人区分
事業種目　衣料品小売業
25,000,000円
売上金額　142

青色申告　一連番号
整理番号 XXXXXXX
事業年度（至）

平成・令和 01 年 10 月 01 日
平成・令和 02 年 09 月 30 日

事業年度分の法人税　確定 申告書
課税事業年度分の地方法人税　確定 申告書

	項目	千十億百万千円
1	所得金額又は欠損金額（別表四「47の①」）	1050000
2	法人税額（53）＋（54）＋（55）	157500
3	法人税額の特別控除額（別表六（六）「4」）	
4	差引法人税額（2）－（3）	157500
5	連結法人税個別帰属支払額等	
6	土地譲渡税額 同上に対する税額（22）＋（23）＋（24）	0 0 0
7	同上に対する税額	
8	留保税額 課税留保金額（別表三（一）「4」）	0 0 0
9	同上に対する税額（別表三（一）「8」）	
10	法人税額計（4）＋（5）＋（7）＋（9）	157500
11		
13	控除税額	766
14	差引所得に対する法人税額（10）－（11）－（13）	156700
15	中間申告分の法人税額	
16	差引確定（中間申告の場合はその税額とし、マイナスの場合は（26）へ記入）法人税額	156700
33	課税標準法人税額 所得の金額に対する法人税額（4）＋（5）＋（7）＋（10の外書）	157500
34	課税留保金額に対する法人税額	
35	課税標準法人税額（33）＋（34）	157000
36	地方法人税額（58）	16171
37	課税留保金額に係る地方法人税額（59）	
38	所得地方法人税額（36）＋（37）	16171
39		
40	外国税額の控除額（別表六（二）「50」）	
41	仮装経理に基づく過大申告の更正に伴う控除地方法人税額	
43	差引地方法人税額（38）－（39）－（40）－（41）	16100
44	中間申告分の地方法人税額 差引確定（42）－（43）（中間申告の場合はその税額とし、マイナスの場合は（45）へ記入）地方法人税額	16100

	項目	千十億百万千円
17	所得税の額（別表六（一）「6の③」）	766
18	外国税額（別表六（二）「20」）	
19	計（17）＋（18）	766
20	控除した金額（13）	766
21	控除しきれなかった金額（19）－（20）	
22	土地譲渡税額（別表三（二）「27」）	0
23	同（別表三（二）「28」）	0
24	同（別表三（二）「23」）	0 0
25	所得税額等の還付金額（21）	
26	中間納付額（15）－（14）	
27	欠損金の繰戻しによる還付請求税額	
28	計（25）＋（26）＋（27）	
29	この申告による還付金額	
30		0 0
31		
32	翌期へ繰り越す欠損金又は災害損失金（別表七（一）「5の合計」）	
45	この申告による還付金額（43）－（42）	
46	この申告が修正申告である場合の所得の金額に対する法人税額（68）	
48	課税標準法人税額に対する地方法人税額（69）	0 0 0
49	課税標準法人税額（70）	0 0 0

剰余金・利益の配当（剰余金の分配）の金額
決算確定の日 021120

※税務署処理欄

税理士署名押印　㊞

事業年度等	元・10・1　2・9・30	法人名	株式会社 緑商会

法 人 税 額 の 計 算

(1)のうち中小法人等の年800万円相当額以下の金額 （(1)と800万円×$\frac{12}{12}$のうち少ない金額）	50	1,050,000	(50) の 15 % 又は 19 % 相当額　53	157,500
(1)のうち特例税率の適用がある協同組合等の年10億円相当額を超える金額 (1)－10億円×$\frac{12}{12}$	51	000	(51) の 22 % 相 当 額　54	
そ の 他 の 所 得 金 額 (1) － (50) － (51)	52	1,050,000	(52) の 19 % 又は 23.2 % 相当額　55	

地 方 法 人 税 額 の 計 算

所得の金額に対する法人税額 (33)	56	157,000	(56) の 4.4 % 又は 10.3 % 相当額　58	16,171
課税留保金額に対する法人税額 (34)	57	000	(57) の 4.4 % 又は 10.3 % 相当額　59	

こ の 申 告 が 修 正 申 告 で あ る 場 合 の 計 算

法人税額の計算	この申告前の	所 得 金 額 又 は 欠 損 金 額	60		地方法人税額の計算	この申告前の	所 得 の 金 額 に 対 す る 法 人 税 額	68	
		課 税 土 地 譲 渡 利 益 金 額	61				課 税 留 保 金 額 に 対 す る 法 人 税 額	69	
		課 税 留 保 金 額	62				課 税 標 準 法 人 税 額 (68) + (69)	70	000
		法 人 税 額	63				確 定 地 方 法 人 税 額	71	
		還 付 金 額	64	外			中 間 還 付 額	72	
	この申告により納付すべき法人税額又は減少する還付請求税額 ((16)－(63)) 若しくは((16) + (64))又は((64)－(28))		65	外 00			欠 損 金 の 繰 戻 し に よ る 還 付 金 額	73	
	この申告前の	欠 損 金 又 は 災 害 損 失 金 等 の 当 期 控 除 額	66				この申告により納付すべき地 方 法 人 税 額 ((44)－(71))若しくは((44) + (72) + (73))又は((72)－(45)) + ((73)－(45の外書)))	74	00
		翌 期 へ 繰 り 越 す 欠 損 金 又 は 災 害 損 失 金	67						

同族会社等の判定に関する明細書	事業年度 又は連結 事業年度	元・10・1 2・9・30	法人名	株式会社 緑商会	別表二 平三十一・四・一以後終了事業年度又は連結事業年度分

同族会社の判定	期末現在の発行済株式の総数又は出資の総額	1	内　500	特定同族会社の判定	21の上位1順位の株式数又は出資の金額	11	
	(19と21)の上位3順位の株式数又は出資の金額	2	500		株式数等による判定　(11)/(1)	12	%
	株式数等による判定　(2)/(1)	3	100.0 %		22の上位1順位の議決権の数	13	
	期末現在の議決権の総数	4	内		議決権の数による判定　(13)/(4)	14	%
	(20と22)の上位3順位の議決権の数	5			21の社員の1人及びその同族関係者の合計人数のうち最も多い数	15	
	議決権の数による判定　(5)/(4)	6	%		社員の数による判定　(15)/(7)	16	%
	期末現在の社員の総数	7			特定同族会社の判定割合　((12)、(14)又は(16)のうち最も高い割合)	17	
	社員の3人以下及びこれらの同族関係者の合計人数のうち最も多い数	8		判　定　結　果		18	特定同族会社 ⟨同族会社⟩ 非同族会社
	社員の数による判定　(8)/(7)	9	%				
	同族会社の判定割合　((3)、(6)又は(9)のうち最も高い割合)	10	100.0				

判定基準となる株主等の株式数等の明細

順位		判定基準となる株主(社員)及び同族関係者		判定基準となる株主等との続柄	株式数又は出資の金額等				
					被支配会社でない法人株主等		その他の株主等		
株式数等	議決権数				株式数又は出資の金額 19	議決権の数 20	株式数又は出資の金額 21	議決権の数 22	
		住所又は所在地	氏名又は法人名						
1		東京都品川区××× 1-2-4	鈴木 太郎	本　人			500		

書式17　別表四（簡易様式）

別表四（簡易様式）平三十一・四・一以後終了事業年度分

所得の金額の計算に関する明細書（簡易様式）

事業年度　元・10・1　2・9・30　　法人名　**株式会社 緑商会**

区分		総額①	留保②	社外流出 配当	社外流出 その他③
当期利益又は当期欠損の額	1	736,145	736,145	配当	その他
損金経理をした法人税及び地方法人税（附帯税を除く）	2				
損金経理をした道府県民税及び市町村民税	3				
損金経理をした納税充当金	4	300,000	300,000		
損金経理をした附帯税（利子税を除く。）、加算金、延滞金（延納分を除く。）及び過怠税	5				その他
減価償却の償却超過額	6	17,889	17,889		
役員給与の損金不算入額	7				その他
交際費等の損金不算入額	8				その他
	9				
	10				
小計	11	317,889	317,889		
減価償却超過額の当期認容額	12				
納税充当金から支出した事業税等の金額	13	4,800	4,800		
受取配当等の益金不算入額（別表八(一)「13」又は「26」）	14				※
外国子会社から受ける剰余金の配当等の益金不算入額（別表八(二)「26」）	15				※
受贈益の益金不算入額	16				※
適格現物分配に係る益金不算入額	17				※
法人税等の中間納付額及び過誤納に係る還付金額	18				
所得税額等及び欠損金の繰戻しによる還付金額等	19				※
	20				
小計	21	4,800	4,800	外※	
仮計 (1)+(11)-(21)	22	1,049,234	1,049,234	外※	
関連者等に係る支払利子等の損金不算入額（別表十七(二の二)「24」又は「29」）	23				その他
超過利子額の損金算入額（別表十七(二の三)「10」）	24	△		※	△
仮計 （(22)から(24)までの計）	25	1,049,234	1,049,234		
寄附金の損金不算入額（別表十四(二)「24」又は「40」）	27				その他
法人税額から控除される所得税額（別表六(一)「6の③」）	29	766		その他	766
税額控除の対象となる外国法人税の額（別表六(二の二)「7」）	30				その他
分配時調整外国税相当額及び外国関係会社等に係る控除対象所得税額等相当額（別表六(五の二)「5の②」＋別表十七(三の六)「1」）	31				その他
合計 (25)+(27)+(29)+(30)+(31)	34	1,050,000	1,049,234	外※	766
契約者配当の益金算入額（別表九(一)「13」）	35				
中間申告における繰戻しによる還付に係る災害損失欠損金額の益金算入額	37				※
非適格合併又は残余財産の全部分配等による移転資産等の譲渡利益額又は譲渡損失額	38				※
差引計 (34)+(35)+(37)+(38)	39	1,050,000	1,049,234	外※	766
欠損金又は災害損失金等の当期控除額（別表七(一)「4の計」＋（別表七(二)「9」若しくは「21」）	40	△		※	△
総計 (39)+(40)	41	1,050,000	1,049,234	外※	766
新鉱床探鉱費又は海外新鉱床探鉱費の特別控除額（別表十(三)「43」）	42	△		※	
残余財産の確定の日の属する事業年度に係る事業税の損金算入額	46	△	△		
所得金額又は欠損金額	47	1,050,000	1,049,234	外※	766

（簡）

134

書式18　別表五（一）

利益積立金額及び資本金等の額の計算に関する明細書	事業年度	元・10・1　2・9・30	法人名	株式会社 緑商会	別表五（一） 平三十一・四・一以後終了事業年度分

I　利益積立金額の計算に関する明細書

区　分		期首現在利益積立金額 ①	当期の増減 減 ②	当期の増減 増 ③	差引翌期首現在利益積立金額 ①－②＋③ ④
利　益　準　備　金	1	円	円	円	円
別　途　積　立　金	2	2,000,000			2,000,000
減価償却超過額	3			17,889	17,889
	4				
	5				
	6				
	7				
	8				
	9				
	10				
	11				
	12				
	13				
	14				
	15				
	16				
	17				
	18				
	19				
	20				
	21				
	22				
	23				
	24				
	25				
繰越損益金（損は赤）	26	1,120,000	1,120,000	1,756,145	1,756,145
納　税　充　当　金	27	202,300	202,300	300,000	300,000
未納法人税等 未納法人税及び未納地方法人税（附帯税を除く。）	28	△ 15,000	△ 15,000	中間 △ 確定 △172,800	△ 172,800
未納道府県民税（均等割額を含む。）	29	△ 182,500	△ 182,500	中間 △ 確定 △81,000	△ 81,000
未納市町村民税（均等割額を含む。）	30	△	△	中間 △ 確定 △	△
差　引　合　計　額	31	3,124,800	1,124,800	1,820,234	3,820,234

II　資本金等の額の計算に関する明細書

区　分		期首現在資本金等の額 ①	当期の増減 減 ②	当期の増減 増 ③	差引翌期首現在資本金等の額 ①－②＋③ ④
資本金又は出資金	32	25,000,000 円	円	円	25,000,000 円
資　本　準　備　金	33	5,000,000			5,000,000
	34				
	35				
差　引　合　計　額	36	30,000,000			30,000,000

御注意

2　この表は、通常の場合には次の算式により検算ができます。
＝期首現在利益積立金額合計「31」①＋別表四留保所得金額又は欠損金額「47」－中間分、確定分法人税県市民税の合計額＝差引翌期現在利益積立金額合計「31」④

1　発行済株式又は出資のうちに二以上の種類の株式がある場合には、法人税法施行規則別表五（一）付表（別表五（一）付表）の記載が必要となりますので御注意ください。

| 租税公課の納付状況等に関する明細書 | | 事業年度 | 元・10・1
2・9・30 | | 法人名 | 株式会社 緑商会 | | 別表五（二）平三十一・四・一以後終了事業年度分 |

税　目　及　び　事　業　年　度				期首現在未納税額 ①	当期発生税額 ②	当期中の納付税額			期末現在未納税額 ①+②-③-④-⑤ ⑥
						充当金取崩しによる納付 ③	仮払経理による納付 ④	損金経理による納付 ⑤	
法人税及び地方法人税		・　・	1	円			円	円	円
		30・10・1 元・9・30	2	15,000		15,000			0
	当期分	中　　間	3		円				
		確　　定	4		172,800				172,800
		計	5	15,000	172,800	15,000			172,800
道府県民税		・　・	6						
		30・10・1 元・9・30	7	182,500		182,500			0
	当期分	中　　間	8						
		確　　定	9		81,000				81,000
		計	10	182,500	81,000	182,500			81,000
市町村民税		・　・	11						
		・　・	12						
	当期分	中　　間	13						
		確　　定	14						
		計	15						
事業税		・　・	16						
		30・10・1 元・9・30	17		4,800	4,800			0
	当　期　中　間　分		18						
		計	19		4,800	4,800			0
そ の 他	損金算入のもの	利　子　税	20						
		延滞金（延納に係るもの）	21						
		印紙税	22		160,000			160,000	0
			23						
	損金不算入のもの	加算税及び加算金	24						
		延　滞　税	25						
		延滞金（延納分を除く。）	26						
		過　怠　税	27						
		源泉所得税	28		766			766	0
			29						

納　税　充　当　金　の　計　算								
繰入額	期首納税充当金	30	202,300円	取崩額	その他	損金算入のもの	36	円
	損金経理をした納税充当金	31	300,000			損金不算入のもの	37	
		32					38	
	計 (31) + (32)	33	300,000			仮払税金消却	39	
取崩額	法人税額等 (5の③)+(10の③)+(15の③)	34	197,500		計 (34)+(35)+(36)+(37)+(38)+(39)		40	202,300
	事業税 (19の③)	35	4,800		期末納税充当金 (30)+(33)-(40)		41	300,000

| | | 事業年度 | 元·10·1 2·9·30 | 法人名 | 株式会社 緑商会 | 別表六（一） |

③　所得税額の控除に関する明細書

区　　分		収　入　金　額	①について課される所得税額	②のうち控除を受ける所得税額
		①	②	③
公社債及び預貯金の利子、合同運用信託、公社債投資信託及び公社債等運用投資信託（特定公社債等運用投資信託を除く。）の収益の分配並びに特定目的信託の社債的受益権の金銭の分配	1	5,006 円	766 円	766 円
剰余金の配当、利益の配当、剰余金の分配及び金銭の分配（みなし配当等を除く。）	2			
集団投資信託（合同運用信託、公社債投資信託及び公社債等運用投資信託（特定公社債等運用投資信託を除く。）を除く。）の収益の分配	3			
割引債の償還差益	4			
そ　　　　の　　　　他	5			
計	6	5,006	766	766

剰余金の配当、利益の配当、剰余金の分配及び金銭の分配（みなし配当等を除く。）、集団投資信託（合同運用信託、公社債投資信託及び公社債等運用投資信託（特定公社債等運用投資信託を除く。）を除く。）の収益の分配又は割引債の償還差益に係る控除を受ける所得税額の計算

個別法による場合	銘　　柄	収　入　金　額	所得税額	配　当　等　の計算期間	(9)のうち元本所有期間	所有期間割合(10)（小数点以下3位未満切上げ）(9)	控除を受ける所得税額(8)×(11)
		7	8	9	10	11	12
		円	円	月	月		円

銘柄別簡便法による場合	銘　　柄	収　入　金　額	所得税額	配当等の計算期末の所有元本数等	配当等の計算期首の所有元本数等	(15)-(16)／2又は12（マイナスの場合は0）	所有元本割合(16)+(17)／(15)（小数点以下3位未満切上げ）(1を超える場合は1)	控除を受ける所得税額(14)×(18)
		13	14	15	16	17	18	19
		円	円					円

その他に係る控除を受ける所得税額の明細

支払者の氏名又は法人名	支払者の住所又は所在地	支払を受けた年月日	収　入　金　額	控除を受ける所得税額	参　　考
			20	21	
		・　・	円	円	
		・　・			
		・　・			
		・　・			
		・　・			
計					

書式21　別表十五

<table>
<tr><td rowspan="2" colspan="2">① 交際費等の損金算入に関する明細書</td><td>事業年度</td><td>元・10・1
2・9・30</td><td>法人名</td><td>株式会社 緑商会</td><td rowspan="2">別表十五　平三十一・四・一以後終了事業年度分</td></tr>
</table>

<table>
<tr><td>支出交際費等の額
（8 の 計）</td><td>1</td><td>450,000 円</td><td>損金算入限度額
(2)又は(3)</td><td>4</td><td>450,000 円</td></tr>
<tr><td>支出接待飲食費損金算入基準額
（9の計）×50/100</td><td>2</td><td>150,000</td><td rowspan="2">損金不算入額
(1)-(4)</td><td rowspan="2">5</td><td rowspan="2">0</td></tr>
<tr><td>中小法人等の定額控除限度額
[(1)の金額又は800万円×12/12
相当額のうち少ない金額]</td><td>3</td><td>450,000</td></tr>
</table>

支 出 交 際 費 等 の 額 の 明 細

科　　目	支　出　額 6	交際費等の額から 控除される費用の額 7	差引交際費等の額 8	(8)のうち接待 飲食費の額 9
交　際　費	600,000 円	150,000 円	450,000 円	300,000 円
計	600,000	150,000	450,000	300,000

御注意（欄外注記は省略）

138

	① 旧定率法又は定率法による減価償却資産の償却額の計算に関する明細書		事業年度又は連結事業年度	元・10・1 2・9・30	法人名	株式会社 緑商会（ ）	別表十六（二） 平三十一・四・一以後終了事業年度又は連結事業年度分

資産	種類	1	車両運搬具	工具器具備品			
	構造	2		事務機器			
	細目	3	自動車	複合機			
	取得年月日	4	平29・9・22	平31・4・10	・・	・・	・・
分	事業の用に供した年月	5	平成29年9月	平成31年4月			
	耐用年数	6	6 年	5 年	年	年	年
取得価額	取得価額又は製作価額	7	外 3,000,000 円	外 1,000,000 円	外 円	外 円	外 4,000,000 円
	圧縮記帳による積立金計上額	8					
	差引取得価額(7)-(8)	9	3,000,000	1,000,000			4000000
	償却額計算の対象となる期末現在の帳簿記載金額	10	847,631	480,000			1327631
	期末現在の積立金の額	11					
	積立金の期中取崩額	12					
	差引帳簿記載金額(10)-(11)-(12)	13	外△ 847,631	外△ 480,000	外△	外△	外△ 1327631
	損金に計上した当期償却額	14	450,000	320,000			770,000
	前期から繰り越した償却超過額	15	外	外	外	外	外
	合計(13)+(14)+(15)	16	1297,631	800,000			2097631
	前期から繰り越した特別償却不足額又は合併等特別償却不足額	17					
	償却額計算の基礎となる金額(16)-(17)	18	1297,631	800,000			2097631
平成19年3月31日以前取得分	差引取得価額×5%(9)×5/100	19					
	旧定率法の償却率	20					
	(16)>(19)の場合 算出償却額(18)×(20)	21	円	円	円	円	円
	増加償却額(21)×割増率	22	( )	( )	( )	( )	( )
	計((21)+(22))又は((18)-(19))×12/60	23					
	(16)≦(19)の場合 算出償却額(19-1円)×60	24					
平成19年4月1日以後取得分	定率法の償却率	25	0.333	0.400			
	調整前償却額(18)×(25)	26	432,111	320,000			752,111 円
	保証率(9)×(27)	27	0.09911	0.10800			
	償却保証額	28	297,330	108,000			405,330
	(26)<(28)の場合 改定取得価額	29					
	改定償却率	30					
	改定償却額(29)×(30)	31	円	円	円	円	円
	増加償却額((26)又は(31))×割増率	32	( )	( )	( )	( )	( )
	計((26)又は(31))+(32)	33	432,111	320,000			752,111
	当期分の普通償却限度額等(23)、(24)又は33	34	432,111	320,000			752,111
特別償却限度額	租税特別措置法適用条項	35	外 条 項	外 条 項	条 項	条 項	外 条 項
	特別償却限度額	36	外 円	外 円	円	円	外 円
	前期から繰り越した特別償却不足額又は合併等特別償却不足額	37					
	合計(34)+(36)+(37)	38	432,111	320,000			752,111
当期償却額	当期償却額	39	450,000	320,000			770,000
差引	償却不足額(38)-(39)	40					
	償却超過額(39)-(38)	41	17,889				17,889
償却超過額	前期からの繰越額	42	外	外	外	外	外
	当期損金認容額 償却不足によるもの	43					
	積立金取崩しによるもの	44					
	差引合計翌期への繰越額(41)+(42)-(43)-(44)	45	17,889				17,889
特別償却不足額	翌期に繰り越すべき特別償却不足額(((40)-(43))又は((36)-(37))のうち少ない金額)	46					
	当期において切り捨てる特別償却不足額又は合併等特別償却不足額	47					
	差引翌期への繰越額(46)-(47)	48					
	翌期繰越額の内訳	49	・・	・・			
	当期分不足額	50					
	適格組織再編成により引き継ぐべき合併等特別償却不足額((40)-(43))と(36)のうち少ない金額)	51					

備考

■ 原則課税方式と簡易課税方式がある

消費税の計算には、原則課税方式と簡易課税方式があります。それぞれ計算の方法が異なるため、国税庁で公表されている消費税申告書の様式（フォーマット）も原則課税方式と簡易課税方式に分かれています。

また、消費税率8％から10%への変更と軽減税率の導入により、令和元年10月1日以後に終了する課税期間から、新しい申告書の様式を使用して作成する必要があります。消費税の計算方法自体が従来から大きく変更になったわけではありませんが、税率の区分ごとの消費税計算が増加するなどにより様式が変更されています。

課税事業者は、申告書に記載されるべき各数値が網羅して集計ができるように、会計システム（会計帳簿）や消費税の計算システムから集計できる情報と、追加して集計や作成が必要な情報を、システムの機能の実情に応じて検討し、決算や税務申告にあたってあらかじめ準備をしておく必要があります。

■ 申告書以外に付表が必要

申告書には、その課税期間に対して発生した消費税の額や、中間納付額を控除した後の納付すべき消費税額などが簡潔に要約された形で記載されます。しかし、税率ごとの消費税の集計結果や、課税売上割合や仕入控除税額の計算過程などを明確にしておく必要があるために、申告書の記載内容の内訳情報や補足情報としての「付表」も作成して申告書に添付する必要があります。ここでは、付表も含めた原則課税

方式と簡易課税方式の申告書の主な構成を説明します。

① **原則課税方式による申告書（書式23）の構成**

　原則課税方式による申告書の構成は次のとおりです。

　・第一表、第二表（143〜144ページ）
　・付表1－1、付表1－2（145〜146ページ）
　・付表2－1、付表2－2（147〜148ページ）

・第一表、第二表

　第一表は、納付すべき消費税の金額が要約されます。付表から基本的に転記されますが、付表には記載されずに第一表でしか記載されない項目として、中間納付税額、中間納付税額控除後の納付すべき消費税の合計額、基準期間の課税売上高などがあります。第二表は、課税標準額とそれに対する消費税が税率区分ごとに記載されます。第一表とは異なり、第二表独自に記載される項目はなく、付表から転記して作成されます。

・付表1－1、付表1－2

　税率区分ごとの課税標準額とこれに対応する消費税額、仕入に対する消費税額、中間納付額控除前の納付すべき消費税などが記載されます。

　付表が2種類あるのは、1－1では令和元年10月から導入される軽減税率8％と標準税率10％の内容が記載され、1－2では旧税率8％の内容などが記載され、新旧の税率で付表を2つに分けているためです。つまり、旧税率の取引がなくなった場合には、今後は1－2の添付は不要になるということになります。

・付表2－1、付表2－2

　税率区分ごとの課税売上割合と仕入控除税額の計算過程などが記載されます。付表が2種類ある位置付けは上記付表1と同様です。

② 簡易課税方式による申告書（書式24）の構成

簡易課税方式による申告書の構成は次のとおりです。

・第一表、第二表（149 ～ 150ページ）

・付表４－１、付表４－２（151 ～ 152ページ）

・付表５－１、付表５－２（153 ～ 156ページ）

・第一表、第二表

上記①の第一表及び第二表と記載内容は大きく異なりません。ただし、①とは異なり簡易課税特有の事業区分（第１種、第２種…）ごとの課税売上高などが記載されます。

・付表４－１、付表４－２

上記①の付表１－１及び付表１－２と記載内容は大きく異なりません。付表が２種類ある位置付けも①と同様です。

・付表５－１、付表５－２

税率区分ごとの仕入控除税額の計算過程などが記載されます。また、事業区分ごとの課税売上高や、みなし仕入率を掛けた仕入税額の計算過程などの簡易課税方式特有の内容も記載されます。

付表が２種類ある位置付けは①と同様です。

なお、申告書に記載されている税率は①３％（経過措置としての旧税率３％）、②４％（経過措置としての旧税率５％の国税分）、③6.3%（経過措置としての旧税率８％の国税分）、④6.24%（軽減税率８％の国税分）、⑤7.8%（標準税率10%の国税分）の５つに分かれています。

書式23　消費税申告書（原則課税方式）

第3-(1)号様式

令和　2 年 2 月 24 日
（収受印）

税務署長殿

納　税　地　東京都××区○○1-2-3
（電話番号　03-××××-××××）

（フリガナ）　×　×　カブシキガイシャ
名　称
又は屋号　××株式会社

個人番号
又は法人番号　↓個人番号の記載に当たっては、左端を空欄とし、ここから記載してください。
○○○○○○○○○○○○

（フリガナ）　×　×　タロウ
代表者氏名
又は氏名　××　太郎　（法人代表印）

※	一　連　番　号								資年以降送付不要
税務署処理欄	所管	署号	整理番号					
	申告年月日	令和		年		月		日
	申告区分	指導等	庁指定		局指定		

個人番号カード
通知カード・運転免許証
その他（　　　）

身元確認

指導　年　月　日
令和

相談　区分1 区分2 区分3

自 平成
　令和　31　年　1　月　1　日
至 令和　1　年　12　月　31　日

課税期間分の消費税及び地方消費税の（　確定　）申告書

中間申告　自 平成
の場合の　　令和　　年　　月　　日
対象期間　至 令和　　年　　月　　日

第一表

令和元年十月一日以後終了課税期間分一般用

この申告書による消費税の税額の計算

課税標準額	①	3 8 4 0 1 7 0 0 0
消費税額	②	2 4 7 5 2 0 3 1 6
控除過大調整税額	③	
控除税額	控除対象仕入税額	④	1 5 4 4 6 6 8 4 9
	返還等対価に係る税額	⑤	8 2 2 2 3 5
	貸倒れに係る税額	⑥	8 3 4 1 6
	控除税額小計（④+⑤+⑥）	⑦	1 6 3 5 2 5 0 0
控除不足還付税額（⑦-②-③）	⑧	
差引税額（②+③-⑦）	⑨	8 4 1 7 8 0 0
中間納付税額	⑩	6 3 0 0 0 0 0
納付税額（⑨-⑩）	⑪	2 1 1 7 8 0 0
中間納付還付税額（⑩-⑨）	⑫	
この申告書が修正申告である場合	既確定税額	⑬	
	差引納付税額	⑭	0 0
課税売上割合	課税資産の譲渡等の対価の額	⑮	3 8 2 2 9 5 5 1 8
	資産の譲渡等の対価の額	⑯	3 8 9 2 9 5 5 1 8

この申告書による地方消費税の税額の計算

地方消費税の課税標準となる消費税額	控除不足還付税額	⑰	
	差引税額	⑱	8 4 1 7 8 0 0
譲渡割額	還付額	⑲	
	納税額	⑳	2 3 1 1 0 0 0
中間納付譲渡割額	㉑	1 7 0 0 0 0 0
納付譲渡割額（⑳-㉑）	㉒	6 1 1 0 0 0
中間納付還付譲渡割額（㉑-⑳）	㉓	0 0
この申告書が修正申告である場合	既確定譲渡割額	㉔	
	差引納付譲渡割額	㉕	0 0
消費税及び地方消費税の合計（納付又は還付）税額	㉖	2 7 2 8 8 0 0

なお、マイナス（＝⑧＋⑫＋⑰＋㉓）・修正申告である場合で⑭⑮㉔㉕
などが還付税額となる場合はマイナス「－」を付してください。

付記事項	割賦基準の適用	有 ○ 無
	延払基準等の適用	有 ○ 無
	工事進行基準の適用	有 ○ 無
	現金主義会計の適用	有 ○ 無
参考事項	課税標準額に対する消費税額の計算の特例の適用	有 ○ 無
控除税額の計算の方法	課税売上高5億円超又は課税売上割合95％未満	個別対応方式
		一括比例配分方式
	上記以外 ○	全額控除
基準期間の課税売上高	350,000 千円

還付を受けようとする金融機関等

銀行　本店・支店
金庫・組合　出張所
農協・漁協　本所・支所

預金　口座番号

ゆうちょ銀行の貯金記号番号　　－

郵便局名等

※税務署整理欄

税理士署名押印　　（印）

（電話番号　　－　　－　　）

| 税理士法第30条の書面提出有 |
| 税理士法第33条の2の書面提出有 |

課税標準額等の内訳書

整理番号								

第二表　令和元年十月一日以後終了課税期間分

納税地	東京都××区○○1-2-3 （電話番号　03-××××-××××）
（フリガナ） 名　称 又は屋号	××　カブシキガイシャ ××株式会社
（フリガナ） 代表者氏名 又は氏名	××　タロウ ××　太郎

改正法附則による税額の特例計算		
軽減売上割合（10営業日）		附則38①
小売等軽減仕入割合		附則38②
小売等軽減売上割合		附則39①

自 平成
令和 31 年 1 月 1 日
至 令和 1 年 12 月 31 日

課税期間分の消費税及び地方消費税の（　確定　）申告書

中間申告の場合の対象期間　自 令和　　年　　月　　日　至 令和　　年　　月　　日

課税標準額 ※申告書（第一表）の①欄へ	①	3 8 4 0 0 1 7 0 0 0

課税資産の譲渡等の対価の額の合計額	3 ％ 適用分	②	
	4 ％ 適用分	③	
	6.3 ％ 適用分	④	2 8 0 0 9 2 5 9 2
	6.24 ％ 適用分	⑤	6 2 9 2 5 9 2 5
	7.8 ％ 適用分	⑥	4 1 0 0 0 0 0 0
		⑦	3 8 4 0 1 8 5 1 7
特定課税仕入れに係る支払対価の額の合計額（注1）	6.3 ％ 適用分	⑧	
	7.8 ％ 適用分	⑨	
		⑩	

消費税額 ※申告書（第一表）の②欄へ		⑪	2 4 7 7 0 3 1 6
⑪の内訳	3 ％ 適用分	⑫	
	4 ％ 適用分	⑬	
	6.3 ％ 適用分	⑭	1 7 6 4 5 7 9 6
	6.24 ％ 適用分	⑮	3 9 2 6 5 2 0
	7.8 ％ 適用分	⑯	3 1 9 8 0 0 0

返還等対価に係る税額 ※申告書（第一表）の⑤欄へ	⑰	8 2 2 2 3 5
⑰の内訳　売上げの返還等対価に係る税額	⑱	8 2 2 2 3 5
特定課税仕入れの返還等対価に係る税額（注1）	⑲	

地方消費税の課税標準となる消費税額		⑳	8 4 1 7 8 1 6
	4 ％ 適用分	㉑	
	6.3 ％ 適用分	㉒	5 1 7 4 4 8 1
（注2）	6.24％及び7.8％ 適用分	㉓	3 2 4 3 3 3 5

（注1）　（省略）
（注2）　（省略）

第4-(1)号様式

付表1－1　税率別消費税額計算表兼地方消費税の課税標準となる消費税額計算表

一 般

課 税 期 間	平成31・1・1～令和元・12・31	氏 名 又 は 名 称	××株式会社

区　　　　　分	旧税率分小計 X	税率6.24％適用分 D	税率7.8％適用分 E	合　　　計　F (X＋D＋E)
課 税 標 準 額 ①	(付表1-2の①X欄の金額) 円 280,092 000	円 62,925 000	円 41,000 000	※第二表の①欄へ 円 384,017 000
① 課税資産の譲渡等 の 対 価 の 額 ①-1	(付表1-2の①-1X欄の金額) 280,092,592	※第二表の⑤欄へ 62,925,925	※第二表の⑥欄へ 41,000,000	※第二表の⑦欄へ 384,018,517
内訳 特定課税仕入れに 係る支払対価の額 ①-2	(付表1-2の①-2X欄の金額) 	※①-2欄は、課税売上割合が95％未満、かつ、特定課税仕入れがある事業者のみ記載する。 ※第二表の⑨欄へ		※第二表の⑩欄へ
消 費 税 額 ②	(付表1-2の②X欄の金額) 17,645,796	※第二表の⑮欄へ 3,926,520	※第二表の⑯欄へ 3,198,000	※第一表の②欄へ 24,770,316
控 除 過 大 調 整 税 額 ③	(付表1-2の③X欄の金額) 	(付表2-1の24・25D欄の合計金額)	(付表2-1の24・25E欄の合計金額)	※第一表の③欄へ
控除 控除対象仕入税額 ④	(付表1-2の④X欄の金額) 11,764,666	(付表2-1の23D欄の金額) 1,861,947	(付表2-1の23E欄の金額) 1,820,236	※第一表の④欄へ 15,446,849
除 返 還 等 対 価 に 係 る 税 額 ⑤	(付表1-2の⑤X欄の金額) 623,233	87,073	111,929	※第二表の⑰欄へ 822,235
⑤ の 内 訳 売上げの返還等 対価に係る税額 ⑤-1	(付表1-2の⑤-1X欄の金額) 623,233	87,073	111,929	※第二表の⑱欄へ 822,235
税 特定課税仕入れ の返還等対価 に係る税額 ⑤-2	(付表1-2の⑤-2X欄の金額) 	※⑤-2欄は、課税売上割合が95％未満、かつ、特定課税仕入れがある事業者のみ記載する。		※第二表の⑲欄へ
額 貸倒れに係る税額 ⑥	(付表1-2の⑥X欄の金額) 83,416			※第一表の⑥欄へ 83,416
控 除 税 額 小 計 (④＋⑤＋⑥) ⑦	(付表1-2の⑦X欄の金額) 12,471,315	1,949,020	1,932,165	※第一表の⑦欄へ 16,352,500
控 除 不 足 還 付 税 額 (⑦－②－③) ⑧	(付表1-2の⑧X欄の金額) 	※⑪E欄へ	※⑪E欄へ	
差 引 税 額 (②＋③－⑦) ⑨	(付表1-2の⑨X欄の金額) 5,174,481	※⑫E欄へ 1,977,500	※⑫E欄へ 1,265,835	※第一表の⑨欄へ 8,417,816
合 計 差 引 税 額 (⑨－⑧) ⑩				※マイナスの場合は第一表の⑧欄へ ※プラスの場合は第一表の⑨欄へ 8,417,816
地方消費税の課税標準となる消費税額 控除不足還付税額 ⑪	(付表1-2の⑪X欄の金額) 		(⑧D欄と⑧E欄の合計金額)	※第一表の⑪欄へ
差 引 税 額 ⑫	(付表1-2の⑫X欄の金額) 5,174,481		(⑨D欄と⑨E欄の合計金額) 3,243,335	※第一表の⑫欄へ 8,417,816
合計差引地方消費税の 課税標準となる消費税額 (⑫－⑪) ⑬	(付表1-2の⑬X欄の金額) 5,174,481		※第二表の㉓欄へ 3,243,335	※マイナスの場合は第一表の⑬欄へ ※プラスの場合は第一表の⑳欄へ ※第二表の㉓欄へ 8,417,816
譲渡割額 還 付 額 ⑭	(付表1-2の⑭X欄の金額) 		(⑪E欄×22/78)	
納 税 額 ⑮	(付表1-2の⑮X欄の金額) 1,396,288		(⑫E欄×22/78) 914,786	※マイナスの場合は第一表の㉑欄へ 2,311,074
合 計 差 引 譲 渡 割 額 (⑮－⑭) ⑯				※マイナスの場合は第一表の㉑欄へ ※プラスの場合は第一表の⑳欄へ 2,311,074

注意　1　金額の計算においては、1円未満の端数を切り捨てる。
　　　2　旧税率が適用された取引がある場合は、付表1-2を作成してから当該付表を作成する。

(R1.10.1以後終了課税期間用)

第4-(5)号様式

付表1－2　税率別消費税額計算表　兼　地方消費税の課税標準となる消費税額計算表
〔経過措置対象課税資産の譲渡等を含む課税期間用〕

一　般

課　税　期　間	平成31・1・1～令和元・12・31	氏名又は名称	××株式会社

区　　　　　分		税率3%適用分 A	税率4%適用分 B	税率6.3%適用分 C	旧税率分小計 X (A＋B＋C)
課　税　標　準　額	①	円 000	円 000	280,092 000円	※付表1-1の①X欄へ 280,092 000円
①の内訳 課税資産の譲渡等の対価の額	①-1	※第二表の②欄へ	※第二表の③欄へ	※第二表の④欄へ 280,092,592	※付表1-1の①-1X欄へ 280,092,592
特定課税仕入れに係る支払対価の額	①-2	※①-2欄は、課税売上割合が95%未満、かつ、特定課税仕入れがある事業者のみ記載する。	※第二表の⑤欄へ	※第二表の⑤欄へ	※付表1-1の①-2X欄へ
消　費　税　額	②	※第二表の⑫欄へ	※第二表の⑬欄へ	※第二表の⑭欄へ 17,645,796	※付表1-1の②X欄へ 17,645,796
控除過大調整税額	③	(付表2-2の㉔・㉕A欄の合計金額)	(付表2-2の㉔・㉕B欄の合計金額)	(付表2-2の㉔・㉕C欄の合計金額)	※付表1-1の③X欄へ
控除税額	控除対象仕入税額	④	(付表2-2の㉓A欄の金額)	(付表2-2の㉓B欄の金額)	(付表2-2の㉓C欄の金額) 11,764,666	※付表1-1の④X欄へ 11,764,666
	返還等対価に係る税額	⑤			623,233	※付表1-1の⑤X欄へ 623,233
	⑤の内訳 売上げの返還等の対価に係る税額	⑤-1			623,233	※付表1-1の⑤-1X欄へ 623,233
	特定課税仕入れの返還等対価に係る税額	⑤-2	※⑤-2欄は、課税売上割合が95%未満、かつ、特定課税仕入れがある事業者のみ記載する。			※付表1-1の⑤-2X欄へ
	貸倒れに係る税額	⑥			83,416	※付表1-1の⑥X欄へ 83,416
	控除税額小計 (④＋⑤＋⑥)	⑦			12,471,315	※付表1-1の⑦X欄へ 12,471,315
控除不足還付税額 (⑦－②－③)	⑧		※⑪B欄へ	※⑪C欄へ	※付表1-1の⑧X欄へ
差　引　税　額 (②＋③－⑦)	⑨		※⑫B欄へ	※⑫C欄へ 5,174,481	※付表1-1の⑨X欄へ 5,174,481
合　計　差　引　税　額 (⑨－⑧)	⑩				
地方消費税の課税標準となる消費税額	控除不足還付税額	⑪		(⑧B欄の金額)	(⑧C欄の金額)	※付表1-1の⑪X欄へ
	差　引　税　額	⑫		(⑨B欄の金額)	(⑨C欄の金額) 5,174,481	※付表1-1の⑫X欄へ 5,174,481
合計差引地方消費税の課税標準となる消費税額 (⑫－⑪)	⑬		※第二表の㉑欄へ	※第二表の㉒欄へ 5,174,481	※付表1-1の⑬X欄へ 5,174,481
譲渡割額	還　付　額	⑭		(⑪B欄×25/100)	(⑪C欄×17/63)	※付表1-1の⑭X欄へ
	納　税　額	⑮		(⑫B欄×25/100)	(⑫C欄×17/63) 1,396,288	※付表1-1の⑮X欄へ 1,396,288
合計差引譲渡割額 (⑮－⑭)	⑯				

注意　1　金額の計算においては、1円未満の端数を切り捨てる。
　　　2　旧税率が適用された取引がある場合は、当該付表を作成してから付表1-1を作成する。

(R1.10.1以後終了課税期間用)

146

第4-(2)号様式

付表2-1　課税売上割合・控除対象仕入税額等の計算表　　　　一般

| 課税期間 | 平成31・1・1～令和元・12・31 | 氏名又は名称 | ××株式会社 |

項目		旧税率分小計 X	税率6.24%適用分 D	税率7.8%適用分 E	合計 F (X＋D＋E)
課税売上額（税抜き）	①	270,200,000	61,530,518	39,565,000	371,295,518
免税売上額	②				11,000,000
非課税資産の輸出等の金額、海外支店等へ移送した資産の価額	③				
課税資産の譲渡等の対価の額（①＋②＋③）	④				382,295,518
課税資産の譲渡等の対価の額（④の金額）	⑤				382,295,518
非課税売上額	⑥				7,000,000
資産の譲渡等の対価の額（⑤＋⑥）	⑦				389,295,518
課税売上割合（④／⑦）	⑧				［98%］
課税仕入れに係る支払対価の額（税込み）	⑨	201,680,000	32,226,000	25,670,000	259,576,000
課税仕入れに係る消費税額	⑩	11,764,666	1,861,947	1,820,236	15,446,849
特定課税仕入れに係る支払対価の額	⑪				
特定課税仕入れに係る消費税額	⑫				
課税貨物に係る消費税額	⑬				
納税義務の免除を受けない（受ける）こととなった場合における消費税額の調整（加算又は減算）額	⑭				
課税仕入れ等の税額の合計額（⑩＋⑫＋⑬±⑭）	⑮	11,764,666	1,861,947	1,820,236	15,446,849
課税売上高が5億円以下、かつ、課税売上割合が95%以上の場合（⑮の金額）	⑯	11,764,666	1,861,947	1,820,236	15,446,849
課税売上高が5億円超又は課税売上割合が95%未満の場合　個別対応方式　⑮のうち、課税売上げにのみ要するもの	⑰				
⑮のうち、課税売上げと非課税売上げに共通して要するもの	⑱				
個別対応方式により控除する課税仕入れ等の税額〔⑰＋（⑱×④／⑦）〕	⑲				
一括比例配分方式により控除する課税仕入れ等の税額（⑮×④／⑦）	⑳				
控除税額の調整　課税売上割合変動時の調整対象固定資産に係る消費税額の調整（加算又は減算）額	㉑				
調整対象固定資産を課税業務用（非課税業務用）に転用した場合の調整（加算又は減算）額	㉒				
控除対象仕入税額〔（⑯、⑲又は⑳の金額）±㉑±㉒〕がプラスの時	㉓	11,764,666	1,861,947	1,820,236	15,446,849
控除過大調整税額〔（⑯、⑲又は⑳の金額）±㉑±㉒〕がマイナスの時	㉔				
貸倒回収に係る消費税額	㉕				

注意　1　金額の計算においては、1円未満の端数を切り捨てる。
　　　2　旧税率が適用された取引がある場合は、付表2-2を作成してから当該付表を作成する。
　　　3　⑨及び⑪欄には、値引き、割戻し、割引きなど仕入対価の返還等の金額がある場合（仕入対価の返還等の金額を仕入金額から直接減額している場合を除く。）には、その金額を控除した後の金額を記載する。

(R1.10.1以後終了課税期間用)

第4-(6)号様式

付表2－2　課税売上割合・控除対象仕入税額等の計算表
〔経過措置対象課税資産の譲渡等を含む課税期間用〕

一　般

課 税 期 間	平成31・1・1 ～ 令和元・12・31	氏 名 又 は 名 称	××株式会社

項　目		税率3％適用分 A	税率4％適用分 B	税率6.3％適用分 C	旧税率分小計 X (A＋B＋C)
課 税 売 上 額 （ 税 抜 き ）	①	円	円	270,200,000 円	270,200,000 円
免 税 売 上 額	②				
非 課 税 資 産 の 輸 出 等 の 金 額、海 外 支 店 等 へ 移 送 し た 資 産 の 価 額	③				
課税資産の譲渡等の対価の額（①＋②＋③）	④				※付表2-1の④F欄の金額 382,295,518
課税資産の譲渡等の対価の額（④の金額）	⑤				
非 課 税 売 上 額	⑥				
資 産 の 譲 渡 等 の 対 価 の 額 （ ⑤ ＋ ⑥ ）	⑦				※付表2-1の⑦F欄の金額 389,295,518
課 税 売 上 割 合 （ ④ ／ ⑦ ）	⑧				※付表2-1の⑧F欄の割合 [98 ％] ※端数切捨て
課 税 仕 入 れ に 係 る 支 払 対 価 の 額 （ 税 込 み ）	⑨			201,680,000	※付表2-1の⑨X欄へ 201,680,000
課 税 仕 入 れ に 係 る 消 費 税 額	⑩		※⑨A欄×3/103	※⑨B欄×4/105 ※⑨C欄×6.3/108 11,764,666	※付表2-1の⑩X欄へ 11,764,666
特 定 課 税 仕 入 れ に 係 る 支 払 対 価 の 額	⑪	※⑪及び⑫欄は、課税売上割合が95％未満、かつ、特定課税仕入れがある事業者のみ記載する。			※付表2-1の⑪X欄へ
特 定 課 税 仕 入 れ に 係 る 消 費 税 額	⑫			※⑪C欄×6.3/100	※付表2-1の⑫X欄へ
課 税 貨 物 に 係 る 消 費 税 額	⑬				※付表2-1の⑬X欄へ
納 税 義 務 の 免 除 を 受 け な い （ 受 け る ） こ と と な っ た 場 合 に お け る 消 費 税 額 の 調 整 （ 加 算 又 は 減 算 ） 額	⑭				※付表2-1の⑭X欄へ
課 税 仕 入 れ 等 の 税 額 の 合 計 額 （⑩＋⑫＋⑬＋⑭）	⑮			11,764,666	※付表2-1の⑮X欄へ 11,764,666
課 税 売 上 高 が 5 億 円 以 下、か つ、課 税 売 上 割 合 が 95 ％ 以 上 の 場 合 （⑮の金額）	⑯			11,764,666	※付表2-1の⑯X欄へ 11,764,666
課5課95税率上売超過割又合はが控の除税額整調	個別対応方式	⑮のうち、課税売上げにのみ要するもの	⑰					※付表2-1の⑰X欄へ
		⑮のうち、課税売上げと非課税売上げに共通して要するもの	⑱					※付表2-1の⑱X欄へ
		個別対応方式により控除する課税仕入れ等の税額 ⑰＋（⑱×④／⑦）	⑲					※付表2-1の⑲X欄へ
	一括比例配分方式により控除する課税仕入れ等の税額 （⑮×④／⑦）	⑳				※付表2-1の⑳X欄へ
課税売上割合変動時の調整対象固定資産に係る消費税額の調整（加算又は減算）額	㉑				※付表2-1の㉑X欄へ
調整対象固定資産を課税業務用（非課税業務用）に転用した場合の調整（加算又は減算）額	㉒				※付表2-1の㉒X欄へ
控 除 対 象 仕 入 税 額 〔（⑯、⑲又は⑳の金額）±㉑±㉒〕がプラスの時	㉓	※付表1-2の③A欄へ	※付表1-2の③B欄へ	※付表1-2の③C欄へ 11,764,666	※付表2-1の㉓X欄へ 11,764,666
控 除 過 大 調 整 税 額 〔（⑯、⑲又は⑳の金額）±㉑±㉒〕がマイナスの時	㉔	※付表1-2の③A欄へ	※付表1-2の③B欄へ	※付表1-2の③C欄へ	※付表2-1の㉔X欄へ
貸 倒 回 収 に 係 る 消 費 税 額	㉕	※付表1-2の③A欄へ	※付表1-2の③B欄へ	※付表1-2の③C欄へ	※付表2-1の㉕X欄へ

注意　1　金額の計算においては、1円未満の端数を切り捨てる。
　　　2　旧税率が適用された取引がある場合は、当該付表を作成してから付表2-1を作成する。
　　　3　④・⑤及び⑨の×欄は、付表2-1の⑦欄を計算した後に記載する。
　　　4　⑨及び⑩欄には、値引き、割戻し、割引きなど仕入対価の返還等の金額がある場合（仕入対価の返還等の金額を仕入金額から直接減額している場合を除く。）には、その金額を控除した後の金額を記載する。

(R1.10.1以降用『課税期間用』)

書式24　消費税申告書（簡易課税方式）

第3章 経理・福利厚生・その他の手続きと書式

第3-(3)号様式

令和 2 年 2 月 26 日　×× 税務署長殿

納税地	東京都××区○○7-8-9（電話番号 03-××××-××××）
（フリガナ）名称又は屋号	×× カブシキガイシャ ○○株式会社
個人番号又は法人番号	↓個人番号の記載に当たっては、左端を空欄とし、ここから記載してください。 ○○○○○○○○○○○○○
（フリガナ）代表者氏名又は氏名	×× サブロウ ×× 三郎 （法人代表印）

※税務署処理欄

一連番号		翌年以降送付不要

申告年月日　令和

申告区分　指導等　庁指定　局指定

通信日付印　確認印　相談番号・整理番号　個人番号カード 通知カード・運転免許証 その他（　　）　身元確認

指導　年　月　日　相談　区分1　区分2　区分3

令和

自 平成31 年 1 月 1 日
至 令和 1 年 12 月 31 日

課税期間分の消費税及び地方消費税の（　確定　）申告書

中間申告の場合の対象期間　自 令和　　至 令和

（簡）第一表

令和元年十月一日以後終了課税期間分 簡易課税用

この申告書による消費税の税額の計算

課税標準額	①	283850 00
消費税額	②	1824844
貸倒回収に係る消費税額	③	
控除税額 控除対象仕入税額	④	1363941
返還等対価に係る税額	⑤	119916
貸倒れに係る税額	⑥	32666
控除税額小計（④＋⑤＋⑥）	⑦	1516523
控除不足還付税額（⑦－②－③）	⑧	
差引税額（②＋③－⑦）	⑨	308300
中間納付税額	⑩	00
納付税額（⑨－⑩）	⑪	308300
中間納付還付税額（⑩－⑨）	⑫	00
この申告書が修正申告である場合 既確定税額	⑬	
差引納付税額	⑭	00
この課税期間の課税売上高	⑮	27621380
基準期間の課税売上高	⑯	30000000

この申告書による地方消費税の税額の計算

地方消費税の課税標準となる消費税額 控除不足還付税額	⑰	
差引税額	⑱	308300
譲渡割額 還付額	⑲	
納税額	⑳	84200
中間納付譲渡割額	㉑	00
納付譲渡割額（⑳－㉑）	㉒	84200
中間納付還付譲渡割額（㉑－⑳）	㉓	00
この申告書が修正申告である場合 既確定譲渡割額	㉔	
差引納付譲渡割額	㉕	
消費税及び地方消費税の合計税額（納付又は還付）	㉖	392500

付記事項参考事項

	有	無
割賦基準の適用		○無
延払基準等の適用		○無
工事進行基準の適用		○無
現金主義会計の適用		○無
課税標準額に対する消費税額の計算の特例の適用		○無

事業区分項

区分	課税売上高（免税売上高を除く）千円	売上割合％
第1種		
第2種	21,656	81 6
第3種		
第4種	4,866	18 3
第5種		
第6種		

特例計算適用（令57③）	○有	無

還付を受けようとする金融機関等

銀行・金庫・組合・農協・漁協　本店・支店 出張所 本所・支所

預金　口座番号

ゆうちょ銀行の貯金記号番号　－

郵便局名等

※税務署整理欄

税理士署名押印　（印）

（電話番号　　－　　－　　）

□ 税理士法第30条の書面提出有
□ 税理士法第33条の2の書面提出有

課税標準額等の内訳書

整理 番号								

納 税 地	東京都××区○○7-8-9
	(電話番号 03 - ×××× - ××××)
(フリガナ)	× × カブシキガイシャ
名 称 又 は 屋 号	○○株式会社
(フリガナ)	× × サブロウ
代表者氏名 又 は 氏 名	×× 三郎

改 正 法 附 則 に よ る 税 額 の 特 例 計 算		
軽 減 売 上 割 合 (10 営 業 日)	附則38①	
小 売 等 軽 減 仕 入 割 合	附則38②	
小 売 等 軽 減 売 上 割 合	附則39①	

自 平成 令和	3 1	1	1	日
至 令和	1 1 2	3 1	日	

課税期間分の消費税及び地方
消費税の（ 確定 ）申告書

中間申告 の場合の 対象期間	自 平成 令和	年	月	日
	至 令和	年	月	日

課 税 標 準 額	①	2 8 3 8 5 0 0 0
※申告書（第一表）の①欄へ		

課税資産の 譲渡等の 対価の額 の合計額	3 ％ 適 用 分	②	
	4 ％ 適 用 分	③	
	6.3 ％ 適 用 分	④	2 1 3 2 6 8 5 1
	6.24 ％ 適 用 分	⑤	4 4 4 2 5 9 2
	7.8 ％ 適 用 分	⑥	2 6 1 7 2 7 2
		⑦	2 8 3 8 6 7 1 5
特定課税仕入れ に係る支払対価 の額の合計額 (注1)	6.3 ％ 適 用 分	⑧	
	7.8 ％ 適 用 分	⑨	
		⑩	

消 費 税 額	⑪	1 8 2 4 8 4 4
※申告書（第一表）の②欄へ		

⑪ の 内 訳	3 ％ 適 用 分	⑫	
	4 ％ 適 用 分	⑬	
	6.3 ％ 適 用 分	⑭	1 3 4 3 5 3 8
	6.24 ％ 適 用 分	⑮	2 7 7 1 8 0
	7.8 ％ 適 用 分	⑯	2 0 4 1 2 6

返 還 等 対 価 に 係 る 税 額	⑰	1 1 9 9 1 6
※申告書（第一表）の⑤欄へ		
⑰の内訳　売 上 げ の 返 還 等 対 価 に 係 る 税 額	⑱	1 1 9 9 1 6
特 定 課 税 仕 入 れ の 返 還 等 対 価 に 係 る 税 額 (注1)	⑲	

地方消費税の 課税標準となる 消 費 税 額 (注2)		⑳	3 0 8 3 2 1
	4 ％ 適 用 分	㉑	
	6.3 ％ 適 用 分	㉒	2 1 8 3 7 9
	6.24％及び7.8% 適 用 分	㉓	8 9 9 4 2

(注1) ⑧～⑩及び⑲欄は、一般課税により申告する場合で、課税売上割合が95%未満、かつ、特定課税仕入れがある事業者のみ記載します。
(注2) ⑳～㉓欄が課税標準となる場合はマイナス「－」を付して記載してください。

第4-(3)号様式

付表4－1　税率別消費税額計算表兼地方消費税の課税標準となる消費税額計算表　　[簡易]

| 課　税　期　間 | 平成31・1・1 ～ 令和元・12・31 | 氏 名 又 は 名 称 | ○○株式会社 |

区　　分		旧税率分小計 X	税率6.24％適用分 D	税率7.8％適用分 E	合　　計 F (X＋D＋E)
課　税　標　準　額	①	(付表4-2の①X欄の金額) 円 21,326 000	円 4,442 000	円 2,617 000	※第二表の①欄へ 円 28,385 000
課 税 資 産 の 譲 渡 等 の 対 価 の 額	① -1	(付表4-2の①-1X欄の金額) 21,326,851	※第二表の⑤欄へ 4,442,592	※第二表の⑥欄へ 2,617,272	※第二表の⑦欄へ 28,386,715
消　　費　　税　　額	②	(付表4-2の②X欄の金額) 1,343,538	※付表5-1の①D欄へ ※第二表の⑮欄へ 277,180	※付表5-1の①E欄へ ※第二表の⑯欄へ 204,126	※付表5-1の①F欄へ ※第二表の⑪F欄へ 1,824,844
貸倒回収に係る消費税額	③	(付表4-2の③X欄の金額)	※付表5-1の②D欄へ	※付表5-1の②E欄へ	※付表5-1の②F欄へ ※第一表の③F欄へ
控除税額 控 除 対 象 仕 入 税 額	④	(付表4-2の④X欄の金額) 1,004,177	(付表5-1の⑤D欄又は㉑D欄の金額) 207,184	(付表5-1の⑤E欄又は㉑E欄の金額) 152,580	※付表5-1の⑤F欄又は㉑F欄の金額 ※第一表の④欄へ 1,363,941
返 還 等 対 価 に 係 る 税 額	⑤	(付表4-2の⑤X欄の金額) 88,316	※付表5-1の③D欄へ 18,199	※付表5-1の③E欄へ 13,401	※付表5-1の③F欄へ ※第二表の⑰欄へ 119,916
貸倒れに係る税額	⑥	(付表4-2の⑥X欄の金額) 32,666			※第一表の⑥欄へ 32,666
控 除 税 額 小 計 (④＋⑤＋⑥)	⑦	(付表4-2の⑦X欄の金額) 1,125,159	225,383	165,981	※第一表の⑦欄へ 1,516,523
控 除 不 足 還 付 税 額 (⑦－②－③)	⑧	(付表4-2の⑧X欄の金額)	※⑪E欄へ	※⑪E欄へ	
差　引　税　額 (②＋③－⑦)	⑨	(付表4-2の⑨X欄の金額) 218,379	※⑫E欄へ 51,797	※⑫E欄へ 38,145	308,321
合 計 差 引 税 額 (⑨－⑧)	⑩				※マイナスの場合は第一表の⑧欄へ ※プラスの場合は第一表の⑨欄へ 308,321
地方消費税の課税標準となる消費税額 控除不足還付税額	⑪	(付表4-2の⑪X欄の金額)		(⑧D欄と⑧E欄の合計金額)	
差 引 税 額	⑫	(付表4-2の⑫X欄の金額) 218,379		(⑨D欄と⑨E欄の合計金額) 89,942	308,321
合計差引地方消費税の 課税標準となる消費税額 (⑫－⑪)	⑬	(付表4-2の⑬X欄の金額) 218,379		※第二表の㉓欄へ 89,942	※マイナスの場合は第一表の⑱欄へ ※プラスの場合は第一表の⑲欄へ ※第二表の⑳欄へ 308,321
譲渡割額 還　付　額	⑭	(付表4-2の⑭X欄の金額)		(⑪E欄×22/78)	
納　税　額	⑮	(付表4-2の⑮X欄の金額) 58,927		(⑫E欄×22/78) 25,368	84,295
合 計 差 引 譲 渡 割 額 (⑮－⑭)	⑯				※マイナスの場合は第一表の㉑欄へ ※プラスの場合は第一表の⑳欄へ 84,295

注意　1　金額の計算においては、1円未満の端数を切り捨てる。
　　　2　旧税率が適用された取引がある場合は、付表4-2を作成してから当該付表を作成する。

(R1.10.1以後終了課税期間用)

第4-(7)号様式

付表4－2　税率別消費税額計算表　兼　地方消費税の課税標準となる消費税額計算表
〔経過措置対象課税資産の譲渡等を含む課税期間用〕

簡　易

課　税　期　間	平成31・1・1～令和元・12・31	氏名又は名称	○○株式会社

区　　　　　分		税率3％適用分 A	税率4％適用分 B	税率6.3％適用分 C	旧税率分小計 X (A＋B＋C)
課　税　標　準　額	①	円 000	円 000	円 21,326 000	※付表4-1の①X欄へ 円 21,326 000
課税資産の譲渡等の対価の額	①-1	※第二表の②欄へ	※第二表の③欄へ	※第二表の④欄へ 21,326,851	※付表4-1の①-1X欄へ 21,326,851
消　費　税　額	②	※付表5-2の①A欄へ ※第二表の⑫欄へ	※付表5-2の①B欄へ ※第二表の⑬欄へ	※付表5-2の①C欄へ ※第二表の⑭欄へ 1,343,538	※付表4-1の②X欄へ 1,343,538
貸倒回収に係る消費税額	③	※付表5-2の②A欄へ	※付表5-2の②B欄へ	※付表5-2の②C欄へ	※付表4-1の③X欄へ
控除 控除対象仕入税額	④	(付表5-2の⑤A欄又は㉕A欄の金額)	(付表5-2の⑤B欄又は㉕B欄の金額)	(付表5-2の⑤C欄又は㉕C欄の金額) 1,004,177	※付表4-1の④X欄へ 1,004,177
返還等対価に係る税額	⑤	※付表5-2の③A欄へ	※付表5-2の③B欄へ	※付表5-2の③C欄へ 88,316	※付表4-1の⑤X欄へ 88,316
税 貸倒れに係る税額	⑥			32,666	※付表4-1の⑥X欄へ 32,666
額 控除税額小計 (④＋⑤＋⑥)	⑦			1,125,159	※付表4-1の⑦X欄へ 1,125,159
控除不足還付税額 (⑦－②－③)	⑧		※⑪B欄へ	※⑪C欄へ	※付表4-1の⑧X欄へ
差　引　税　額 (②＋③－⑦)	⑨		※⑫B欄へ	※⑫C欄へ 218,379	※付表4-1の⑨X欄へ 218,379
合計差引税額 (⑨－⑧)	⑩				
地方消費税の課税標準となる消費税額 控除不足還付税額	⑪		(⑧B欄の金額)	(⑧C欄の金額)	※付表4-1の⑪X欄へ
差　引　税　額	⑫		(⑨B欄の金額)	(⑨C欄の金額) 218,379	※付表4-1の⑫X欄へ 218,379
合計差引地方消費税の課税標準となる消費税額 (⑫－⑪)	⑬		※第二表の㉑欄へ	※第二表の㉒欄へ 218,379	※付表4-1の⑬X欄へ 218,379
譲渡割額 還　付　額	⑭		(⑪B欄×25/100)	(⑪C欄×17/63)	※付表4-1の⑭X欄へ
納　税　額	⑮		(⑫B欄×25/100)	(⑫C欄×17/63) 58,927	※付表4-1の⑮X欄へ 58,927
合計差引譲渡割額 (⑮－⑭)	⑯				

注意　1　金額の計算においては、1円未満の端数を切り捨てる。
　　　2　旧税率が適用された取引がある場合は、当該付表を作成してから付表4-1を作成する。

〔R1.10.1以後終了課税期間用〕

152

第4-(4)号様式

付表5-1　控除対象仕入税額等の計算表

課税期間	平成31・1・1～令和元・12・31	氏名又は名称	○○株式会社

I　控除対象仕入税額の計算の基礎となる消費税額

項目		旧税率分小計 X	税率6.24%適用分 D	税率7.8%適用分 E	合計F (X＋D＋E)
課税標準額に対する消費税額	①	(付表5-2の①X欄の金額) 円 1,343,538	(付表4-1の②D欄の金額) 円 277,180	(付表4-1の②E欄の金額) 円 204,126	(付表4-1の②F欄の金額) 円 1,824,844
貸倒回収に係る消費税額	②	(付表5-2の②X欄の金額)	(付表4-1の③D欄の金額)	(付表4-1の③E欄の金額)	(付表4-1の③F欄の金額)
売上対価の返還等に係る消費税額	③	(付表5-2の③X欄の金額) 88,316	(付表4-1の⑤D欄の金額) 18,199	(付表4-1の⑤E欄の金額) 13,401	(付表4-1の⑤F欄の金額) 119,916
控除対象仕入税額の計算の基礎となる消費税額 (①＋②－③)	④	(付表5-2の④X欄の金額) 1,255,222	258,981	190,725	1,704,928

II　1種類の事業の専業者の場合の控除対象仕入税額

項目		旧税率分小計 X	税率6.24%適用分 D	税率7.8%適用分 E	合計F (X＋D＋E)
④ × みなし仕入率 (90%・80%・70%・60%・50%・40%)	⑤	(付表5-2の⑤X欄の金額) 円	※付表4-1の④D欄へ 円	※付表4-1の④E欄へ 円	※付表4-1の④F欄へ 円

III　2種類以上の事業を営む事業者の場合の控除対象仕入税額

(1)　事業区分別の課税売上高（税抜き）の明細

項目		旧税率分小計 X	税率6.24%適用分 D	税率7.8%適用分 E	合計F (X＋D＋E)	売上割合
事業区分別の合計額	⑥	(付表5-2の⑥X欄の金額) 円 19,925,000	4,150,926	2,445,454	26,521,380	%
第一種事業 (卸 売 業)	⑦	(付表5-2の⑦X欄の金額)			※第一表「事業区分」欄へ	%
第二種事業 (小 売 業 等)	⑧	(付表5-2の⑧X欄の金額) 15,855,556	4,150,926	1,649,091	※ 21,655,573	81.6
第三種事業 (製 造 業 等)	⑨	(付表5-2の⑨X欄の金額)			※	%
第四種事業 (そ の 他)	⑩	(付表5-2の⑩X欄の金額) 4,069,444	0	796,364	※ 4,865,808	18.3
第五種事業 (サービス業等)	⑪	(付表5-2の⑪X欄の金額)			※	%
第六種事業 (不 動 産 業)	⑫	(付表5-2の⑫X欄の金額)			※	%

(2)　(1)の事業区分別の課税売上高に係る消費税額の明細

項目		旧税率分小計 X	税率6.24%適用分 D	税率7.8%適用分 E	合計F (X＋D＋E)
事業区分別の合計額	⑬	(付表5-2の⑬X欄の金額) 円 1,255,275	円 259,018	円 190,745	円 1,705,038
第一種事業 (卸 売 業)	⑭	(付表5-2の⑭X欄の金額)			
第二種事業 (小 売 業 等)	⑮	(付表5-2の⑮X欄の金額) 998,900	259,018	128,629	1,386,547
第三種事業 (製 造 業 等)	⑯	(付表5-2の⑯X欄の金額)			
第四種事業 (そ の 他)	⑰	(付表5-2の⑰X欄の金額) 256,375	0	62,116	318,491
第五種事業 (サービス業等)	⑱	(付表5-2の⑱X欄の金額)			
第六種事業 (不 動 産 業)	⑲	(付表5-2の⑲X欄の金額)			

注意　1　金額の計算においては、1円未満の端数を切り捨てる。
　　　2　旧税率が適用された取引がある場合は、付表5-2を作成してから当該付表を作成する。
　　　3　課税売上げにつき返品を受け又は値引き・割戻しをした金額（売上対価の返還等の金額）があり、売上（収入）金額から減算しない方法で経理して経費に含めている場合には、⑥から⑫欄には売上対価の返還等の金額（税抜き）を控除した後の金額を記載する。

(1／2)

(R1.10.1以後終了課税期間用)

(3) 控除対象仕入税額の計算式区分の明細
イ 原則計算を適用する場合

控 除 対 象 仕 入 税 額 の 計 算 式 区 分		旧税率分小計 X	税率6.24%適用分 D	税率7.8%適用分 E	合計F (X＋D＋E)
④ × みなし仕入率 ⑭×90%+⑮×80%+⑯×70%+⑰×60%+⑱×50%+⑲×40% ⑬	⑳	(付表5-2の⑳X欄の金額) 円 952,904	円 207,184	円 140,157	円 1,300,245

ロ 特例計算を適用する場合
（イ） 1種類の事業で75%以上

控 除 対 象 仕 入 税 額 の 計 算 式 区 分		旧税率分小計 X	税率6.24%適用分 D	税率7.8%適用分 E	合計F (X＋D＋E)
(⑦F・⑧F・⑨F・⑩F・⑪F・⑫F)/⑥F ≧ 75% ④×みなし仕入率(90%・80%・70%・60%・50%・40%)	㉑	(付表5-2の㉑X欄の金額) 円 1,004,177	円 207,184	円 152,580	円 1,363,941

（ロ） 2種類の事業で75%以上

控 除 対 象 仕 入 税 額 の 計 算 式 区 分			旧税率分小計 X	税率6.24%適用分 D	税率7.8%適用分 E	合計F (X＋D＋E)
第一種事業及び第二種事業 (⑦F＋⑧F)/⑥F ≧ 75%	④ ×	⑭×90%+(⑬－⑭)×80% ⑬	㉒	(付表5-2の㉒X欄の金額)			
第一種事業及び第三種事業 (⑦F＋⑨F)/⑥F ≧ 75%	④ ×	⑭×90%+(⑬－⑭)×70% ⑬	㉓	(付表5-2の㉓X欄の金額)			
第一種事業及び第四種事業 (⑦F＋⑩F)/⑥F ≧ 75%	④ ×	⑭×90%+(⑬－⑭)×60% ⑬	㉔	(付表5-2の㉔X欄の金額)			
第一種事業及び第五種事業 (⑦F＋⑪F)/⑥F ≧ 75%	④ ×	⑭×90%+(⑬－⑭)×50% ⑬	㉕	(付表5-2の㉕X欄の金額)			
第一種事業及び第六種事業 (⑦F＋⑫F)/⑥F ≧ 75%	④ ×	⑭×90%+(⑬－⑭)×40% ⑬	㉖	(付表5-2の㉖X欄の金額)			
第二種事業及び第三種事業 (⑧F＋⑨F)/⑥F ≧ 75%	④ ×	⑮×80%+(⑬－⑮)×70% ⑬	㉗	(付表5-2の㉗X欄の金額)			
第二種事業及び第四種事業 (⑧F＋⑩F)/⑥F ≧ 75%	④ ×	⑮×80%+(⑬－⑮)×60% ⑬	㉘	(付表5-2の㉘X欄の金額) 952,904	207,184	140,157	1,300,245
第二種事業及び第五種事業 (⑧F＋⑪F)/⑥F ≧ 75%	④ ×	⑮×80%+(⑬－⑮)×50% ⑬	㉙	(付表5-2の㉙X欄の金額)			
第二種事業及び第六種事業 (⑧F＋⑫F)/⑥F ≧ 75%	④ ×	⑮×80%+(⑬－⑮)×40% ⑬	㉚	(付表5-2の㉚X欄の金額)			
第三種事業及び第四種事業 (⑨F＋⑩F)/⑥F ≧ 75%	④ ×	⑯×70%+(⑬－⑯)×60% ⑬	㉛	(付表5-2の㉛X欄の金額)			
第三種事業及び第五種事業 (⑨F＋⑪F)/⑥F ≧ 75%	④ ×	⑯×70%+(⑬－⑯)×50% ⑬	㉜	(付表5-2の㉜X欄の金額)			
第三種事業及び第六種事業 (⑨F＋⑫F)/⑥F ≧ 75%	④ ×	⑯×70%+(⑬－⑯)×40% ⑬	㉝	(付表5-2の㉝X欄の金額)			
第四種事業及び第五種事業 (⑩F＋⑪F)/⑥F ≧ 75%	④ ×	⑰×60%+(⑬－⑰)×50% ⑬	㉞	(付表5-2の㉞X欄の金額)			
第四種事業及び第六種事業 (⑩F＋⑫F)/⑥F ≧ 75%	④ ×	⑰×60%+(⑬－⑰)×40% ⑬	㉟	(付表5-2の㉟X欄の金額)			
第五種事業及び第六種事業 (⑪F＋⑫F)/⑥F ≧ 75%	④ ×	⑱×50%+(⑬－⑱)×40% ⑬	㊱	(付表5-2の㊱X欄の金額)			

ハ 上記の計算式区分から選択した控除対象仕入税額

項　　　　目		旧税率分小計 X	税率6.24%適用分 D	税率7.8%適用分 E	合計F (X＋D＋E)
選択可能な計算式区分(⑳～㊱) の内から選択した金額	㊲	(付表5-2の㊲X欄の金額) 円 1,004,177	※付表4-1の④D欄へ 円 207,184	※付表4-1の④E欄へ 円 152,580	※付表4-1の④F欄へ 円 1,363,941

注意 1 金額の計算においては、1円未満の端数を切り捨てる。
　　 2 旧税率が適用された取引がある場合は、付表5-2を作成してから当該付表を作成する。

（2／2）

第4-(8)号様式

付表5－2　控除対象仕入税額等の計算表
〔経過措置対象課税資産の譲渡等を含む課税期間用〕

簡 易

| 課 税 期 間 | 平成31・1・1～令和元・12・31 | 氏名又は名称 | ○○株式会社 |

I　控除対象仕入税額の計算の基礎となる消費税額

項　目		税率3%適用分 A	税率4%適用分 B	税率6.3%適用分 C	旧税率分小計 X (A＋B＋C)
課税標準額に対する消費税額	①	(付表4-2の②A欄の金額) 円	(付表4-2の②B欄の金額) 円	(付表4-2の②C欄の金額) 円 1,343,538	※付表5-1のX欄へ 円 1,343,538
貸倒回収に係る消費税額	②	(付表4-2の③A欄の金額)	(付表4-2の③B欄の金額)	(付表4-2の③C欄の金額)	※付表5-1のX欄へ
売上対価の返還等に係る消費税額	③	(付表4-2の⑤A欄の金額)	(付表4-2の⑤B欄の金額)	(付表4-2の⑤C欄の金額) 88,316	※付表5-1のX欄へ 88,316
控除対象仕入税額の計算の基礎となる消費税額 (①＋②－③)	④			1,255,222	※付表5-1のX欄へ 1,255,222

II　1種類の事業の専業者の場合の控除対象仕入税額

項　目		税率3%適用分 A	税率4%適用分 B	税率6.3%適用分 C	旧税率分小計 X (A＋B＋C)
④ × みなし仕入率 (90%・80%・70%・60%・50%・40%)	⑤	※付表4-2の④A欄へ 円	※付表4-2の④B欄へ 円	※付表4-2の④C欄へ 円	※付表5-1のX欄へ 円

III　2種類以上の事業を営む事業者の場合の控除対象仕入税額
(1)　事業区分別の課税売上高（税抜き）の明細

項　目		税率3%適用分 A	税率4%適用分 B	税率6.3%適用分 C	旧税率分小計 X (A＋B＋C)
事業区分別の合計額	⑥	円	円	円 19,925,000	※付表5-1の⑥X欄へ 円 19,925,000
第一種事業 （卸売業）	⑦				※付表5-1の⑦X欄へ
第二種事業 （小売業等）	⑧			15,855,556	※付表5-1の⑧X欄へ 15,855,556
第三種事業 （製造業等）	⑨				※付表5-1の⑨X欄へ
第四種事業 （その他）	⑩			4,069,444	※付表5-1の⑩X欄へ 4,069,444
第五種事業 （サービス業等）	⑪				※付表5-1の⑪X欄へ
第六種事業 （不動産業）	⑫				※付表5-1の⑫X欄へ

(2)　(1)の事業区分別の課税売上高に係る消費税額の明細

項　目		税率3%適用分 A	税率4%適用分 B	税率6.3%適用分 C	旧税率分小計 X (A＋B＋C)
事業区分別の合計額	⑬	円	円	円 1,255,275	※付表5-1の⑬X欄へ 円 1,255,275
第一種事業 （卸売業）	⑭				※付表5-1の⑭X欄へ
第二種事業 （小売業等）	⑮			998,900	※付表5-1の⑮X欄へ 998,900
第三種事業 （製造業等）	⑯				※付表5-1の⑯X欄へ
第四種事業 （その他）	⑰			256,375	※付表5-1の⑰X欄へ 256,375
第五種事業 （サービス業等）	⑱				※付表5-1の⑱X欄へ
第六種事業 （不動産業）	⑲				※付表5-1の⑲X欄へ

注意　1　金額の計算においては、1円未満の端数を切り捨てる。
　　　2　旧税率が適用された取引がある場合は、当該様式を作成してから付表5-1を作成する。
　　　3　課税売上げにつき返品を受け又は値引き・割戻しをした金額（売上対価の返還等の金額）があり、売上（収入）金額から減算しない方法で経理して経費に含めている場合には、⑥から⑫欄には売上対価の返還等の金額（税抜き）を控除した後の金額を記載する。

(1／2)

(R1.10.1以後終了課税期間用)

(3) 控除対象仕入税額の計算式区分の明細

イ 原則計算を適用する場合

控除対象仕入税額の計算式区分		税率3%適用分 A	税率4%適用分 B	税率6.3%適用分 C	旧税率分小計 X (A＋B＋C)
④ × みなし仕入率 $\dfrac{⑭×90\%+⑮×80\%+⑯×70\%+⑰×60\%+⑱×50\%+⑲×40\%}{⑬}$	㉑	円	円	952,904	※付表5-1の㉟X欄へ 円 952,904

ロ 特例計算を適用する場合
(イ) 1種類の事業で75％以上

控除対象仕入税額の計算式区分 （各項のF欄については付表5-1のF欄を参照のこと）		税率3%適用分 A	税率4%適用分 B	税率6.3%適用分 C	旧税率分小計 X (A＋B＋C)
(⑦F/⑥F・⑧F/⑥F・⑨F/⑥F・⑩F/⑥F・⑪F/⑥F・⑫F/⑥F≧75%) ④×みなし仕入率（90%・80%・70%・60%・50%・40%）	㉑	円	円	1,004,177	※付表5-1の㉟X欄へ 円 1,004,177

(ロ) 2種類の事業で75％以上

控除対象仕入税額の計算式区分 （各項のF欄については付表5-1のF欄を参照のこと）		税率3%適用分 A	税率4%適用分 B	税率6.3%適用分 C	旧税率分小計 X (A＋B＋C)
第一種事業及び第二種事業 (⑦F＋⑧F)/⑥F≧75% ④×$\dfrac{⑭×90\%+(⑬-⑭)×80\%}{⑬}$	㉒	円	円	円	※付表5-1の㉓X欄へ
第一種事業及び第三種事業 (⑦F＋⑨F)/⑥F≧75% ④×$\dfrac{⑭×90\%+(⑬-⑭)×70\%}{⑬}$	㉓				※付表5-1の㉓X欄へ
第一種事業及び第四種事業 (⑦F＋⑩F)/⑥F≧75% ④×$\dfrac{⑭×90\%+(⑬-⑭)×60\%}{⑬}$	㉔				※付表5-1の㉔X欄へ
第一種事業及び第五種事業 (⑦F＋⑪F)/⑥F≧75% ④×$\dfrac{⑭×90\%+(⑬-⑭)×50\%}{⑬}$	㉕				※付表5-1の㉟X欄へ
第一種事業及び第六種事業 (⑦F＋⑫F)/⑥F≧75% ④×$\dfrac{⑭×90\%+(⑬-⑭)×40\%}{⑬}$	㉖				※付表5-1の㊱X欄へ
第二種事業及び第三種事業 (⑧F＋⑨F)/⑥F≧75% ④×$\dfrac{⑮×80\%+(⑬-⑮)×70\%}{⑬}$	㉗				※付表5-1の㉗X欄へ
第二種事業及び第四種事業 (⑧F＋⑩F)/⑥F≧75% ④×$\dfrac{⑮×80\%+(⑬-⑮)×60\%}{⑬}$	㉘			952,904	※付表5-1の㉘X欄へ 952,904
第二種事業及び第五種事業 (⑧F＋⑪F)/⑥F≧75% ④×$\dfrac{⑮×80\%+(⑬-⑮)×50\%}{⑬}$	㉙				※付表5-1の㉙X欄へ
第二種事業及び第六種事業 (⑧F＋⑫F)/⑥F≧75% ④×$\dfrac{⑮×80\%+(⑬-⑮)×40\%}{⑬}$	㉚				※付表5-1の㉚X欄へ
第三種事業及び第四種事業 (⑨F＋⑩F)/⑥F≧75% ④×$\dfrac{⑯×70\%+(⑬-⑯)×60\%}{⑬}$	㉛				※付表5-1の㉛X欄へ
第三種事業及び第五種事業 (⑨F＋⑪F)/⑥F≧75% ④×$\dfrac{⑯×70\%+(⑬-⑯)×50\%}{⑬}$	㉜				※付表5-1の㉜X欄へ
第三種事業及び第六種事業 (⑨F＋⑫F)/⑥F≧75% ④×$\dfrac{⑯×70\%+(⑬-⑯)×40\%}{⑬}$	㉝				※付表5-1の㉝X欄へ
第四種事業及び第五種事業 (⑩F＋⑪F)/⑥F≧75% ④×$\dfrac{⑰×60\%+(⑬-⑰)×50\%}{⑬}$	㉞				※付表5-1の㉞X欄へ
第四種事業及び第六種事業 (⑩F＋⑫F)/⑥F≧75% ④×$\dfrac{⑰×60\%+(⑬-⑰)×40\%}{⑬}$	㉟				※付表5-1の㉟X欄へ
第五種事業及び第六種事業 (⑪F＋⑫F)/⑥F≧75% ④×$\dfrac{⑱×50\%+(⑬-⑱)×40\%}{⑬}$	㊱				※付表5-1の㊱X欄へ

ハ 上記の計算式区分から選択した控除対象仕入税額

項目		税率3%適用分 A	税率4%適用分 B	税率6.3%適用分 C	旧税率分小計 X (A＋B＋C)
選択可能な計算式区分（㉑～㊱） の内から選択した金額	㊲	※付表4-2の③A欄へ 円	※付表4-2の③B欄へ 円	※付表4-2の③C欄へ 円 1,004,177	1,004,177

注意 1 金額の計算においては、1円未満の端数を切り捨てる。
　　 2 旧税率が適用された取引がある場合は、当該付表を作成してから付表5-1を作成する。

(2／2)

(R1.10.1以後終了課税期間用)

156

10 消費税の各種届出書

それぞれの書き方のポイントをおさえる

■ おもな各種届け出

　事業者は、消費税法に定められている各種の届出等の要件に該当する事実が発生した場合や、承認または許可を受ける必要が生じた場合には、提出期限までに届出書を作成の上、納税地を所轄する税務署長に持参または送付する必要があります。手数料は不要です。どの届出書も、提出した履歴を残すために控えを含めて２部作成し、１部は文書収受印を受けて保管しておきます。なお、個人事業者が提出する場合には、控えの方には個人番号（マイナンバー）の記載を省略するなどの対応が必要です。ここでは、届出、承認及び許可が必要とされているニーズの高い書類を見ていきましょう。

書式25　消費税課税事業者届出書（基準期間用）

①　提出が必要になるとき、提出期限

　基準期間における課税売上高が1,000万円を超えた場合に提出する必要があります。基準期間の翌々事業年度（個人の場合は翌々年）から課税事業者となります。課税売上高が1,000万円を超えた場合に、その事業年度（個人の場合はその年）終了後速やかに提出する必要があります。

②　留意事項

　相続、合併または分割等があったことにより課税事業者となる場合には、「相続・合併・分割等があったことにより課税事業者となる場合の付表」を添付する必要があります。また、基準期間が１年に満たない法人の場合は、その事業年度の課税売上高を年換算して1,000万円を超えたかどうかを判断します。具体的には、その期間中の課税資

産の譲渡等の対価の額の合計額をその期間の月数で割って、これを12倍した金額が1,000万円を超えたかどうかが判断の基準となります。個人の場合は、年の途中で事業を開始した場合でも年換算は行いません。

書式26　消費税課税事業者届出書（特定期間用）

① 提出が必要になるとき、提出期限

基準期間における課税売上高が1,000万円以下である事業者が、特定期間における課税売上高が1,000万円を超えた場合に提出する必要があります。なお、課税売上高に代えて給与等支払額の合計額により判定することもできるため、実務上は課税売上高または給与等支払額の合計額が1,000万円を超えた場合に提出が必要となります。

特定期間を含む事業年度（個人の場合は年）の翌事業年度（個人の場合は翌年）から課税事業者となります。

課税売上高が1,000万円を超えた場合に、その事業年度（個人の場合は6月）終了後速やかに提出する必要があります。

② 留意事項

相続、合併または分割等があった場合において、特定期間における課税売上高（または給与等支払額の合計額）による納税義務の有無の判定を行う必要はありません。

書式27　消費税簡易課税制度選択届出書

① 提出が必要になるとき、提出期限

簡易課税制度を選択しようとする場合に提出する必要があります。

簡易課税制度の適用を受けようとする課税期間の初日の前日まで（事業を開始した日の属する課税期間である場合には、その課税期間中）に提出する必要があります。ただし、高額特定資産の仕入れ等をした場合には、この届出書を提出できない場合があります。

② 留意事項

令和元年10月1日から令和2年9月30日までの日の属する課税期間において、課税仕入れ等（税込み）を税率ごとに区分して合計するこ

とにつき困難な事情がある事業者は、経過措置として、簡易課税制度の適用を受けようとする課税期間の末日までにこの届出書を提出すれば、届出書を提出した課税期間から簡易課税制度の適用を受けることができます。

書式28　消費税課税事業者選択届出書

① 提出が必要になるとき、提出期限

　免税事業者が課税事業者になることを選択する場合に提出する必要があります。提出期限ですが、新規開業した事業者等は、その開業した課税期間の末日までに、それ以外の事業者等は、課税事業者としての対象とする課税期間の初日の前日までに提出する必要があります。

② 留意事項

　新規開業でない場合には、この届出書の提出期限が課税期間の初日の前日、つまり前事業年度末（個人の場合は前年末）までであるため、その課税期間中に消費税の還付が見込まれ、かつ還付を受けたい場合には、あらかじめ前事業年度末（個人の場合は前年末）までに提出する必要があります。

書式29　消費税の新設法人に該当する旨の届出書

① 提出が必要になるとき、提出期限

　消費税の新設法人（基準期間がない事業年度の開始の日における資本金の額または出資の金額が1,000万円以上である法人）に該当することとなった場合に提出する必要があります。ただし、法人設立届出書に消費税の新設法人に該当する旨及び所定の記載事項を記載して提出した場合には、この届出書の提出は不要です。提出期限ですが、消費税の新設法人に該当することとなった場合に速やかに提出する必要があります。

② 留意事項

　消費税の新設法人に該当する法人については、基準期間の課税売上高を計算できる課税期間（一般的には、設立第3期目）からは、原則

として基準期間の課税売上高により納税義務の有無を判定することになります。したがって、この届出書を提出した場合でも、設立第3期目以降において課税事業者となる場合または課税事業者となることを選択しようとする場合には、改めて「消費税課税事業者届出書（基準期間用）」（書式25）もしくは「消費税課税事業者届出書（特定期間用）」（書式26）または「消費税課税事業者選択届出書」（書式28）を提出する必要があります。

　ただし、基準期間のない課税期間（簡易課税制度の適用を受けている課税期間を除く）において調整対象固定資産の課税仕入れ等を行った場合には、その課税仕入れ等の日の属する課税期間の初日から3年を経過する日の属する課税期間までの各課税期間については納税義務の免除の規定の適用はありません。この場合、この間は一般課税（原則課税方式）による申告を行うことになります。

● 消費税の各種届出書のまとめ

書式	届出書の名称	提出が必要なとき
書式25	消費税課税事業者届出書（基準期間用）	基準期間の課税売上高が1,000万円超
書式26	消費税課税事業者届出書（特定期間用）	特定期間の課税売上高または給与等支払額合計が1,000万円超
書式27	消費税簡易課税制度選択届出書	簡易課税制度を適用する場合
書式28	消費税課税事業者選択届出書	免税事業者が自ら進んで課税事業者になる場合
書式29	消費税の新設法人に該当する旨の届出書	基準期間がない事業年度の期首の資本金等の額が1,000万円以上の法人

書式25　消費税課税事業者届出書（基準期間用）

第3−(1)号様式

基準期間用

消費税課税事業者届出書

取受印

令和 元 年 7 月 5 日

届出者	（フリガナ）	トウキョウトシナガワク○○
	納税地	（〒141−××××） 東京都品川区○○ 1−23−4 （電話番号　03−××××−××××）
	（フリガナ）	
	住所又は居所 (法人の場合) 本店又は 主たる事務所 の所在地	（〒　−　） 同　上 （電話番号　−　−　）
	（フリガナ）	コメショクヒンカブシキガイシャ
	名称（屋号）	コメ食品株式会社
	個人番号 又は 法人番号	↓ 個人番号の記載に当たっては、左端を空欄とし、ここから記載してください。 ○○○○○○○○○○○○○
	（フリガナ） 氏名 (法人の場合) 代表者氏名	ヨネヤマ ハナコ 米山 華子　　法人代表印
	（フリガナ） (法人の場合) 代表者住所	トウキョウトシブヤク○○ 東京都渋谷区○○2−34−5 （電話番号　03−××××−××××）

品川 税務署長殿

　下記のとおり、基準期間における課税売上高が1,000万円を超えることとなったので、消費税法第57条第1項第1号の規定により届出します。

適用開始課税期間	自 平成 令和 元 年 7 月 1 日	至 平成 令和 2 年 6 月 30日	
上記期間の 基準期間	自 平成 令和 29年 7 月 1 日	左記期間の 総売上高	14,872,543 円
	至 平成 令和 30年 6 月 30日	左記期間の 課税売上高	12,567,380 円

事業内容等	生年月日(個人)又は設立年月日(法人)	1明治・2大正・3昭和・4平成・5令和 25年 7 月 11 日	法人のみ記載	事業年度	自7 月 1 日 至 6 月30日
				資本金	3,000,000 円
	事業内容	食品製造業	届出区分	相続・合併・分割等・その他	

参考事項		税理士 署名 押印	印 （電話番号　−　−　）

※税務署処理欄	整理番号		部門番号			
	届出年月日	年 月 日	入力処理	年 月 日	台帳整理	年 月 日
	番号確認	身元確認 □済 □未済	確認書類	個人番号カード/通知カード・運転免許証 その他（　　）		

注意　1．裏面の記載要領等に留意の上、記載してください。
　　　2．税務署処理欄は、記載しないでください。

書式26　消費税課税事業者届出書（特定期間用）

第3-(2)号様式

消 費 税 課 税 事 業 者 届 出 書

収受印

令和 元 年 5 月10日	届 出 者	（フリガナ）	トウキョウトシナガワク○○
		納 税 地	（〒141-××××） 東京都品川区○○1-3-1 （電話番号　03-××××-××××）
		（フリガナ）	
		住所又は居所 （法人の場合） 本 店 又 は 主たる事務所 の 所 在 地	（〒　-　） 同　上 （電話番号　-　-　）
		（フリガナ）	コメショウジカブシキガイシャ
		名称（屋号）	コメ商事株式会社
		個 人 番 号 又 は 法 人 番 号	↓ 個人番号の記載に当たっては、左端を空欄とし、ここから記載してください。 ○○○○○○○○○○○○○
		（フリガナ）	ヨネダ　タロウ
品川 税務署長殿		氏 名 （法人の場合） 代表者氏名	米田　太郎　（法人代表印）
		（フリガナ）	トウキョウトシブヤク○○
		（法人の場合） 代表者住所	東京都渋谷区○○2-34-5 （電話番号　03-××××-××××）

　下記のとおり、特定期間における課税売上高が1,000万円を超えることとなったので、消費税法第57条第1項第1号の規定により届出します。

適用開始課税期間	自 平成 （令和） 元 年 8 月 1 日	至 平成 （令和） 2 年 7 月 31 日		
上 記 期 間 の 特 定 期 間	自 平成 令和 30 年 8 月 1 日	左記期間の 総 売 上 高	13,789,520 円	
	至 平成 令和 31 年 1 月31日	左記期間の 課税売上高	12,134,087 円	
		左記期間の 給与等支払額	10,953,210 円	
事業内容等	生年月日（個人）又は設立年月日(法人) 1明治・2大正・3昭和・④平成・5令和 27 年 2 月 6 日	法人のみ記載	事 業 年 度	自8月1日 至7月31日
			資 本 金	5,000,000 円
	事 業 内 容	食品卸売業		
参考事項		税理士署名押印		印 （電話番号　-　-　）

※ 税 務 署 処 理 欄	整理番号		部門番号					
	届出年月日	年 月 日	入力処理	年 月 日	台帳整理	年 月 日		
	番号確認		身元確認	□ 済 □ 未済	確認書類	個人番号カード／通知カード・運転免許証 その他（　　）		

注意　1．裏面の記載要領等に留意の上、記載してください。
　　　2．税務署処理欄は、記載しないでください。

162

第1号様式

消費税簡易課税制度選択届出書

収受印

※
し
よ
う
と
す
る
場
合
に
は
、
令
和
元
年
七
月
一
日
以
後
提
出
す
る
こ
と
が
で
き
ま
す
。

こ
の
届
出
書
を
所
得
税
法
等
の
一
部
を
改
正
す
る
法
律
（
平
成
二
十
八
年
法
律
第
十
五
号
）
附
則
第
四
十
条
第
一
項
の
規
定
に
よ
り
提
出

令和元年 9月12日

品川 税務署長殿

届 出 者	（フリガナ）	トウキョウトシナガワク○○
	納 税 地	（〒141-×××× ） 東京都品川区○○2-3-2 （電話番号 03-××××-××××）
	（フリガナ）	ミドリカワゴウドウガイシャ　ゴウドウ ユキ オ
	氏 名 又 は 名 称 及 び 代 表 者 氏 名	緑川合同会社　合同 幸男 （法人代表印） ※個人の方は個人番号の記載は不要です。
	法 人 番 号	○○○○○○○○○○○○○

下記のとおり、消費税法第37条第1項に規定する簡易課税制度の適用を受けたいので、届出します。

□ 所得税法等の一部を改正する法律（平成28年法律第15号）附則第40条第1項の規定により
消費税法第37条第1項に規定する簡易課税制度の適用を受けたいので、届出します。

① 適用開始課税期間	自 平成・令和 元年 10月 1日	至 平成・令和 2年 9月 30日
② ①の基準期間	自 平成・令和 29年 10月 1日	至 平成・令和 30年 9月 30日
③ ②の課税売上高		36,578,951円

事 業 内 容 等	（事業の内容） 観葉植物の販売	（事業区分） 第 2 種事業

提 出 要 件 の 確 認	次のイ、ロ又はハの場合に該当する （「はい」の場合のみ、イ、ロ又はハの項目を記載してください。）		はい □ いいえ ✓
	イ	消費税法第9条第4項の規定により課税事業者を選択している場合	課税事業者となった日 平成・令和 年 月 日
			課税事業者となった日から2年を経過する日までの間に開始した各課税期間中に調整対象固定資産の課税仕入れ等を行っていない はい □
	ロ	消費税法第12条の2第1項に規定する「新設法人」又は同法第12条の3第1項に規定する「特定新規設立法人」に該当する（該当していた）場合	設立年月日 平成・令和 年 月 日
			基準期間がない事業年度に含まれる各課税期間中に調整対象固定資産の課税仕入れ等を行っていない はい □
	ハ	消費税法第12条の4第1項に規定する「高額特定資産の仕入れ等」を行っている場合	A 仕入れ等を行った課税期間の初日 平成・令和 年 月 日
			この届出による①の「適用開始課税期間」は、高額特定資産の仕入れ等を行った課税期間の初日から、同日以後3年を経過する日の属する課税期間までの各課税期間に該当しない はい □
		仕入れ等を行った資産が高額特定資産に該当する場合はAの欄を、自己建設高額特定資産に該当する場合はBの欄をそれぞれ記載してください。	B 仕入れ等を行った課税期間の初日 平成・令和 年 月 日
			建設等が完了した課税期間の初日 平成・令和 年 月 日
			この届出による①の「適用開始課税期間」は、自己建設高額特定資産の建設等に要した仕入れ等に係る支払対価の額の累計額が1千万円以上となった課税期間の初日から、自己建設高額特定資産の建設等が完了した課税期間の初日以後3年を経過する日の属する課税期間までの各課税期間に該当しない はい □

※ この届出書を提出した課税期間が、上記イ、ロ又はハに記載の各課税期間である場合、この届出書提出後、届出を行った課税期間中に調整対象固定資産の課税仕入れ等又は高額特定資産の仕入れ等を行うと、原則としてこの届出書の提出はなかったものとみなされます。詳しくは、裏面をご確認ください。

次のニ又はホのいずれかに該当する項目を記載してください。

所得税法等の一部を改正する法律（平成28年法律第15号）（平成28年改正法）附則第40条第1項の規定による提出	ニ	平成28年改正法附則第40条第1項に規定する「困難な事情のある場合」に該当する （ただし、上記イ又はロに記載の各課税期間に調整対象固定資産の課税仕入れ等を行っている場合又はこの届出書を提出した日を含む課税期間がハの各課税期間に該当する場合は、次の「ホ」により判定します。）	はい □
	ホ	平成28年改正法附則第40条第2項に規定する「著しく困難な事情があるとき」に該当する （該当する場合は、以下に「著しく困難な事情」を記載してください。）	はい □

参 考 事 項	
税理士署名押印	印 （電話番号 - - ）

※税務署処理欄	整理番号		部門番号			
	届出年月日	年 月 日	入力処理	年 月 日	台帳整理	年 月 日
	通信日付印 確認印		番号確認			

注意 1. 裏面の記載要領等に留意の上、記載してください。
　　 2. 税務署処理欄は、記載しないでください。

書式28　消費税課税事業者選択届出書

第1号様式

消費税課税事業者選択届出書

収受印

		（フリガナ）	トウキョウトシナガワク○○
令和 元年 9月10日	届	納　税　地	（〒141-××××） 東京都品川区○○3-2-1 （電話番号　03-××××-×××× ）
		（フリガナ）	
		住所又は居所 （法人の場合） 本店又は 主たる事務所 の所在地	（〒　-　） 同　上 （電話番号　-　-　）
	出	（フリガナ）	シンリンサンギョウ カブシキガイシャ
		名称（屋号）	森林産業株式会社
		個人番号 又は 法人番号	↓ 個人番号の記載に当たっては、左端を空欄とし、ここから記載してください。 ○○○○○○○○○○○○○
	者	（フリガナ）	ハヤシ シロウ
		氏　名 （法人の場合） 代表者氏名	林　四郎　　(法人代表印)
品川 税務署長殿		（フリガナ）	トウキョウトシブヤク○○
		（法人の場合） 代表者住所	東京都渋谷区○○5-4-3 （電話番号　03-××××-×××× ）

　下記のとおり、納税義務の免除の規定の適用を受けないことについて、消費税法第9条第4項の規定により届出します。

適用開始課税期間	自 平成(令和) 2 年 1 月 1 日 　至 平成(令和) 2 年 12 月 31 日		
上記期間の	自 平成(令和) 30 年 1 月 1 日	左記期間の総売上高	9,657,620 円
基　準　期　間	至 平成(令和) 30 年 12 月 31 日	左記期間の課税売上高	9,632,230 円
事業内容等	生年月日（個人）又は設立年月日（法人） 1明治・2大正・3昭和・④平成・5令和 28 年 5 月 17 日	法人のみ記載	事業年度 自 1 月 1 日 至 12 月 31 日
			資本金 3,000,000 円
	事業内容　木材加工業	届出区分	事業開始・設立・相続・合併・分割・特別会計・(その他)
参考事項		税理士署名押印	印 （電話番号　-　-　）

※ 税務署処理欄	整理番号			部門番号					
	届出年月日	年 月 日		入力処理	年 月 日		台帳整理	年 月 日	
	通信日付印 確認印 年 月 日			番号確認	身元確認 □済 □未済	確認書類	個人番号カード／通知カード・運転免許証 その他（　　　）		

注意 1. 裏面の記載要領等に留意の上、記載してください。
　　 2. 税務署処理欄は、記載しないでください。

書式29　消費税の新設法人に該当する旨の届出書

第10-(2)号様式

消費税の新設法人に該当する旨の届出書

収受印

令和 元年 8月 7日	届出者	（フリガナ）	トウキョウトシナガワク○○
		納税地	（〒141-××××） 東京都品川区○○8-5-2 （電話番号　03-××××-××××）
		（フリガナ）	
		本店又は主たる事務所の所在地	（〒　-　） 同　上 （電話番号　-　-　）
		（フリガナ）	レイワコウギョウカブシキガイシャ
		名　称	令和工業 株式会社
		法人番号	○○○○○○○○○○○○○
		（フリガナ）	ショウワ　タロウ
		代表者氏名	昭和　太郎　　（法人代表印）
品川 税務署長殿		（フリガナ）	トウキョウトシブヤク○○
		代表者住所	東京都渋谷区○○2-10-3 （電話番号　03-××××-××××）

　下記のとおり、消費税法第12条の2第1項の規定による新設法人に該当することとなったので、消費税法第57条第2項の規定により届出します。

消費税の新設法人に該当することとなった事業年度開始の日	平成 **令和** 元年　7月　12日
上記の日における資本金の額又は出資の金額	20,000,000円

事業内容等	設立年月日	平成 **令和** 元年　7月　12日
	事業年度	自　4月　1日　至　3月　31日
	事業内容	

参考事項	「消費税課税期間特例選択・変更届出書」の提出の有無【有（　・　・　）・無】

税理士署名押印	印 （電話番号　-　-　）

※税務署処理欄	整理番号		部門番号		番号確認	
	届出年月日	年　月　日	入力処理	年　月　日	台帳整理	年　月　日

注意　1．裏面の記載要領等に留意の上、記載してください。
　　　2．税務署処理欄は、記載しないでください。

第3章　経理・福利厚生・その他の手続きと書式

11 社員の出産や負傷、死亡などの場合

事業主が証明しなければならない事項もあるので注意する

■ 従業員がケガをしたとき

　従業員が業務中にケガをした場合、事業主は労働者死傷病報告を提出しなければなりません。また、労働者が申請する健康保険給付や労災保険給付の申請書類について、事業主の証明が要求されています。

書式30　健康保険傷病手当金支給申請書

　労働者（被保険者）が業務外の病気やケガで働くことができなくなり、その間の賃金を得ることができないときに、健康保険から傷病手当金が支払われます。傷病手当金の支給額は、1日につき標準報酬日額の3分の2相当額です。標準報酬日額は、標準報酬月額を30日で割った額です。ただ、会社などから賃金の一部が支払われたときは、傷病手当金と支払われた賃金との差額が支払われます。

　被保険者が「健康保険傷病手当金支給申請書」を提出します。提出先は、事業所を管轄する全国健康保険協会の都道府県支部または会社の健康保険組合です。

　事業主は支給申請書の3枚目「事業主記入用」に、被保険者の勤務状況や賃金支給状況を記載することになります。

　添付書類として、1回目の支給申請の際に賃金台帳と出勤簿のコピーが必要です。請求する被保険者が役員の場合、「報酬を支払わない」とした旨が記載してある取締役による決定書が必要です。

書式31　療養補償給付たる療養の給付請求書

　業務中の事故が原因で労働者がケガをし、または病気にかかり、指定病院（労災保険が使える病院）で診てもらった場合、労働者は、「療養の給付」として、無料で治療を受けることができます。

治療を受けている医療機関（病院など）に、業務災害であれば「療養補償給付たる療養の給付請求書」を提出します。労災保険の指定病院以外での治療費や、装具（コルセットなど）の費用は、全額をいったん支払っておいて、「療養補償給付たる療養の費用請求書」を労働基準監督署に提出することで費用の還付を受けることができます。

書式32　休業補償給付支給請求書

　労働者が業務中に負傷や病気にかかり、休業する場合で賃金が支払われないときには、労災保険の「休業補償給付」を受けることができます。会社もしくは被災労働者本人が、事業所を管轄する労働基準監督署へ「休業補償給付支給請求書」を提出します。災害の原因や発生状況の欄を記入し、事業主がそれらを証明する必要があります。

　休業補償給付では、休業１日につき給付基礎日額の60％に相当する額が支給されます。給付基礎日額は、休業前３か月間に支払われた平均賃金をもとに算定されます。そのため、別紙として平均賃金算定内訳の記入も必要です。

　なお、休業補償給付は休業４日目から支給されます。そのため、休業が３日以下の場合で、業務災害に該当するときには、事業主が自らこの３日分（待期期間）を補償しなければなりません。その額は、平均賃金の60％以上とされています。通勤災害に該当するときには、事業主は待期期間の補償義務はありません。

書式33　労働者死傷病報告

　労働者が業務中にケガをして死亡または休業したときは、事業主は労働者死傷病報告を提出しなければなりません（ただし、ケガの場合で本書式を使用するのは休業期間が４日以上の場合です）。事故があった後、なるべく早めに管轄の労働基準監督署に提出します。

　添付書類については、特に決まっているわけではありませんが、事故などの災害の発生状況を示す図面や写真などがあれば添付します。

　労働者の休業期間が４日未満の場合には、提出する労働者死傷病報告の書式が異なります。休業が４日未満の場合は、休業ごとにその都度提出するのではなく、前３か月分の業務災害をまとめて４月、７月、10月、翌年１月のいずれかの月に提出することになります。

　なお、通勤途中のケガの場合には、休業日数に関係なく労働者死傷病報告の提出は不要です。

■ 従業員が出産した場合

　被保険者が出産のため会社を休み、給料（報酬）を受けられないときは、出産日（出産予定日より遅れた場合は予定日）以前42日（多胎妊娠のときは98日）から出産日後56日までの期間、欠勤１日につき標準報酬日額の３分の２が支給されます。

　なお、出産手当金を受けられる日ごとにその翌日から起算して２年で時効となり、請求権がなくなります。

書式35　健康保険出産手当金支給申請書

　産前、産後別または産前産後一括してそれぞれの期間経過後に、事業所管轄の全国健康保険協会の都道府県支部または会社の健康保険組合に、健康保険出産手当金支給申請書を提出します。添付書類として、出勤簿のコピー、賃金台帳のコピーが必要です。

　事業主は支給申請書の３枚目「事業主記入用」に、被保険者の勤務状況や、出産手当金を請求する労働者に支給した賃金支給状況の内訳を記載することになります。

■ 従業員が死亡した場合の手続き

　従業員が死亡した場合、健康保険の埋葬料や労働保険の葬祭料に関する手続きが生じます。なお、労災保険の葬祭料請求書について、本書では省略しています。

書式36　健康保険被保険者埋葬料（費）支給申請書

　健康保険の被保険者が死亡した場合、埋葬を行った家族（生計維持関係にあれば被扶養者でなくてもよい）に健康保険から埋葬料（5万円）が支給されます。また、死亡した被保険者に家族がいないときは実際に埋葬を行った人に埋葬費（5万円の範囲内で埋葬にかかった費用）が支給されます。被扶養者となっている家族が死亡した場合は、被保険者に家族埋葬料（5万円）が支給されます。

　埋葬料は埋葬を行う遺族が請求人になります。家族埋葬料は被保険者が、埋葬費は実際に埋葬を行った人がそれぞれ請求人になります。被保険者または被扶養者の死亡日から2年以内に「健康保険被保険者埋葬料（費）支給申請書」を、事業所を管轄する全国健康保険協会の都道府県支部または会社の健康保険組合に提出します。事業主は支給申請書の2枚目の「事業主証明欄」に記入します。

　被保険者が死亡した場合には（除籍）戸籍謄本、交通事故などによる死亡の場合には「第三者の行為による傷病届」など、状況に応じて必要になる添付書類があるため、事前に確認することが大切です。

● 社員の負傷、死亡などの場合の手続き

	負傷・病気の場合	休業した場合	死亡した場合
原因が業務外の場合	保険証を病院窓口へ提示する	「傷病手当金支給申請書」を全国健康保険協会などへ提出する	「埋葬料（費）支給申請書」を全国健康保険協会などへ提出する
原因が業務中の場合	「療養補償給付たる療養の給付請求書」を労災指定病院へ提出する	「休業補償給付支給請求書」を労基署へ提出する	「葬祭料請求書」を労基署へ提出する

健康保険 傷病手当金 支給申請書（第　回）被保険者記入用 傷

記入方法および添付書類等については、「健康保険 傷病手当金 支給申請書 記入の手引き」をご確認ください。
申請書は、楷書で枠内に丁寧にご記入ください。　記入見本 `0 1 2 3 4 5 6 7 8 9 ア イ ウ`

被保険者情報

被保険者証の（左づめ）	記号	番号	生年月日
	`7 1 0 1 0 2 0 3`	`1 3`	`1` 1.昭和 2.平成 3.令和　年 月 日　`6 1 0 1 3 1`

氏名・印
（フリガナ）ホンジョウ　タカシ
本上　貴志　印
自署の場合は押印を省略できます。

住所　〒 `1 1 0 0 0 0 1`　東京 都道府県
電話番号（日中の連絡先）※ハイフン除く TEL `0 3 3 3 3 3 1 1 1 1`　目黒区東7-3-19

振込先指定口座

金融機関名称	東西	銀行 金庫 信組 農協 漁協 その他（　）	目黒駅前	本店 支店 代理店 出張所 本店営業部 本所 支所

預金種別	`1` 1.普通 3.別段 2.当座 4.通知	口座番号	`1 2 3 4 5 6 7`	左づめでご記入ください。

口座名義
▼カタカナ（姓と名の間は1マス空けてご記入ください。濁点（゛）、半濁点（゜）は1字としてご記入ください。）
`ホ ン シ ゛ ョ ウ 　 タ カ シ`

口座名義の区分 `1` 1.被保険者 2.代理人

「2」の場合は必ず記入・押印ください。（押印省略不可）

受取代理人の欄

被保険者
本申請に基づく給付金に関する受領を下記の代理人に委任します。
氏名・印　　　　　　　　　　　　　印
　　　　　　　　　　　　　　1.平成 2.令和　年 月 日
住所 「被保険者情報」の住所と同じ

代理人（口座名義人）
〒　　　　　　TEL（ハイフン除く）
住所
（フリガナ）
氏名・印　　　　　　　　　　　　　印

被保険者との関係

「被保険者記入用」は2ページに続きます。 ≫≫

被保険者のマイナンバー記載欄
（被保険者証の記号番号を記入した場合は記入不要です）
マイナンバーを記入した場合は、必ず本人確認書類を添付してください。▶

(2019.5)
受付日付印

社会保険労務士の提出代行者名記載欄　　　　　　　印

様式番号 `6 0 1 1 6 0`　　協会使用欄 `1`

全国健康保険協会
協会けんぽ

(1 / 4)

健康保険 傷病手当金 支給申請書

（被保険者記入用）

被保険者氏名 [   ]

申請内容			

① 傷病名
1つの記入欄に複数の傷病名を記入しないでください。

1) 自律神経失調症

2)

3)

② 初診日

	年	月	日
2 (1.平成 2.令和)	0 1	0 7	0 1
(1.平成 2.令和)			
(1.平成 2.令和)			

③ 該当の傷病は病気（疾病）ですか、ケガ（負傷）ですか。

1 病気 （発病時の状況）
7月1日の起床時に激しい発汗状態となり、症状が改善しないため受診した。
2. ケガ ➡ 負傷原因届を併せてご提出ください。

④ 療養のため休んだ期間（申請期間）

	年	月	日	から
2 (1.平成 2.令和)	0 1	0 7	0 1	から
2 (1.平成 2.令和)	0 1	0 8	3 1	まで

日数 6 2 日間

⑤ あなたの仕事の内容（具体的に）
（退職後の申請の場合は退職前の仕事の内容）

OA機器の営業（ルート回り）

確認事項		

① 上記の療養のため休んだ期間（申請期間）に報酬を受けましたか。または今後受けられますか。

2 1. はい　2. いいえ

①-① 「はい」と答えた場合、その報酬の額と、その報酬支払の対象となった（なる）期間をご記入ください。

	年	月	日		報酬額
(1.平成 2.令和)				から	
(1.平成 2.令和)				まで	円

② 「障害厚生年金」または「障害手当金」を受給していますか。受給している場合、どちらを受給していますか。

3 1. はい ➡ 1. 障害厚生年金
2. 請求中　　　2. 障害手当金
3. いいえ

「はい」の場合

②-① 「はい」または「請求中」と答えた場合、受給の要因となった（なる）傷病名及び基礎年金番号等をご記入ください。
（「請求中」と答えた場合は、傷病名・基礎年金番号をご記入ください。）

傷病名

基礎年金番号			年金コード	

支給開始年月日	年	月	日	年金額	
(1.昭和 2.平成 3.令和)					円

③ （健康保険の資格を喪失した方はご記入ください。）老齢または退職を事由とする公的年金を受給していますか。

3 1. はい　　3. いいえ
2. 請求中

「はい」の場合

③-① 「はい」または「請求中」と答えた場合、基礎年金番号等をご記入ください。
（「請求中」と答えた場合は、基礎年金番号のみをご記入ください。）

基礎年金番号			年金コード	

支給開始年月日	年	月	日	年金額	
(1.昭和 2.平成 3.令和)					円

④ 労災保険から休業補償給付を受けていますか。（又は、過去に受けたことがありますか。）

3 1. はい　　3. いいえ
2. 労災請求中

「はい」の場合

④-① 「はい」または「労災請求中」と答えた場合、支給元（請求先）の労働基準監督署をご記入ください。

労働基準監督署

様式番号

6 0 1 2 6 9

「事業主記入用」は3ページに続きます。》》》

全国健康保険協会
協会けんぽ

(2 / 4)

健康保険 傷病手当金 支給申請書

3

事業主記入用

労務に服することができなかった期間を含む賃金計算期間の勤務状況および賃金支払状況等をご記入ください。

<table>
<tr><td rowspan="3">事業主が証明するところ</td><td colspan="2">被保険者氏名</td><td colspan="6" align="center">本上　貴志</td></tr>
</table>

被保険者氏名		本上　貴志		

勤務状況 【出勤は○】で、【有給は△】で、【公休は公】で、【欠勤は／】でそれぞれ表示してください。

					出勤	有給
1.平成 2.令和　年　　月						
2 0 1 0 7	公 公 ／ ／ ／ ／ ／ ／ ／ ／ ／ ／ ／ ／ ／ / 公 公 ／ ／ 公 公 公 公 公 ／ ／ ／ ／ ／ ／	計	0 日	0 日
2 0 1 0 8	公 公 ／ ／ ／ ／ ／ ／ 公 公 ／ ／ ／ ／ ／ 公 公 ／ ／ ／ ／ ／ ／ ／ ／ ／ ／ ／ ／ ／	計	0 日	0 日
	1 2 3 4 5 6 7 8 9 10 11 12 13 14 15 16 17 18 19 20 21 22 23 24 25 26 27 28 29 30 31	計	日	日

上記の期間に対して、賃金を支払いました（します）か？	□ はい ✓ いいえ	給与の種類	✓ 月給　□ 時間給 □ 日給　□ 歩合給 □ 日給月給　□ その他	賃金計算	締日	末	日
					支払日	2 （1.当月 2.翌月）	1 0 日

上記の期間を含む賃金計算期間の賃金支払状況をご記入ください。

期間 / 区分	単価	07月01日〜 07月31日分 支給額	08月01日〜 08月31日分 支給額	月　日〜 月　日分 支給額
基本給	3 0 0 0 0 0	0	0	
通勤手当	1 0 0 0 0			
手当				
手当				
手当				
手当				
現物給与				
計			0	

賃金計算方法（欠勤控除計算方法等）についてご記入ください。

担当者氏名	山梨　有美

上記のとおり相違ないことを証明します。

事業所所在地	〒141-0000　東京都品川区五反田1-2-3	年　月　日
事業所名称	株式会社　緑商会	2 （1.平成 2.令和）0 1 0 9 1 3
事業主氏名	代表取締役　鈴木　太郎	電話番号 ※ハイフン除く 0 3 3 3 2 1 1 1 2 3

株式番号　6 0 1 3 6 8

「療養担当者記入用」は4ページに続きます。 >>>

全国健康保険協会
協会けんぽ

(3 / 4)

172

健康保険 傷病手当金 支給申請書

（療養担当者記入用） ④

患者氏名	本上　貴志				

療養担当者が意見を記入するところ

傷病名	(1) 自律神経失調症	初診日 （療養の給付 開始年月日）	(1)	2	1.平成 2.令和	年 月 日 01 07 01
	(2)		(2)		1.平成 2.令和	
	(3)		(3)		1.平成 2.令和	

発病または 負傷の年月日	2	1.平成 2.令和	年 月 日 01 07 01	☑発病 □負傷

労務不能と 認めた期間	2	1.平成 2.令和	年 月 日 01 07 01	から
	2	1.平成 2.令和	01 08 31	まで 62 日間

発病または 負傷の原因	不詳

うち入院期間		1.平成 2.令和	年 月 日	から
		1.平成 2.令和		まで 日間入院

療養費用の別	☑健保　□公費（　　） □自費　□その他
転帰	□治癒　□中止 ☑繰越　□転医

診療 実日数 （入院期間 を含む） 6 日	診療日及び入 院していた日 を○で囲んで ください。	07 月	① 2 3 4 5 6 7 8 9 10 11 12 13 ⑭ 15 16 17 18 19 20 21 22 23 24 25 26 ㉗ 28 29 30 31
		08 月	1 2 3 4 5 6 7 8 ⑨ 10 11 12 13 14 15 ⑯ 17 18 19 20 21 22 23 24 ㉕ 26 27 28 29 30 31
		月	1 2 3 4 5 6 7 8 9 10 11 12 13 14 15 16 17 18 19 20 21 22 23 24 25 26 27 28 29 30 31

上記の期間中における「主たる症状および経過」「治療内容、検査結果、療養指導」等（詳しく）

発汗異常・循環障害を発症。
投薬による治療を行う。

手術年月日		1.平成 2.令和	年 月 日
退院年月日		1.平成 2.令和	

症状経過からみて従来の職種について労務不能と認められた医学的な所見

経過は良好で安定しつつあるものの、依然として上記の症状が
継続しているため、自宅療養を要する。

人工透析を実施 または人工臓器 を装着したとき	人工透析の実施または人工臓器を装着した日		人工臓器等 の種類	□人工肛門　□人工関節 □人工骨頭　□心臓ペースメーカー □人工透析　□その他（　　）
	1.昭和 2.平成 3.令和	年 月 日		

上記のとおり相違ありません。

医療機関の所在地	東京都港区芝町1-1-1		2	1.平成 2.令和	年 月 日 01 10 08
医療機関の名称	港総合病院				
医師の氏名	三田　太郎	㊞	電話番号 ※ハイフン除く		03 6767 0101

様式番号 6 0 1 4 6 7

全国健康保険協会 協会けんぽ

（4／4）

書式31　療養補償給付たる療養の給付請求書

業務災害用
療養補償給付たる療養の給付請求書

裏面に記載してある注意
事項をよく読んだ上で、
記入してください。

標 準 字 体	0	1	2	3	4	5	6	7	8	9	°	ー
	ア	イ	ウ	エ	オ	カ	キ	ク	ケ	コ	サ	シ	ス	セ	ソ	タ	チ	ツ	テ	ト	ナ	ニ	ヌ
	ネ	ノ	ハ	ヒ	フ	ヘ	ホ	マ	ミ	ム	メ	モ	ヤ	ユ	ヨ	ラ	リ	ル	レ	ロ	ワ	ン

標準字体で記入してください。

帳票種別	①管轄局署	②業通別	③保留	⑥処理区分
※ 3 4 5 9 0		I	1業 1通 3通	1全レセ 3全給付

④受付年月日 ※

⑤労働保険番号
府県	所掌	管轄	基幹番号	枝番号
1 3	1	0 9	6 5 4 3 2 1	

⑦支給・不支給決定年月日
元号 年 月 日
※

年金証書番号記入欄

⑧性別　⑨労働者の生年月日　⑩負傷又は発病年月日

男女		
1	5 5 8 0 6 1 0	9 0 1 0 7 1 9

3 1:男 3:女

シメイ(カタカナ):姓と名の間は1文字あけて記入してください。濁点・半濁点は1文字として記入してください。

⑪再発年月日
元号 年 月 日
※

⑫労働者の
ア オ キ　ヒ カ ル				

⑬三者 ⑭特病 ⑮特別加入者
※

氏 名　青木　光　　　　　　(36歳)

⑰負傷又は発病の時刻
午前・後 9時50分頃

郵便番号 1 5 1 - 0 0 0 0
フリガナ　シブヤクシブヤ
住 所　渋谷区渋谷32-10

⑱災害発生の事実を確認した者の職名、氏名
職名　総務課長
氏名　西村一郎

職 種　事務職

⑲災害の原因及び発生状況　(あ)どのような場所で(い)どのような作業をしているときに(う)どのような物又は環境に(え)どのような不安全な又は有害な状態があって(お)どのような災害が発生したか(か)⑩と初診日が異なる場合はその理由を詳細に記入すること

事務所内で、書類をロッカーに格納する際に踏み台で足を滑らせて転倒し右手首を骨折してしまった。

⑳指定病院等の	名 称	東新宿病院		電話(03) 3456-7890
	所在地	新宿区東新宿3-5-2		〒160- 9999

㉑傷病の部位及び状態　右手首骨折

⑫の者については、⑩、⑰及び⑱に記載したとおりであることを証明します。

1 年 7 月 23 日

事業の名称　株式会社 立花商店　　　電話(03) 3321-1123
事業場の所在地　品川区五反田1-2-3　　〒141- 0000
事業主の氏名　代表取締役　立花太郎　（代表者印）

(法人その他の団体であるときはその名称及び代表者の氏名)

労働者の所属事業
場の名称・所在地
電話( ) -

(注意) 1　労働者の所属事業場の名称・所在地については、労働者が直接所属する事業場が一括適用の取扱いを受けている場合に、労働者が直接所属する支店、工事現場等を記載してください。
2　派遣労働者について、療養補償給付のみの請求がなされる場合にあっては、派遣先事業主が証明する事項の記載内容が事実と相違ない旨裏面に記載してください。

上記により療養補償給付たる療養の給付を請求します。

1 年 7 月 31 日

品川　労働基準監督署長 殿

東新宿　病院診療所薬局訪問看護事業者 経由

請求人の
〒 151- 0000
住 所　渋谷区渋谷32-10
電話(03) 3111-4222　(方)
氏 名　青木　光　（青木印）

	署 長	副署長	課 長	係 長	係	決定年月日
支不支給決定決議書						・ ・
	調査年月日					不支給の理由
	復命書番号 第 号 第 号 第 号					

174

書式32　休業補償給付支給請求書

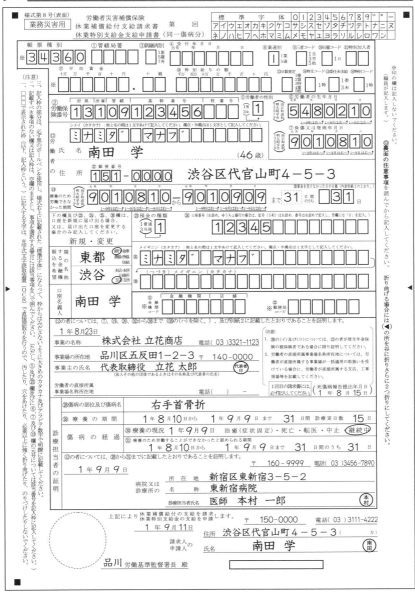

㉜ 労 働 者 の 職 種	㉝ 負傷又は発病の時刻	㉞平均賃金（算定内訳別紙1のとおり）
事務職	午前・午後　9 時 00 分頃	10,197 円　80 銭

㉟ 所定労働時間	午前・午後　9 時 00 分から午前・午後　5 時 00 分まで	㊱ 休業補償給付額、休業特別支給金額の改定比率（平均給与額証明書のとおり）

㊲ 災害の原因及び発生状況　（あ）どのような場所で（い）どのような作業をしているときに（う）どのような物又は環境に（え）どのような不安全な又は有害な状態があって（お）どのような災害が発生したかを詳細に記入すること

事務所内で、書類をロッカーに格納する際に踏み台で
足を滑らせて転倒し、右手首を骨折してしまった。

		（イ）基礎年金番号		（ロ）被保険者資格の取得年月日　　年　　月　　日
㊳ 厚生年金保険等の受給関係	（ハ）当該傷病に関して支給される年金の種類等	年 金 の 種 類	厚生年金保険法の　イ 障害年金　ロ 障害厚生年金 国 民 年 金 法 の　ハ 障害年金　ニ 障害基礎年金 船 員 保 険 法 の　ホ 障害年金	
		障 害 等 級		級
		支給される年金の額		円
		支給されることとなった年月日		年　　月　　日
		基礎年金番号及び厚生年金等の年金証書の年金コード		
		所轄年金事務所等		

表面の記入枠を訂正したときの訂正印欄	削　　字 ㊞
	加　　字 ㊞

社会保険労務士記載欄	作成年月日・提出代行者・事務代理者の表示	氏　　　　　名	電 話 番 号
		㊞	

〔注　　意〕

一、所定労働時間後に負傷した場合には、㉟及び㊲欄については、当該負傷した日を除いて記載してください。

二、㉞欄の平均賃金は、労働基準法第12条の平均賃金に相当する額を記載してください。なお、その額の算定基礎期間中に業務外の傷病の療養等のため休業した期間が含まれている場合には、その旨を別紙1に記載してください。

三、㉞欄には、平均賃金の算定基礎期間中に業務上又は通勤による負傷又は疾病による療養のため休業した期間が含まれている場合に、当該業務上又は通勤による負傷又は疾病による療養のため休業した期間の日数及びその期間中の賃金を業務上の負傷又は疾病による療養のため休業した期間（この休業した期間のうち一部休業日があるときは、その一部休業日の日数のうちその賃金が平均賃金の一部に相当する場合には、この賃金が平均賃金の算定方法により算定した額が平均賃金額となる場合に限る。）が含まれる場合に、別紙2に記載してください。

四、㉞欄及び㊱欄については、当該請求（申請）人が特別加入者であるときは、記載する必要はありません。

五、㊲欄の「その他就業先の有無」欄の記載がない場合又は複数就業していない場合は、同欄を記載する必要はありません。また、その他就業先ごとに様式第8号の別紙1及び別紙2を作成し、そのうち１枚を添付してください。

（注）㉞、㉟、㊱、㊲及び㊳の各欄並びに㊲欄のうち（い）（う）（え）（お）欄については、第一回目の請求（申請）又は届出の際に記載し、第二回目以後の請求（申請）又は届出の場合には、前回の請求（申請）又は届出後の分について記載すること。

六、事業主の証明は受ける必要がないこと。なお、㊳欄は記載する必要はありません。

七、休業特別支給金の支給の申請のみを行う場合には、「請求人（申請人）」の欄、「事業主の氏名」の欄、「病院又は診療所の診療担当者氏名」の欄及び「請求人（申請人）」の欄により署名をすることができる。

様式第8号（別紙1）　（表面）

労　働　保　険　番　号				氏　　　　名	災害発生年月日
府県 所掌 管轄	基　幹　番　号	枝番号		南田 学	2019年 8月 10日
1 3 1 0 9	1 2 3 4 5 6				

平均賃金算定内訳

（労働基準法第12条参照のこと。）

雇　入　年　月　日	2007年 12月 1日	常用・日雇の別	○常用 日雇
賃　金　支　給　方　法	○月給 週給・日給・時間給・出来高払制・その他請負制	賃金締切日	毎月 20日

A　月・週その他一定の期間によって支払ったもの

		賃金計算期間	4月21日から 5月20日まで	5月21日から 6月20日まで	6月21日から 7月20日まで	計
		総　日　数	30日	31日	30日	(イ) 91日
	賃金	基 本 賃 金	270,000円	270,000円	270,000円	810,000円
		職務 手当	20,000円	20,000円	20,000円	60,000円
		営業 手当	10,000円	10,000円	10,000円	30,000円
		計	300,000円	300,000円	300,000円	(ロ) 900,000円

B　日若しくは時間又は出来高払制その他の請負制によって支払ったもの

		賃金計算期間	4月21日から 5月20日まで	5月21日から 6月20日まで	6月21日から 7月20日まで	計
		総　日　数	30日	31日	30日	(イ) 91日
		労　働　日　数	19日	21日	21日	(ハ) 61日
	賃金	基 本 賃 金	円	円	円	円
		残業 手当	12,000	9,000	7,000	28,000
		手　当				
		計	12,000円	9,000円	7,000円	(ニ) 28,000円

総　　　　　　計	312,000円	309,000円	307,000円	(ホ) 928,000円

平　均　賃　金	賃金総額(ホ)928,000円÷総日数(イ) 91 ＝ 10,197円 80銭

最低保障平均賃金の計算方法

Aの(ロ)　900,000円÷総日数(イ) 91 ＝　9,890円 11銭 (ヘ)

Bの(ニ)　28,000円÷労働日数(ハ) 61 × $\frac{60}{100}$ ＝　275円 41銭 (ト)

(ヘ)　9,890円11銭＋(ト) 275円41銭 ＝　10,165円 52銭 (最低保障平均賃金)

日日雇い入れられる者の平均賃金 (昭和38年労働省告示第52号による。)	第1号又は第2号の場合	賃金計算期間	(ろ) 労働日数又は労働総日数	(は) 賃金総額	平均賃金(ろ)÷(い)×$\frac{73}{100}$
		月 日から 月 日まで	日	円	円 銭
	第3号の場合	都道府県労働局長が定める金額			円
	第4号の場合	従事する事業又は職業			
		都道府県労働局長が定めた金額			円

漁業及び林業労働者の平均賃金（昭和24年労働省告示第5号第2条による。）	平均賃金協定額の承認年月日	年 月 日 職種	平均賃金協定額	円

① 賃金計算期間のうち業務外の傷病の療養等のため休業した期間の日数及びその期間中の賃金を業務
上の傷病の療養のため休業した期間の日数及びその期間中の賃金とみなして算定した平均賃金
（賃金の総額(ホ)－休業した期間にかかる②の(リ)）　÷　（総日数(イ)－休業した期間②の(チ)）
（　　　　円－　　　　円）÷（　　　　日－　　　　日）＝　　　　円　　　銭

書式33　労働者死傷病報告（休業が４日以上の場合）

労働者死傷病報告

様式第23号（第97条関係）（表面）

8	0	0	1	労働保険番号（建設業の工事に従事する下請人の労働者が被災した場合、元請人の労働保険番号を記入すること。）	事業の種類

| 1 | 3 | 4 | 0 | 7 | 1 | 0 | 9 | 9 | 9 | 0 | 0 | 0 | | | | 建設業 |

都道府県 所掌 管轄 基幹番号 枝番号 被一括事業場番号

事業場の名称（建設業にあっては工事名を併記のこと。）

| カナ | カ | ブ | シ | キ | ガ | イ | シ | ャ | ト | ウ | ザ | イ | ケ | ン | セ | ツ | | | |

| 漢字 | 株 | 式 | 会 | 社 | 東 | 西 | 建 | 設 | | | | | | | | | | | |

| 工事名 | 新 | 宿 | 中 | 央 | 病 | 院 | 新 | 築 | 工 | 事 | | | | | | | | | |

職員記入欄
派遣先の事業の労働保険番号

| | | | | | | 都道府県 所掌 管轄 | 基幹番号 | 枝番号 | 被一括事業場番号 | 派遣労働者が被災した場合は、派遣先の事業場の郵便番号 |

事業場の所在地

東京都新宿区中央2-1-1 電話 03（3333）1234

構内下請事業の場合は親事業場の名称、建設業の場合は元方事業場の名称　関東・東西建設共同企業体

派遣労働者が被災した場合、派遣元の事業場の名称

提出事業者の区分

郵便番号

| 1 | 6 | 0 | - | 0 | 0 | 0 | 1 | 労働者数 | | | 3 | 4 | 5 | 人 | 発生月日（時間は24時間表記とすること。） |

| | | | | | | | | | 7：平成　9：令和 | 9 | 0 | 1 | 0 | 5 | 1 | 9 | 1 | 4 | 3 | 0 |

被災労働者の氏名（姓と名の間は1文字空けること。）

| カナ | カ | ナ | ヤ | マ | | ヨ | ウ | イ | チ | | | | 生年月日 | | | | 性別 |

| 漢字 | 神 | 奈 | 山 | | 洋 | 一 | | | | | | 明治大正昭和平成令和 1359 | 5 | 3 | 7 | 0 | 2 | 2 | 4 | (57)歳 | 男 女 ○ |

| 職種 | 塗装工業 | 経験期間 | 3 | 0 | 男 女 ○ |

休業見込期間又は死亡日時（死亡の場合は死亡欄に○）

休業見込	0	7				○ 死亡		死亡日時	傷病名	傷病部位	被災地の場所
	月 週 日								右腕打撲	右腕	東京都新宿区中央2-6-5

災害発生状況及び原因

①どのような場所で ②どのような作業をしているときに ③どのような物又は環境に ④どのような不安全な又は有害な状態があって ⑤どのような災害が発生したかを詳細に記入すること。

令和元年 5 月 19 日午後 2 時半頃、病院新築工事現場にて、塗装工事の際、4 尺脚立の天板から 1 段下の段（高さ約 1 m）に乗り 4 階天井の木枠を塗装する作業中、誤ってバランスを崩し、落下した。その際、合板の床に右腕を強打して負傷した。

略図（発生時の状況を図示すること。）

床へ落下

労働者が外国人である場合のみ記入すること。

国籍・地域		在留資格
（　）		（　）

職員記入欄

国籍・地域コード		在留資格コード

	起因物			店社コード			業種分類		

作出設定項目

事故の型		発生状況種類	事業場区分		業種上疾病	(1)	(2)	(3)

| 報告書作成者職 氏名 | 労務課課長　　赤山三郎 |

令和元年 6 月 1 日

事業者職氏名　株式会社　東西建設
　　　　　　　代表取締役　千葉二郎 （代表者印）

新宿 労働基準監督署長殿

受付印

178

書式34　労働者死傷病報告（休業が４日未満の場合）

様式第24号（第97条関係）

労働者死傷病報告

事業の種類	事業場の名称（建設業にあっては工事名を併記のこと。）	事業場の所在地	電話	労働者数
建設業	株式会社 南北建築	新宿区東新宿 1-2-3	03 (1234) 5678	167名

令和元 年 7月から 元 年 9月まで

被災労働者の氏名	性別	年齢	職種	派遣労働者の場合は欄に○	発生月日	傷病名及び傷病の部位	休業日数	災害発生状況
黒田 裕一	男・女	35歳	内装工		8月11日	熱中症	1日	室温４０度の現場で作業中、めまい・ふらつきがあり、熱中症を発症したもの
白井 恭介	男・女	58歳	内装工		9月13日	側頭部外傷	2日	棚の解体作業中、近くにあったガーデンレールに側頭部をぶつけたもの
	男・女	歳			月 日		日	
	男・女	歳			月 日		日	
	男・女	歳			月 日		日	
	男・女	歳			月 日		日	
	男・女	歳			月 日		日	
	男・女	歳			月 日		日	

報告書作成者職氏名　職名 総務課長　氏名 西村一郎

令和元 年 10月 5 日

新宿 労働基準監督署長　殿

事業者職氏名　株式会社 南北建築　代表取締役 南山次郎 ㊞（代表者印）

備考　派遣労働者が被災した場合、派遣先及び派遣元の事業者は、それぞれ所轄労働基準監督署に提出すること。
　　　氏名を記載し、押印することに代えて、署名することができる。

第3章　経理・福利厚生・その他の手続きと書式

179

健康保険 **出産手当金** 支給申請書　1 2 3　被保険者記入用 手

記入方法および添付書類等については、「健康保険 出産手当金 支給申請書 記入の手引き」をご確認ください。

申請書は、楷書で枠内に丁寧にご記入ください。　記入見本 0 1 2 3 4 5 6 7 8 9 ア イ ウ

被保険者情報

	記号	番号	生年月日	年 月 日
被保険者証の (左づめ)	7 1 0 1 0 2 0 3	1 2	1 昭和 2 平成 3 令和	1 5 3 1 0 1 0

(フリガナ) ミナミカワ ヨウコ

氏名・印　**南川　洋子**　印　自署の場合は押印を省略できます。

住所 〒 1 4 5 0 0 0 3　**東京** 都道府県　**大田区池上東2−2−2**

電話番号 (日中の連絡先) TEL (※ハイフン除く) 0 3 3 7 2 0 2 4 5 6

振込先指定口座

金融機関名称　**東西**　銀行 金庫 信組 / 農協 漁協 / その他 ( )　**池上**　本店 支店 / 代理店 出張所 本店営業部 / 本所 支所

預金種別　1　1. 普通 3. 別段 / 2. 当座 4. 通知　口座番号 1 1 2 2 3 3 3　左づめでご記入ください。

口座名義　※カタカナ(姓と名の間は1マス空けてご記入ください。濁点(゛)、半濁点(゜)は1字としてご記入ください。)
ミ ナ ミ カ ワ 　 ヨ ウ コ

口座名義の区分　1　1. 被保険者 2. 代理人

「2」の場合は必ず記入・押印ください。(押印省略不可)

受取代理人の欄

被保険者　本申請に基づく給付金に関する受領を下記の代理人に委任します。

氏名・印　印　1. 平成 2. 令和　年 月 日

住所 「被保険者情報」の住所と同じ

代理人 (口座名義人)　〒　TEL(ハイフン除く)　住所

被保険者との関係

(フリガナ)

氏名・印

「被保険者・医師・助産師記入用」は2ページに続きます。≫≫

被保険者のマイナンバー記載欄
(被保険者証の記号番号を記入した場合は記入不要です)
マイナンバーを記入した場合は、必ず本人確認書類を添付してください。 ▶

社会保険労務士の提出代行者名記載欄　印

受付日付印

様式番号 6 1 1 1 6 9　協会使用欄 1

🅈 **全国健康保険協会** 協会けんぽ　(1/3)

(2019.5)

健康保険 **出産手当金** 支給申請書

2

被保険者・医師・助産師記入用

被保険者氏名 南川　洋子

申請内容

① 今回の出産手当金の申請は、出産前の申請ですか、それとも出産後の申請ですか。

| 2 | 1. 出産前の申請　2. 出産後の申請 |

② 上記で「出産前の申請」の場合は、出産予定日をご記入ください。「出産後の申請」の場合は、出産日と出産予定日をご記入ください。

出産予定日　2 1.平成 2.令和　年 01 月 07 日 20

出産日　2 1.平成 2.令和　年 01 月 07 日 15

③ 出産のため休んだ期間（申請期間）

2 1.平成 2.令和　01 06 21 から
2 1.平成 2.令和　01 09 09 まで　81 日間

④ 上記の出産のため休んだ期間（申請期間）の報酬を受けましたか。または今後受けられますか。

| 2 | 1. はい　2. いいえ |

⑤ 上記で「はい」と答えた場合、その報酬の額と、その報酬支払の基礎となった（なる）期間をご記入ください。

年 月 日
1.平成 2.令和　　　から
1.平成 2.令和　　　まで
円

医師・助産師記入欄

出産者氏名 南川　洋子

出産予定年月日　2 1.平成 2.令和　年 01 月 07 日 20

出産年月日　2 1.平成 2.令和　年 01 月 07 日 15

出生児の数　1 1.単胎 2.多胎 →（　児）

生産または死産の別　1 1.生産 2.死産 →（妊娠　週）

上記のとおり相違ないことを証明する。

〒143-0003

医療施設の所在地　東京都大田区大森2-4-5

医療施設の名称　大田病院

医師・助産師の氏名　大田　花子　印

2 1.平成 2.令和　年 01 月 09 日 18

電話番号 ※ハイフン除く　0337456789

「事業主記入用」は3ページに続きます。 ≫≫

様式番号

611268

全国健康保険協会 協会けんぽ

(2/3)

健康保険 出産手当金 支給申請書

事業主記入用

労務に服さなかった期間を含む賃金計算期間の勤務状況および賃金支払状況等をご記入ください。

事業主が証明するところ

被保険者氏名　南川　洋子

勤務状況　【出勤は○】で、【有給は△】で、【公休は公】で、【欠勤は／】でそれぞれ表示してください。

	1.平成 2.令和	年	月	1〜15 / 16〜31		計	出勤	有給
	2	01	06	公 公 ／ ／ ／ ／ ／ ／ ／ 公 公 ／ 31		計	0 日	0 日
	2	01	07	／ ／ ／ ／ 公 公 ／ ／ ／ ／ ／ ／ 公 公 ／ ／		計	0 日	0 日
	2	01	08	公 公 ／ ／ ／ ／ ／ ／ 公 公 ／ ／ ／ ／ ／ ／ 公 公		計	0 日	0 日
	2	01	09	⑯ ⑰ ⑱ ⑲ 公 21 △ △ △ 公 公 26 27 28 公 公 31		計	04 日	03 日
						計		

上記の期間に対して、賃金を支給しました（します）か？	✓はい □いいえ	給与の種類	✓月給 □日給 □日給月給 □時間給 □歩合給 □その他	賃金計算	締 日	20 日
					支払日	1 1.当月 2.翌月 25 日

上記の期間を含む賃金計算期間の賃金支払状況をご記入ください。

区分 ＼ 期間 単価		06 月 21 日〜 07 月 20 日分	07 月 21 日〜 08 月 20 日分	08 月 21 日〜 09 月 20 日分
		支給額	支給額	支給額
基本給	2 1 0 0 0 0	0	0	7 0 0 0 0
通勤手当	1 9 5 0 0	0	0	4 2 0 0
手当				
手当				
手当				
手当				
現物給与				
合計				

支給した（する）賃金内訳

賃金計算方法（欠勤控除計算方法等）についてご記入ください。

基本給計算方法　　210,000÷21×7日＝70,000円
通勤手当計算方法　1日通勤手当 1,050円　1,050×4＝4,200円

担当者氏名　山梨　有美

上記のとおり相違ないことを証明します。

事業所所在地	〒141-0000 東京都品川区五反田1−2−3	年 月 日
		2 1.平成 2.令和 01 09 29

事業所名称　株式会社　緑商会
事業主氏名　代表取締役　鈴木　太郎　㊞

電話番号 ※ハイフン除く　0 3 3 2 1 1 1 2 3

様式番号　6 1 1 3 6 7

全国健康保険協会　協会けんぽ

(3/3)

書式36　健康保険被保険者埋葬料（費）請求書

| 健康保険 | 被保険者
家　　族 | **埋葬料（費）** 支給申請書 | **1** | 2 | ページ | 埋 |

被保険者記入用

記入方法および添付書類等については、「健康保険 被保険者 家族 埋葬料（費）支給申請書 記入の手引き」をご確認ください。
申請書は、楷書で枠内に丁寧にご記入ください。　記入見本　0 1 2 3 4 5 6 7 8 9 ア イ ウ

被保険者情報 ※

被保険者証の (左づめ)	記号	番号	生年月日	年	月	日
	7 1 0 1 0 2 0 3	1 7	1	1.昭和 2.平成 3.令和	3 5 0 7 2 6	

氏名・印	(フリガナ)　ニシダ　カズコ		印	自署の場合は押印を省略できます。
	西田　和子			

住所	〒 1 4 3 0 0 0 2　東京 ㊞ 都道府県
電話番号 (日中の連絡先) ※ハイフン除く	TEL　0 3 3 7 3 7 4 5 6 7　大田区丸子橋3-2-1

振込先指定口座 ※

金融機関 名称	いろは	銀行　金庫　信組 農協　漁協 その他（　　）	大田	本店　支店 代理店　出張所　本店営業部 本所　支所

預金種別	1	1.普通　3.別段 2.当座　4.通知	口座番号	9 8 7 6 5 4 3	左づめでご記入ください。

口座名義	▼カタカナ(姓と名の間は1マス空けてご記入ください。濁点(゛)、半濁点(゜)は1字としてご記入ください。) ニ シ ダ　　カ ズ コ	口座名義 の区分	1	1.被保険者 (申請者) 2.代理人

「2」の場合は必ず記入・押印ください。(押印省略不可)

受取代理人の欄

本申請に基づく給付金に関する受領を下記の代理人に委任します。

被保険者 (申請者)	氏名・印		印	1.平成 2.令和	年	月	日
		住所　「被保険者情報」の住所と同じ					

代理人 (口座名義人)	〒	TEL(ハイフン除く)	被保険者 (申請者) との関係
	住所		
	(フリガナ)		
	氏名・印　　　　印		

「被保険者・事業主記入用」は2ページに続きます。 》》》

※ご注意ください
被保険者が亡くなられての申請の場合、「被保険者証の記号・番号」と「生年月日」は被保険者の情報をご記入
ください。「氏名・印」、「住所」「電話番号」「振込先指定口座」は実際に申請される方の情報をご記入ください。

被保険者のマイナンバー記載欄
(被保険者証の記号番号を記入した場合は記入不要です)
マイナンバーを記入した場合は、必ず本人確認書類を添付してください。 ▶

社会保険労務士の 提出代行者名記載欄		印

(2019.5)
受付日付印

様式番号		協会使用欄
6 3 1 1 6 7	1	

⊘ **全国健康保険協会**
協会けんぽ

(1/2)

健康保険 被保険者 家 族 **埋葬料（費）支給申請書**

被保険者氏名 西田 秀一

申請内容

死亡した方の	死亡年月日 年 月 日	死亡原因	第三者の行為によるものですか
	2 1.平成 2.令和 0 1 1 1 2 3	くも膜下出血	□はい ☑いいえ 「はい」の場合は「第三者行為による傷病届」を提出してください。

●家族（被扶養者）が死亡したための申請であるとき

ご家族の氏名		生年月日	1.昭和 2.平成 3.令和	年 月 日	被保険者との続柄

亡くなられた家族は、退職などにより健康保険組合などが運営する健康保険の資格喪失後に被扶養者の認定を受けた方であって、次のいずれかに当てはまる方ですか。
①資格喪失後、3か月以内に亡くなられたとき
②資格喪失後、傷病手当金や出産手当金を引き続き受給中に亡くなられたとき
③資格喪失後、②の受給終了後、3か月以内に亡くなられたとき

1.はい 2.いいえ

「はい」の場合、家族が被扶養者認定前に加入していた健康保険の保険者名と記号・番号をご記入ください。

保険者名

記号・番号

●被保険者が死亡したための申請であるとき

被保険者の氏名	西田 秀一	被保険者からみた申請者との身分関係	妻	埋葬した年月日	1.平成 2.令和	年 月 日

埋葬に要した費用の額	円	法第3条第2項被保険者として支給を受けた時はその金額（調整減額）	円

亡くなられた方は、退職などによる協会けんぽの被保険者資格の喪失後、家族の被扶養者となった方であって、次のいずれかに当てはまる方ですか。
①資格喪失後、3か月以内に亡くなられたとき
②資格喪失後、傷病手当金や出産手当金を引き続き受給中に亡くなられたとき
③資格喪失後、②の受給終了後、3か月以内に亡くなられたとき

1.はい 2.いいえ

「はい」の場合、資格喪失後に家族の被扶養者として加入していた健康保険の保険者名と記号・番号をご記入ください。

保険者名

記号・番号

事業主証明欄

死亡した方の	氏名	被保険者・被扶養者の別	死亡年月日 年 月 日	
	西田 秀一	⦿被保険者 ○被扶養者	2 1.平成 2.令和 0 1 1 1 2 3	死亡

上記のとおり相違ないことを証明します

2 1.平成 2.令和 0 1 1 2 0 1 年 月 日

事業所所在地	〒141-0000 東京都品川区五反田1－2－3
事業所名称	株式会社 緑商会
事業主氏名	代表取締役 鈴木 太郎 ㊞

TEL ※ハイフン除く 0 3 3 2 1 1 1 2 3

様式番号

6 3 1 2 6 6

全国健康保険協会 協会けんぽ

12 育児休業・介護休業の場合

期間中は無給だが、給付金が支給される

■ 育児休業・介護休業とは

　少子高齢化が進む中、育児や介護をしながら、労働者が生活と仕事を両立することができるようなしくみのひとつが、育児休業や介護休業です。労働者が育児休業や介護休業を希望した場合は、会社はそれを拒むことはできませんが、休業期間中は無給とすることができます。その際の生活の安定のために給付金が支給されます。

書式37　育児休業給付金支給申請書

　雇用保険の被保険者が、子を育てるために休業している期間について「育児休業給付金」が支給されます。育児休業期間は、原則、子が1歳に達するまでですが、保育園に預けることができないなど一定の場合には1歳6か月または2歳まで延長することができます。

　なお、子を出産して育児休業を行う場合、産後休業期間（出産翌日から8週間）については育児休業給付金の支給対象外となり、健康保険の出産手当金（168ページ）を申請する必要があります。

　育児休業給付金は、育児休業の開始日から1か月ごとの期間（支給単位期間）について支給され、基本的には、2か月ごとに申請を行います。それぞれの支給単位期間について、就業日数や支払われた賃金を記入します。就業日数が11日以上あると支給されません。また、支給された賃金が一定額以上になると支給額が調整されることに注意が必要です。

　育児休業給付金の額（1か月あたり）は、休業開始時賃金日額×30日×支給係数で算出されます。支給係数は、育児休業開始日から180日までは67％、181日目からは50％になります。

　雇用保険の被保険者が、家族などの介護を行うために休業している
期間について「介護休業給付金」が支給されます。対象家族は、被保
険者の配偶者、父母、子、祖父母、配偶者の父母などが該当します。
同一の対象家族に対して通算して93日間を限度に３回に分けて休業を
行うことができます。

　介護休業給付金は、育児休業給付金と同様に、介護休業の開始日か
ら１か月ごとの期間（支給単位期間）について支給されます。それぞ
れの支給単位期間について、休業日数や支払われた賃金を記載します。
就業日数が11日以上あると支給されません。また、支給された賃金が
一定額以上になると支給額が調整されることに注意が必要です。

　介護休業給付金の額（１か月あたり）は、休業開始時賃金日額×30
日×50％で算出されます。

　育児休業給付金や介護休業給付金の支給額を決定する際には、休業
開始時賃金日額が必要になります。それを確認する書類が「雇用保険
被保険者休業開始時賃金月額証明書」です。両方の給付金に共通した
様式で、本様式は育児休業給付金支給申請書の初回に添付する際の記
入例となります。介護休業給付金の申請の場合は、一番上の「介護」
に○をつけます。休業開始時賃金日額は、⑨賃金支払対象期間の賃金
支払対象日（基礎日数）が11日以上あった月の直近６か月間をもとに
算定されるため、書式には６か月以上が分かるように記入します。

　また、育児・介護休業給付金は、休業開始日前２年間を１か月ごと
に区切った⑦被保険者期間算定対象期間ごとに賃金支払対象日が11日
以上ある月が12か月以上の場合に支給されますので、この書式はそれ
を確認するためにも利用されます。

書式37　育児休業給付金支給申請書

様式第33号の5（第101条の13関係）（第1面）

育児休業給付受給資格確認票・（初回）育児休業給付金支給申請書
（必ず第2面の注意書きをよく読んでから記入してください。）

帳票種別 `12405`

1. 被保険者番号 `1234-567890-1`
2. 資格取得年月日 `4-200401`
3. 事業所番号 `5900-000001-0`
4. 育児休業開始年月日 `5-020207`
5. 出産年月日 `5-011212`（3 昭和 4 平成 5 令和）
6. 個人番号 `987654321234`
7. 被保険者の住所（郵便番号）`145-0003`

8. 被保険者の住所（漢字）※市・区・郡及び町村名　`大田区池上東`
被保険者の住所（漢字）※丁目・番地　`2-2-2`
被保険者の住所（漢字）※アパート、マンション名等

9. 被保険者の電話番号（項目ごとにそれぞれ詰めて記入してください。）`090-0001-0002`

10. 支給単位期間その1（初日）`5-020207`（末日）`0306`（4 平成 5 令和）
11. 就業日数 `0`
12. 就業時間
13. 支払われた賃金額

14. 支給単位期間その2（初日）`5-020307`（末日）（4 平成 5 令和）
15. 就業日数
16. 就業時間
17. 支払われた賃金額

18. 最終支給単位期間（初日）（末日）（4 平成 5 令和）
19. 就業日数
20. 就業時間
21. 支払われた賃金額

22. 職場復帰年月日
23. 支給対象となる期間の延長事由－期間

24. 配偶者育休取得
25. 配偶者の被保険者番号
26. 期間雇用者の継続雇用の見込み
27. 休業事由の消滅年月日

28. 延長等否認
29. 産後休業表示
30. 賃金月額（区分－日額又は総額）
31. 当初の育児休業開始年月日

32. 受給資格確認年月日（4 平成 5 令和）
33. 受給資格否認
34. 支給単位数（1 奇数月 2 偶数月）
35. 次回支給申請月

36. 支払区分
37. 金融機関・店舗コード
口座番号
38. 未支給区分

上記被保険者が育児休業を取得し、上記の記載事実に誤りがないことを証明します。

令和 2 年 4 月 15 日　事業所名（所在地・電話番号）東京都品川区五反田1-2-3　03-3321-1123　事業主名　緑商会　代表取締役　鈴木太郎　印

上記のとおり育児休業給付の支給を申請します。
雇用保険法施行規則第101条の13の規定により、上記のとおり育児休業給付金の支給を申請します。

令和 2 年 4 月 15 日　品川区 公共職業安定所長 殿　申請者氏名　南川 洋子　印

払渡希望金融機関指定欄

	フリガナ	トウザイ イケガミ	金融機関コード	店舗コード	金融機関による確認印
払渡希望金融機関	名称	東西銀行 池上	`0123`	`456`	
	銀行等（ゆうちょ銀行以外）口座番号（普通）`1122333`				
	ゆうちょ銀行 記号番号（総合）				

◆ 金融機関へのお願い

備考　賃金締切日 31日　賃金支払日 当月・翌月 25日　通勤手当 有・無 1か月・3か月・6か月・

※処理　資格確認の可否　可・否　資格確認年月日　令和　年　月　日　通知年月日　令和　年　月　日

社会保険労務士記載欄　作成年月日・提出代行者・事務代理者の表示　氏名　電話番号　印

所長　次長　課長　係長　係　操作者

2019. 5

187

書式38　介護休業給付金支給申請書

様式第33号の6（第101条の19関係）（第1面）

介護休業給付金支給申請書
（必ず第2面の注意書きをよく読んでから記入してください。）

帳票種別　`1` `5` `6` `0` `1`

1. 介護休業被保険者の個人番号　`7` `8` `7` `6` `5` `4` `3` `2` `1` `2` `3` `4` `5`

2. 被保険者番号　`1` `2` `3` `4` `-` `0` `0` `0` `0` `5` `-` `1`

3. 資格取得年月日　`4` `-` `0` `5` `0` `4` `0` `1`　（3 昭和　4 平成　5 令和）
元号　年　月　日

4. 事業所番号　`5` `9` `0` `0` `-` `0` `0` `0` `0` `1` `0` `-` `1`

5. 姓（漢字）　`北` `川`　　6. 名（漢字）　`花` `子`

7. 介護休業開始年月日　`5` `-` `0` `2` `0` `5` `0` `1`
元号　年　月　日

8. 介護対象家族の個人番号　`3` `8` `7` `6` `5` `4` `3` `2` `1` `2` `3` `4` `5`

9. 介護対象家族の姓（カタカナ）　`キ` `タ` `カ` `ワ`

10. 介護対象家族の名（カタカナ）　`イ` `チ` `ロ` `ウ`

11. 介護対象家族の性別　`1`　（1 男　2 女）

12. 介護対象家族の続柄　`2`　（1 配偶者　2 父母　3 子　4 配偶者の父母　5 祖父母　6 兄弟姉妹）

13. 介護対象家族の姓（漢字）　`北` `川`

14. 介護対象家族の名（漢字）　`一` `郎`

15. 介護対象家族の生年月日　`3` `-` `2` `2` `0` `3` `0` `5`　（1 明治　4 平成　2 大正　5 令和　3 昭和）
元号　年　月　日

16. 支給対象期間その1　（初日）`5` `-` `0` `2` `0` `5` `0` `1` `-` `0` `5` `3` `1`（末日）
元号　年　月　日

17. 全日休業日数　`3` `1`

18. 支払われた賃金額　`0`

19. 支給対象期間その2　（初日）`5` `-` `0` `2` `0` `6` `0` `1` `-` （末日）
元号　年　月　日

20. 全日休業日数

21. 支払われた賃金額　`0`

22. 支給対象期間その3　（初日）`5` `-` `0` `2` `0` `7` `0` `1` `-` `0` `7` `3` `1`（末日）
元号　年　月　日

23. 全日休業日数　`3` `1`

24. 支払われた賃金額　`0`

25. 介護休業終了年月日（介護休業期間が93日未満のとき記入）
元号　年　月　日

26. 終了事由　（1 職場復帰　2 休業事由の消滅）

※公共職業安定所記載欄

27. 賃金月額（区分－日額又は総額）　`-`　（1 日額　2 総額）

28. 同一対象家族に係る介護休業開始年月日　元号　年　月　日

29. 期間雇用者の継続就労の見込み

30. 支払区分

31. 金融機関・店舗コード　口座番号

32. 未支給区分　（0 空欄　未支給以外　1 未支給）

33. 処理区分　（空欄　一括処理　1 否認（期間）　2 支給のみ　3 否認（93日超））　資格確認のみ　否認（取得回数）

34. 特殊事項　（1 チェック不要　2 再開（他の休業の終了）　3 再開（被保険者資格再取得））

上記被保険者が介護休業を取得し、上記の記載事実に誤りがないことを証明します。

令和 2 年 8 月 15 日

事業所（所在地・電話番号）　緑商会　東京都品川区五反田1-2-3　03-3321-1123
事業主氏名　代表取締役　鈴木太郎　㊞

雇用保険法施行規則第101条の19の規定により、上記のとおり介護休業給付金の支給を申請します。

令和 2 年 8 月 15 日　品川区 公共職業安定所長 殿

住　所　東京都品川区五反田1234
申請者氏名　キタカワ ハナコ　北川　花子　㊞

払渡希望金融機関指定届	払渡希望金融機関	フリガナ	トウザイ　シナガワ		金融機関コード			店舗コード		金融機関による確認印
		名　称	東西銀行　品川	㊞	`0` `1` `2`			`3` `4` `5` `6`		
		銀行等（ゆうちょ銀行以外）	口座番号　（普通）`7` `7` `7` `7` `7` `7`							
		ゆうちょ銀行	記号番号　（総合）　`-`							

◆　金融機関へのお願い
雇用保険の失業等給付を受給者の金融機関口座へ迅速かつ正確に振り込むため、次のことについて御協力をお願いします。
1　上記の記載事項のうち「申請者名」（名称）欄及び「口座番号」（ゆうちょ銀行以外）の「口座番号」欄・ゆうちょ銀行の「記号番号」欄を確認した上、「金融機関による確認印」欄に賃金機関認印を押印してください。
2　「金融機関コード及び店舗コードを記入してください（ゆうちょ銀行の場合を除く）。

備考	賃金締切日　　　31日　通勤手当（有・無）3か月・6か月・（　）	※処理欄	支給決定年月日	令和　　年　　月　　日
	賃金支払日　当月・翌月 25日		支給決定額	円
			不支給理由	
			通知年月日	令和　　年　　月　　日

社会保険労務士記載欄	作成年月日・提出代行者・事務代理者の表示	氏　　名	電話番号	※	所長	次長	課長	係長	係	操作者
		㊞								

2019. 5

（この用紙は、このまま機械で処理しますので、汚さないようにしてください。）

188

雇用保険被保険者休業開始時賃金月額証明書（事業主控）（育児・介護）

①被保険者番号	1234 567890-1	③ フリガナ 休業を開始した者の氏名	ミナミカワ ヨウコ 南川 洋子	④休業を開始した日の 令和年 月 日
②事業所番号	5900 000010-0			2 2 7

⑤名称 事業所所在地 電話番号	緑商会 東京都品川区五反田1-2-3 03-3321-1123	⑥休業を開始した者の住所又は居所	〒145-0003 東京都大田区池上東2-2-2 電話番号（090）0001-0002

住所　　　東京都品川区五反田1-2-3
氏名　　　代表取締役　鈴木 太郎

休業を開始した日前の賃金支払状況等

⑨

⑦

⑦休業を開始した日の前日に離職したとみなした場合の被保険者期間算定対象期間	⑧⑦の期間における賃金支払基礎日数	⑨賃金支払対象期間	⑩⑨の基礎日数	⑪賃　金　額			⑫備考
短時間以外・短時間				（A）	（B）	計	
休業を開始した日 2月7日							
1月7日～休業を開始した日の前日	0日	1月1日～休業を開始した日の前日	0日	0			自 2019.11.1 至 2020.2.6
12月7日～1月6日	0日	12月1日～12月31日	0日	0			98日間 出産のため
11月7日～12月6日	0日	11月1日～11月30日	0日	0			賃金支払なし
10月7日～11月6日	18日	10月1日～10月31日	31日	229,500			
9月7日～10月6日	30日	9月1日～9月30日	30日	229,500			
8月7日～9月6日	31日	8月1日～8月31日	31日	229,500			
7月7日～8月6日	31日	7月1日～7月31日	31日	229,500			
6月7日～7月6日	30日	6月1日～6月30日	30日	229,500			
5月7日～6月6日	31日	5月1日～5月31日	31日	229,500			
4月7日～5月6日	30日	月 日～ 月 日	日				
3月7日～4月6日	31日						
2月7日～3月6日	28日						
1月7日～2月6日	31日						
12月7日～1月6日	31日						
11月7日～12月6日	30日						
月 日～ 月 日	日	月 日～ 月 日	日	月 日			

⑬賃金に関する特記事項		休業開始時賃金月額証明書受理 平成 年 月 日 （受理番号 号）

⑭公共職業安定所記載欄

注意:
1　事業主は、公共職業安定所からこの休業開始時賃金月額証明書（事業主控）の返付を受けたときは、これを4年間保管し、関係職員の要求があったときは提示すること。
2　休業開始時賃金月額証明書の記載方法については、別紙「雇用保険被保険者休業開始時賃金月額証明書についての注意」を参照すること。
3　「休業を開始した日」とあるのは、当該被保険者が育児休業又は介護休業を開始した日のことである。
　なお、被保険者が労働基準法の規定による産前・産後休業に引き続いて育児休業を取得する場合は、出産日から起算して58日目に当たる日が「休業を開始した日」となる。

⋯⋯⋯⋯年目　に本人押印欄がありま～

提出する際には次の書類を添付して下さい。
・育児休業給付受給資格確認票
・育児又は養っている子の出産日の確認できるもの
　（母子手帳・健康保険出産手当金請求書・住民票等）
・賃金台帳
・出勤簿（タイムカード）

社会保険 労務士 記載欄	作成年月日・提出代行者・事務代理者の表示	氏　　名	電話番号
		㊞	

12.5 (949) SK

13 社員が60歳を過ぎた場合

初回の申請後、2か月に1回手続きを行う

60歳到達時の賃金を登録しておく

　継続雇用制度により、60歳以降も勤務する場合であっても、60歳以前と比べて賃金が下がるケースが多いでしょう。60歳以上65歳未満までの雇用保険被保険者が一定の要件を満たした場合、被保険者に給付金が支給されます。その手続きの一環として60歳到達時点の賃金を登録しておく必要があります。

書式40　高年齢雇用継続給付支給申請書

　「高年齢雇用継続給付支給申請書」（初回の申請時の場合、「高年齢雇用継続給付受給資格確認票」「（初回）高年齢雇用継続給付支給申請書」）と振込先を記入した「払渡希望金融機関指定届」を事業所の所在地を管轄する公共職業安定所に提出します。初回の支給申請期限は、最初に支給を受けようとする支給対象月（受給要件を満たし、給付金の支給の対象となった月のこと）の初日から起算して4か月以内です。その後は、原則として2か月に一度、支給申請書を提出します。

書式41　雇用保険被保険者六十歳到達時等賃金証明書

　「雇用保険被保険者六十歳到達時等賃金証明書」の添付書類として、賃金証明書の記載内容を確認できる書類（賃金台帳、労働者名簿、出勤簿など）、被保険者の年齢が確認できる書類（運転免許証か住民票の写しなど）を提出します。賃金月額証明書の2枚目には事業主欄の横に捨印を押します。また、2枚目には本人の確認印も必要です。

　賃金証明書の提出と同時に「高年齢雇用継続給付受給資格確認票・（初回）高年齢雇用継続給付支給申請書」も提出することになります。

書式40　高年齢雇用継続給付支給申請書

■　様式第33号の3（第101条の5、第101条の7関係）（第1面）

高年齢雇用継続給付受給資格確認票・（初回）高年齢雇用継続給付支給申請書
（必ず第2面の注意書きをよく読んでから記入してください。）

帳票種別	1. 個人番号
1 4 3 0 0	1 1 1 1 2 2 2 2 3 3 3 3

2. 被保険者番号　5018-123223-4

3. 資格取得年月日　3-340501（3 昭和　4 平成／5 令和）　元号　年　月　日

4. 事業所番号　1305-706123-4

5. 給付金の種類　1（1 基本給付金／2 再就職給付金）

＜賃金支払状況＞

6. 支給対象年月その1	7. 6欄の支給対象年月に支払われた賃金額	8. 賃金の減額のあった日数	9. みなし賃金額
5-0108	210000		

10. 支給対象年月その2	11. 10欄の支給対象年月に支払われた賃金額	12. 賃金の減額のあった日数	13. みなし賃金額
5-0109	150000	0	

14. 支給対象年月その3	15. 14欄の支給対象年月に支払われた賃金額	16. 賃金の減額のあった日数	17. みなし賃金額

※公共職業安定所記載欄

60歳到達時等賃金登録欄

18. 賃金月額（区分―日額又は総額）□―□□□□□□（1 日額／2 総額）

19. 登録区分　20. 基本手当の受給資格　21. 定年等修正賃金登録年月日　元号　年　月　日

高年齢雇用継続給付受給資格確認票項目記載欄

22. 受給資格確認年月日　元号　年　月　日

23. 支給申請月（1 奇数月／2 偶数月）

24. 次回（初回）支給申請年月日　元号　年　月　日

25. 支払区分

26. 金融機関・店舗コード　口座番号

27. 未支給区分（空欄 未支給以外／1 未支給）

その他賃金に関する特記事項

28.	29.	30.

上記の記載事実に誤りのないことを証明します。

事業所名（所在地・電話番号）　東京都港区三田7-6-11

令和 1 年 11 月 10 日　事業主氏名 (株)エービーシー　代表取締役 佐藤一郎 ㊞

上記のとおり高年齢雇用継続給付の受給資格の確認を申請します。
雇用保険法施行規則第101条の5・第101条の7の規定により、上記のとおり高年齢雇用継続給付を申請します。

令和 1 年 11 月 10 日　公共職業安定所長 殿

住所　申請者氏名　カンベ カズオ　神戸 和夫 ㊞

払渡希望金融機関指定届	払渡希望金融機関	フリガナ	トウトギンコウ ネリマ	金融機関コード	店舗コード	金融機関による確認印
		名 称	東都銀行 練馬　本店・支店	0 1 2 3	1 5 7	
		銀行等（ゆうちょ銀行以外）	口座番号（普通）　3456789			
		ゆうちょ銀行	記号番号（総合）　―			

◆　金融機関へのお願い

雇用保険の失業等給付を受給者の金融機関口座へ迅速かつ正確に振り込むため、次のことについて御協力をお願いします。
1. 上記の記載事項のうち「申請者氏名」、「名称」欄及び「銀行等（ゆうちょ銀行以外）」の「口座番号」欄（「ゆうちょ銀行」の「記号番号」欄）を確認した上、
2. 「金融機関番号」及び確認印欄に「金融機関確認印」を押印してください。
3. 金融機関コード・店舗コードを記入してください（ゆうちょ銀行の場合を除く。）。

備考	賃金締切日　　日 賃金支払日　当月・翌月　　日 賃金形態 月給・日給・時間給・　所定労働日数　毎月・6欄　　日　10欄　　日　14欄　　日　　・無 通勤手当有（毎月・3か月・6か月）・無	※処理欄	資格確認の可否　可 ・ 否 資格確認書類　住・免・（　　　）　資格確認年月日 令和　年　月　日　通知年月日 令和　年　月　日

社会保険労務士記載欄	作成年月日・提出代行者・事務代理者の表示 氏 名 電話番号 ㊞	※所長	次長	課長	係長	係	操作者

2019. 5 ■

雇用保険被保険者六十歳到達時等賃金証明書（事業主控）

① 被保険者番号	5018-123223-4	③ フリガナ	カンベ　カズオ
② 事業所番号	1305-706123-4	60歳に達した者の氏名	神戸　和夫

④ 事業所 名称 所在地 電話番号	株式会社　エービーシー 東京都港区三田7-6-11 03-4321-0123	⑤ 60歳に達した者の住所又は居所	〒171-0001 東京都練馬区練馬1-2-3 電話番号（03）5757-1234

⑥ 60歳に達した日等の年月日	令和 1 年 8 月 11 日	⑦ 60歳に達した者の生年月日	昭和 34 年 8 月 12 日

事業主	住所 東京都港区三田7-6-11　株式会社　エービーシー 氏名 代表取締役　佐藤一郎 （代表者印）

60歳に達した日等以前の賃金支払状況等

⑧ 60歳に達した日等に離職したとみなした場合の被保険者期間算定対象期間	⑨ ⑧の期間における賃金支払基礎日数	⑩ 賃金支払対象期間	⑪ ⑩の基礎日数	⑫ 賃金額 Ⓐ	Ⓑ	計	⑬ 備考
60歳に達した日の翌日 8月2日							
7月12日～ 60歳に達した日等	31日	8月1日～ 60歳に達した日等	11日	110,000			
6月12日～7月11日	30日	7月1日～7月31日	31日	300,000			
5月12日～6月11日	31日	6月1日～6月30日	30日	300,000			
4月12日～5月11日	30日	5月1日～5月31日	31日	300,000			
3月12日～4月11日	31日	4月1日～4月30日	30日	300,000			
2月12日～3月11日	28日	3月1日～3月31日	31日	300,000			
1月12日～2月11日	31日	2月1日～2月28日	28日	300,000			
12月12日～1月11日	31日	1月1日～1月31日	31日	300,000			
11月12日～12月11日	30日	12月1日～12月31日	31日	300,000			
10月12日～11月11日	31日	11月1日～11月30日	30日	300,000			
9月12日～10月11日	30日	10月1日～10月31日	31日	300,000			
8月12日～9月11日	31日	9月1日～9月30日	30日	300,000			
月 日～ 月 日	日	8月1日～8月31日	31日	300,000			

⑭ 賃金に関する特記事項		六十歳到達時等賃金証明書受理 平成　　年　　月　　日 （受理番号　　　　番）

※公共職業安定所記載欄	

注意
1　事業主は、公共職業安定所からこの六十歳到達時等賃金証明書（事業主控）の返付を受けたときは、これを7年間保管し、関係職員の要求があったときは提示すること。
2　六十歳到達時等賃金証明書の記載方法については、別紙「雇用保険被保険者六十歳到達時等賃金証明書についての注意」を参照すること。
3　「60歳に達した日等」とは、当該被保険者の60歳の誕生日の前日又は60歳に達した後に「被保険者であった期間」が通算して5年を満たした日である。

社会保険労務士記載欄	作成年月日・提出代行者・事業主代理者の表示	氏　　名	電話番号
		㊞	

（943）2010.2

192

第4章

役員や社員の変更に
伴う手続きと書式

1 役員や社員、その家族に変更が あった場合

本人・家族に変動があれば社会保険・労働保険の変更を届け出る

■ 役員・従業員の家族の変動

　在職中の役員・従業員の結婚や子供が生まれることにより、また家族の死亡や配偶者の就職・離職などにより、家族の状況に変化が起きた場合、事業主は事務手続きを行う必要があります。健康保険と国民年金における具体的な手続きを見ていくことにしましょう。

書式1　健康保険被扶養者（異動）届（国民年金第3号被保険者関係届）

　被保険者の結婚や子供が生まれたことにより、被扶養者を有することになった場合、逆に被扶養者が死亡したり、独立したりして被扶養者でなくなった場合に、「健康保険被扶養者（異動）届（国民年金第3号被保険者関係届）」を提出します。

　異動のあった日から起算して5日以内に、事業主が、「健康保険被扶養者（異動）届（国民年金第3号被保険者関係届）」を年金事務所または健康保険組合に提出します。添付書類は、採用時に被扶養者がいる場合（15ページ）と同じです。また、この届出は、国民年金第3号被保険者に関する届出と一体化した様式となっているため、配偶者の場合は健康保険の被扶養者の届出と同時に国民年金第3号被保険者に加入することができます。

　配偶者を扶養する際の注意点として、個人番号（マイナンバー）の本人確認があります。この届出は、事業主が年金事務所などに提出を行うため、事業主が①個人番号の確認と、②個人番号が本人のものであるかどうかの本人確認を行う必要があります。もちろん配偶者である被扶養者（第3号被保険者）欄の個人番号についても事業主が本人確認をする必要があります。原則として、第3号被保険者が直接、事

業主に提出して本人確認を受ける必要がありますが、第3号被保険者の氏名欄の「※届書の提出は配偶者（第2号被保険者）に委任します」にチェックをつけることで、第2号被保険者（会社に雇用されている人）が代理人として事業主に提出することができます。

■ 住所や氏名の変更

　従業員本人が転勤などにより住所に変更がある場合や、その家族の住所に変動がある場合があります。また、従業員の氏名が結婚・離婚・養子縁組などによって変わる場合があります。こうしたときには、社会保険・労働保険関係の事務手続きを速やかに行う必要があります。なお、社会保険（健康保険と厚生年金保険）については、基礎年金番号と個人番号が結びついている被保険者であれば手続きは不要です。

書式2　健康保険・厚生年金保険被保険者住所変更届（国民年金第3号被保険者住所変更届）

　健康保険・厚生年金保険の被保険者の住所が変更になった場合、被扶養配偶者の住所が変更になった場合に提出します。ただし、個人番号と基礎年金番号が結びついている被保険者については、市町村への住民票変更の届を行うことで、市町村から年金事務所などへ住所変更の情報提供がなされるため提出をする必要がありません。このケースでも会社の健康保険組合に加入している場合は、取扱いが異なる可能性があるため確認が必要です。

　この届出は、複写式になっていて、2枚目が「国民年金第3号被保険者住所変更届」となっています。被保険者のみ住所変更する場合は1枚目のみ提出します。

書式3　健康保険・厚生年金保険被保険者氏名変更（訂正）届

　事業主は、被保険者の氏名が婚姻・離婚・養子縁組・離縁などにより変更があった場合、あるいは、氏名を誤って届けてしまい、それを訂正する場合には、「健康保険・厚生年金保険被保険者氏名変更（訂

正）届」を、年金事務所に速やかに提出します。氏名変更においても、個人番号と基礎年金番号が結びついている被保険者については、市町村への住民票変更の届を行うことで、これらの書類の提出を省略することができます。このケースでも会社の健康保険組合に加入している場合は、取扱いが異なる可能性があるため確認が必要です。

被保険者と被扶養配偶者以外の被扶養者については、この届出によらず、「健康保険被扶養者（異動）届」を提出することになります。

書式4 雇用保険被保険者氏名変更届

結婚・離婚その他の理由で氏名に変更があったときは、事業主は、速やかに管轄の公共職業安定所へ「雇用保険被保険者氏名変更届」を届け出なければなりません。その際、添付するのは、資格を取得したときに交付された雇用保険被保険者証です（旧氏名が記載されているもの）。

公共職業安定所によっては、氏名が変更されたことが証明できる書類を提示することを求められる場合があります。届出を行う際は、事前に管轄の公共職業安定所に確認しておく方がよいでしょう。

なお、雇用保険の「氏名変更届」と「資格喪失届」は同じ用紙を使用するので、氏名変更届として使用するときは、届出用紙表題の「資格喪失届」を横線で消します。氏名変更の届出を行うと、新しい雇用保険被保険者証と「雇用保険資格喪失届・氏名変更届」が交付されます。

■ 事業主の交代や住所変更など

事業主（代表者）の住所や事業所の電話番号に変更があった場合、あるいは事業主が交代した場合などには、社会保険関係の届出を行う必要があります。なお、事業主に関する変更の手続きは、社会保険にだけあるもので、労働保険にはありません。

書式5 健康保険・厚生年金保険事業所関係変更（訂正）届

事業主について変更があったとき、具体的には、①事業主の氏名の変更、②事業主の変更（交代）、③事業主代理人の選任・解任、④事

業の種類などの変更、⑤事業所の電話番号に変更があったときに提出する届出です。事業主に関する変更届は労働保険にはなく、社会保険だけにある手続きです。変更があった日から5日以内に事業主が、「健康保険・厚生年金保険事業所関係変更（訂正）届」を管轄の年金事務所または健康保険組合に届け出ます。その際、添付する書類は必要に応じて次のとおりです。

・会社法人等番号に変更（訂正）があったとき

　法人（商業）登記簿謄本のコピー

・法人番号に変更があったとき

　法人番号指定通知書のコピー

　なお、会社法人等番号とは、数字12桁からなる法人を識別するための番号で、商業登記に用いられます。法人番号とは、数字13桁からなる番号で、国税庁から指定される番号です。

　変更届の変更年月日の欄は変更の事実があった日（登記変更の場合はその登記日）を記入します。変更の事由については具体的に記入します。

● 事業所などについての主な社会保険・労働保険の変更手続き

	変更内容	提出書類	提出先と期限
社会保険	事業所の名称、所在地変更	健康保険・厚生年金保険適用事業所名称／所在地変更（訂正）届（管轄内・管轄外）	変更前の管轄年金事務所に、変更日から5日以内
	事業主の変更、事業所の電話番号の変更等	健康保険・厚生年金保険事業所関係変更（訂正）届	管轄年金事務所に、変更日から5日以内
労働保険	事業所の名称、所在地変更	労働保険名称・所在地等変更届	所轄労働基準監督署に、変更日の翌日から10日以内
		雇用保険事業主事業所各種変更届	所轄公共職業安定所に、変更日の翌日から10日以内
	事業主の変更	届出の必要はない（事業主の変更のみの場合）	

様式コード			
2 2 0 2	協会管掌事業所用	健康保険	被扶養者（異動）届
		国民年金	第3号被保険者関係届

令和 1 年 11 月 5 日提出

事業主記入欄

届書記入の個人番号（基礎年金番号）に誤りがないことを確認しました。

事業所整理記号　〇〇－アイウ

事業所所在地　〒141-0000
品川区五反田1-2-3

事業所名称　株式会社　緑商会

事業主氏名　代表取締役　鈴木　太郎　㊞

電話番号　03（3321）1123

厚生年金被保険者の配偶者にかかる届出記載がある場合、同時に「国民年金第3号被保険者関係届」として受理し、配偶者を第3号被保険者に、第2号被保険者を配偶者として読み替えます。

受付印

社会保険労務士記載欄
氏名等　　　　㊞

事業主が確認した場合に、〇で囲んでください。　確認

事業主確認欄：本人以外による証明の添付が省略されている場合は、所得税法上の控除対象配偶者・扶養親族であることを確認しました。

事業主等受付年月日　令和 1 年 11 月 5 日

A 被保険者欄

① 被保険者整理番号　10

② 氏名（フリガナ）ホンジョウ　タカシ
本上　貴志　㊞

③ 生年月日　7.昭和 9.平成　5 5 0 1 1 4　性別　1.男　2.女

④ 個人番号（基礎年金番号）　1 2 3 4 5 6 7 8 9 0 1 2

⑤ 取得年月日　5.昭和 7.平成　0 1 0 5 0 1　収入　450万 円

住所　〒（この欄に個人番号を記入した場合は、住所記入は不要です。）

配偶者が被扶養者（第3号被保険者）になった場合は「該当」、被扶養者でなくなった場合は「非該当」、変更の場合は「変更」を〇で囲んでください。
※事業主が、認定を受ける方の続柄を裏面(a)の書類で確認したときは、B欄①（又は(欄)b)の「続柄確認済み」の□にチェックを付けてください。（添付書類については裏面(a)(b)参照）

B （第3号被保険者である）被扶養者欄

第3号被保険者に関し、この届書記載のとおり届出します。
令和 1 年 11 月 5 日

① 氏名（フリガナ）ホンジョウ　アヤカ
本上　彩花

③ 生年月日　7.昭和 9.平成　5 6 0 4 0 3　性別（続柄）　3.夫（未届）4.妻（未届）

④ 個人番号（基礎年金番号）　1 2 3 4 5 6 7 8 9 1 2

外国籍

※第3号被保険者関係届の提出は配偶者（第2号被保険者）に委任します。☑　同居

⑥ 住所　〒111-0001　東京都目黒区東7-3-19　別居

⑦ 電話番号　1.自宅　2.携帯　3.勤務先　4.その他

該当　⑤ 被扶養者（第3号被保険者）になった日　令和 0 1 1 1 0 1　理由　1.婚姻 2.離職 その他

非該当　⑥ 被扶養者（第3号被保険者）でなくなった日　令和　年　月　日　理由　5.死亡（令和 年 月 日）6.離婚 7.75歳到達 8.障害認定 9.その他

職業（職種）1.無職 4.その他 2.パート 3.年金受給者　収入（年収）100万 円

⑩ 備考　※続柄確認済み☑　種別 31

⑨ 被扶養者でない配偶者を有するときに記入してください。　配偶者の収入（年収）　　円

配偶者以外の方が被扶養者になった場合は「該当」、被扶養者でなくなった場合は「非該当」、変更の場合は「変更」を〇で囲んでください。

C その他の被扶養者欄1

① 氏名（フリガナ）ホンジョウ　リク
本上　陸

② 生年月日　7.平成　1 9 1 0 1 3　性別　1.男　2.女

⑤ 個人番号　1 2 3 4 5 6 7 8 9 0 9 8

⑥ 住所　1.同居 2.別居

続柄　1.実子・養子 6.兄姉 2.1以外の子 7.祖父母 3.父母・養父母 8.曾祖父母 4.義父母 9.孫 5.弟妹 10.その他

該当　⑦ 被扶養者になった日　令和 0 1 1 1 0 1　職業　1.無職 4.小・中学生以下 2.パート 5.高・大学生（ 年生）3.年金受給者 6.その他　収入（年収）0 円

非該当　⑧ 被扶養者でなくなった日　令和　年　月　日　理由　1.死亡 3.収入増加 5.障害認定 2.離職 4.75歳到達 6.その他

⑨ 理由　1.出生 2.離職 3.収入減 4.同居 5.その他

⑩ 備考　※続柄確認済み☑

C その他の被扶養者欄2

① 氏名（フリガナ）ホンジョウ　ハルナ
本上　陽菜

② 生年月日　7.平成　2 1 0 2 2 5　性別　1.男　2.女

⑤ 個人番号　1 2 3 4 5 6 7 8 9 0 9 7

⑥ 住所　1.同居 2.別居

続柄　1.実子・養子 6.兄姉 2.1以外の子 7.祖父母 3.父母・養父母 8.曾祖父母 4.義父母 9.孫 5.弟妹 10.その他

該当　⑦ 被扶養者になった日　令和 0 1 1 1 0 1　職業　1.無職 4.小・中学生以下 2.パート 5.高・大学生（ 年生）3.年金受給者 6.その他　収入（年収）0 円

非該当　⑧ 被扶養者でなくなった日　令和　年　月　日　理由　1.死亡 3.収入増加 5.障害認定 2.離職 4.75歳到達 6.その他

⑨ 理由　1.出生 2.離職 3.収入減 4.同居 5.その他

⑩ 備考　※続柄確認済み☑

C その他の被扶養者欄3

① 氏名（フリガナ）

② 生年月日　5.昭和 7.平成 9.令和　性別　1.男　2.女

⑤ 個人番号

⑥ 住所　1.同居 2.別居

続柄　1.実子・養子 6.兄姉 2.1以外の子 7.祖父母 3.父母・養父母 8.曾祖父母 4.義父母 9.孫 5.弟妹 10.その他

該当　⑦ 被扶養者になった日　令和　年　月　日　職業　1.無職 4.小・中学生以下 2.パート 5.高・大学生（ 年生）3.年金受給者 6.その他　収入（年収）　円

非該当　⑧ 被扶養者でなくなった日　令和　年　月　日　理由　1.死亡 3.収入増加 5.障害認定 2.離職 4.75歳到達 6.その他

⑨ 理由　1.出生 2.離職 3.収入減 4.同居 5.その他

⑩ 備考　※続柄確認済み□

被扶養者の「該当」と「非該当（変更）」は同時に提出できません。「該当」、「非該当」、「変更」はそれぞれ別の用紙で提出してください。

扶養に関する申立書（添付書類の内容について補足する事項がある場合に記入してください）

申立の事実に相違ありません。　氏名　　　　㊞

1810 1031 013

書式2　健康保険・厚生年金保険被保険者住所変更届

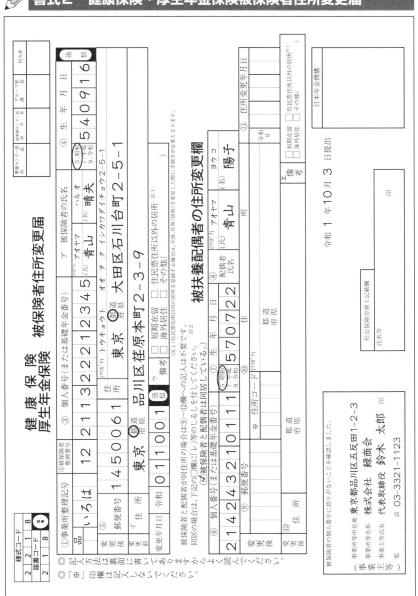

書式3　健康保険・厚生年金保険被保険者氏名変更（訂正）届

健康保険　被保険者氏名変更（訂正）届
厚生年金保険

様式コード
2　2　0　7

届書コード
2　0　7　提出

◎ 記入方法は裏面に書いてありますからよく読んでください。
◎ 「※」印の欄は記入しないでください。

① 事業所整理記号　　　いろは

⑤ 被保険者の氏名（変更後）
（氏）　日野
（フリガナ）　ヒノ
（名）　花子
ハナコ

② 被保険者整理番号　18

③ 個人番号（または基礎年金番号）　2　1　4　6　2　1　3　5　4　6　7　8

④ 生年月日　明1 大3 昭5 平7 令9　5　2　0　6　1　3

⑦ 変更前の氏名
（氏）　月山
（名）　花子

届書記入の個人番号に誤りがないことを確認しました。

事業所所在地　〒141-0000
　　　　　　　東京都品川区五反田1-2-3
事業所名称　株式会社　緑商会
事業主氏名　代表取締役　鈴木　太郎　㊞
電話　　　　03（3321局）1123番

令和 1 年 11 月 4 日 提出

⑦ 種別（性別）　1 ② 3 5 6 7

⑧ 備考

⑥ 健康保険被保険者証不要　※ 要 0 不要 1

送　個

送　個

担当
グループ長
課長
事務センター長
副事務センター長
所長
副所長

※受付日付印

社会保険労務士記載欄
氏名等

様式第4号　（移行処理用）　雇用保険被保険者　~~資格喪失届~~　氏名変更届

標準字体 ０１２３４５６７８９
（必ず第2面の注意事項を読んでから記載してください。）

※ 帳票種別
１５１９

０ 氏名変更届
１ 資格喪失届

1. 個人番号
２１４６２１３５４６７８

2. 被保険者番号
５０１９-０１２３４５-３

3. 事業所番号
１３０６-７８９１２３-４

4. 資格取得年月日
４-２４０８０１

3 昭和
4 平成
5 令和

5. 離職等年月日

6. 喪失原因
1 離職以外の理由
2 3以外の離職
3 事業主の都合による離職

7. 離職票交付希望
1 有
2 無

8. 1週間の所定労働時間
時間

9. 補充採用予定の有無
空白 無
1 有

10. 新氏名
日野 花子

フリガナ（カタカナ）
ヒノ ハナコ

※公共職業安定所記載欄
11. 喪失時被保険者種類
（3 季節）

12. 国籍・地域コード
17欄に対応するコードを記入

13. 在留資格コード
18欄に対応するコードを記入

14欄から18欄までは、被保険者が外国人の場合のみ記入してください。

14. 被保険者氏名（ローマ字）または新氏名（ローマ字）（アルファベット大文字で記入してください。）

被保険者氏名（ローマ字）または新氏名（ローマ字）（続き）

15. 在留期間
西暦　　　　年　　　　月　　　　日　まで

16. 派遣・請負就労区分
1 派遣・請負労働者として主として当該事業所以外で就労していた場合
2 1に該当しない場合

17. 国籍・地域

18. 在留資格

19. （フリガナ）被保険者氏名	ツキヤマ ハナコ 月山 花子	20. 性別 男・⊗	21. 生年月日 大正 ⊗昭和 平成 令和 52 年 6 月 13 日
22. 被保険者の住所又は居所	品川区西大崎２-１６-７		
23. 事業所名称	株式会社 緑商会	24. 氏名変更年月日	令和 1 年11月 3 日
25. 被保険者でなくなったことの原因	結婚による氏名変更		

雇用保険法施行規則第7条第1項・第14条第1項の規定により、上記のとおり届けます。

令和 1 年11月 4 日

事業主　住所 品川区五反田１-２-３
氏名 株式会社 緑商会
代表取締役 鈴木 太郎
電話番号 03-3321-1123

記名押印又は署名　印

品川 公共職業安定所長 殿

社会保険労務士記載欄	作成年月日・提出代行者・事務代理者の表示	氏　名	電話番号	安定所備考欄
		印		

※	所長	次長	課長	係長	係	操作者	確認通知年月日 令和　年　月　日

2019. 5

第4章　役員や社員の変更に伴う手続きと書式

届書コード
1	0	4

健康保険　厚生年金保険　事業所関係変更（訂正）届（処理票）

① 事業所整理記号　呂　イろは

② 事業所番号　123456

③ 事業主又は代表者の氏名

④ 業態区分　送信

⑥ 適用区分　強制 0．　任適 1．　任単 2．　国等の事業所（4を除く）3．　債権管理法適用除外事業所 4．

⑤ 賞与支払予定月　06月12日

② 昇給月　04月10日

⑤ 事業主代理人の住所　〒145-0001　東京都大田区新大森2-4-6

⑤ 全喪原因　解散 1．　休業 2．　合併 3．　任意脱退認可 4．　認定全喪 5．　その他

⑤ 事業主代理人の氏名　佐藤　一郎

⑤ 健康保険組合名

⑥ 個人・法人等区分　個人 1．　法人事業所 2．　個人事業所 3．　国・地方公共団体
　　法人事業所 1．　個人事業所 2．　国・地方公共団体

⑧ 電話番号　03-3321-1123

⑧ 事業主又は代表者の住所

⑱ 現物給与の種類　食事 1．　住宅 2．　被服 3．　定期券 4．　その他 5．（　）

⑳ 事業主代理人　無 0．　有 1．

⑥ 任免年月日　令和 1 9 1日選任

変更年月日　令和　年　月　日

② 変更　不要 0　要 1　CD要 2

② 変更　不要 0　要 1　CD要 2

社会保険労務士名

社会保険労務士記載欄

令和　1　年　9　月　4　日　提出

事業所所在地　〒141-0001　東京都品川区五反田1-2-3

事業所名称　株式会社　緑商会

事業主氏名　代表取締役　鈴木　太郎　㊞

電話番号　03（3321）局 1123 番

提出代行者印

◎記入の方法は裏面に書いてありますのでよくお読みください。

◎「※」印欄は記入しないでください。

2 任期満了による登記申請手続き

株式会社の役員が任期満了の際には変更登記を行う

■ 役員が１人しかいない場合の重任手続き

　株主が１人の会社を一人会社といいます。以下では、取締役が１名の一人会社において、その１名の取締役の任期が満了し、再任された場合の登記手続きについて解説します。

書式６　登記申請書

　一人会社で取締役の任期が満了し、その後、再任された場合には、取締役の重任（退任と同時に再選され、任期満了後に再び同じ職務に就くこと）の登記を行います。この登記は、取締役が就任を承諾した日から２週間以内に、管轄の登記所に対して行います。

　登記申請書には、まず、申請する会社の商号、本店を記載します。次に、登記の事由として、「取締役及び代表取締役の変更」と記載します。そして登記すべき事項として、「令和〇年〇月〇日次の者重任、取締役・氏名、代表取締役・住所及び氏名」と記載します。なお、登録免許税は、資本金１億円以下の会社であれば１万円、資本金１億円超の会社であれば３万円となります。添付書類は、取締役の選任の議事が記載されている株主総会議事録、株主リスト、就任承諾書です。

書式７　登記すべき事項を提出する方法

　登記申請書の「登記すべき事項」欄に、直接記載する方法、および「別紙のとおり」と記入した上で、別紙を添付する方法があります。また、登記すべき事項を「別添CD-Rのとおり」などと記入し、CD-Rなどの磁気ディスクに、その事項の内容を記録して、申請書とともに提出する方法があります。磁気ディスクとは、CD-R、DVD-Rのことです。さらに、登記すべき事項をオンラインで提出した上で、申請書

に「別紙のとおりの内容をオンラインにより提出済み」と記載する方法があります。書面申請にオンライン提出を併用するメリットは、書面申請では把握しづらい受付番号、補正や手続終了のお知らせをオンライン上で確認できる点です。この方法は、「申請用総合ソフト」（無料配布）をダウンロードし、このソフトで登記すべき事項を内容とする登記事項提出書を作成して、申請先の登記所に送信します。申請用総合ソフトでは申請書自体も作成できます。そして、到達通知画面を印刷し、申請書や添付書類とともに登記所に提出します。

書式8　株主総会議事録

この取締役の変更登記には、この取締役の重任を議決した株主総会の議事録が必要です。なお、非公開会社の場合、定款で定めれば、取締役の任期は10年まで伸長できます。この規定に基づき取締役の任期を延長している場合でも、定款の添付は必要ありません。

書式9　株主リスト

「株主の氏名又は名称、住所及び議決権数等を証する書面」（「株主リスト」）とは、登記すべき事項について、①株主総会の決議（または種類株主総会の決議）が必要な場合、または②株主全員の同意（または種類株主全員の同意）が必要な場合に添付しなければならない書類です。①の場合、株主リストには、議決権数上位10名の株主または議決権割合が3分の2に達するまでの株主のうち、いずれか少ない方の株主について、氏名、住所、株式数（種類株式の種類と数も）、議決権数、議決権数割合を記載し、代表取締役が証明します。このとき、登記所届出印（会社代表印）を押印しなければなりません。②の場合は、株主全員について、氏名、住所、株式数（種類株式の種類と数も）、議決権数を記載し、同様に代表取締役が会社代表印をもって証明します。今回は、①を内容とした株主リストを添付します。

書式10　就任承諾書（一人会社で取締役1人の重任）

取締役の就任を承諾する書面が必要になります。ただし、株主総会

議事録に、取締役への就任を承諾する旨の記載があれば、登記申請書にそれを援用すると明記することで、就任承諾書の添付を省略できます。

役員が全員重任する場合の登記手続き

取締役が3人、代表取締役の選定は取締役の互選によるとの定款の規定がある取締役会非設置会社において、取締役の全員が任期満了で重任し、代表取締役も重任した場合の取締役、代表取締役の変更登記手続きについて見ていきましょう。

書式11　登記申請書

取締役の全員が任期満了で重任し、代表取締役も重任した場合の書式です。申請は、当該取締役と代表取締役が就任を承諾した日の翌日から起算して、2週間以内に管轄する登記所に対して行います。

登記の事由は、どのような理由により登記の申請を行うかを明らかにするため、「取締役及び代表取締役の変更」と記載します。登記すべき事項は、申請の仕方に合わせて、「別紙のとおり」「別添CD-Rのとおり」または「別紙のとおりの内容をオンラインにより提出済み」と記載します。登録免許税は、資本金1億円以下の会社は1万円で、資本金1億円を超える会社は3万円です。添付書類として株主総会議事録・取締役互選書・就任承諾書、定款などが必要ですが、就任承諾書の代わりに議事録の記載を援用することもできます。

書式12　登記すべき事項を提出する方法

登記すべき事項は、登記申請書に別紙として記載する方法、CD-Rなどの磁気ディスクに記録して提出する方法、申請用総合ソフトを利用してオンラインで提出する方法などがあります。登記すべき事項の内容が少なく登記申請書に書き切れる場合には登記申請書に直接記載してもかまいません。重任する役員全員について、「資格」つまり肩書きと「氏名」を記載することになります。「原因年月日」欄については、日付の後に「重任」と記載します。なお、代表取締役は住

所、氏名を記載しなければなりません。磁気ディスクを提出するときは、デジタルデータを格納した磁気ディスクの表面に、会社名や申請人（代表取締役）の氏名を記載した書面を貼り付けて登記所に提出します。

書式13　株主総会議事録

　定時株主総会で取締役全員の選任決議が行われた場合の記載例です。議事録は2部作成して、会社保存用と登記所提出用として使用します。議長には定款で定められた者がなりますが、代表取締役社長が議長になる場合は、書式のように記載します。議事録には、定足数（議決権を行使できる株主の議決権の過半数をもつ株主の出席）を満たしたことを示します。議案として「取締役任期満了による改選に関する件」と記載します。選任された者が総会に出席しており、就任を承諾した場合に「被選任者は、いずれもその就任を承諾した」と記載すれば、就任承諾書に代えてこの部分の記載を援用することができます。

　議事録の年月日は議事録を現実に作成した日付（通常は株主総会を開催した日付）です。代表取締役の印は登記所に届け出てある印（会社代表印）を使用するのが通常ですが、他の取締役は認印でもかまいません。

書式14　株主リスト

　取締役は、原則として株主総会の決議で選任することから、登記申請の際には、株主の氏名または名称、住所及び議決権数等を証する書面（株主リスト）を添付する必要があります。株主リストには、議決権数上位10名の株主または議決権割合が3分の2に達するまでの株主のうち、いずれか少ない方の株主について、氏名、住所、株式数、議決権数、議決権数割合を記載します。そして、代表取締役の記名に会社代表印を押印します。

書式15　互選書

　互選を行った場所と日時を記載します。続いて、取締役の互選によ

り代表取締役を選定するためには定款の定めが必要ですから、それを定めた定款の条項を表示します。そして、取締役の全員の一致（または過半数の一致）により、代表取締役を選定する事項が可決決定したことを示します。その次に、決定事項として「代表取締役選定の件」と記載し、新たに選定される者の肩書きと氏名を表示します。

　最後に、本互選書が作成された年月日と、取締役全員の肩書きと氏名を記載し、押印します。代表取締役が登記所に届け出てある印（会社代表印）を押した場合、他の取締役の印は実印でなくてもかまいません。代表取締役が会社代表印を押さない場合には、取締役全員の印は個人の実印である必要があり、市区町村長作成の印鑑証明書も必要です。議事録は２通を用意し、会社保存用と登記所提出用とします。

書式16　定款の写しを証明する方法

　代表取締役を取締役の互選で選定するには、定款にその旨が定められていなければなりません。これを確認するため、登記申請では定款の写しを添付します。その定款の写しが申請会社のものであるか証明する権限は代表取締役にあります。定款の写しに「当会社の定款の写しに相違ない」旨、会社の商号および代表取締役の氏名を記載し、会社代表印を押印することで証明ができます。なお、定款の写しが複数ページにわたる場合は、各ページの綴じ目に会社代表印で契印する必要があります。

■ 退任・就任・重任といった事情が生じる場合の登記手続き

　取締役会非設置会社（取締役３人、代表取締役を互選する会社）において、取締役の全員が任期満了で重任し、現代表取締役だけが退任、新取締役が後任の代表取締役に就任した場合の取締役、代表取締役の変更登記について見ていきましょう。

書式17　登記申請書

　取締役の全員が任期満了で重任し、現代表取締役だけが退任、新取

締役が後任の代表取締役に就任した場合の記載例です。申請は、新取締役（新代表取締役）が就任を承諾した日の翌日から起算して、2週間以内に管轄する登記所に対して行います。

　登記の事由は、登記の申請を行う理由を明らかにするため、取締役及び代表取締役の変更と記載します。登記すべき事項の箇所には、「別紙のとおり」「別添CD-Rのとおり」または「別紙のとおりの内容をオンラインにより提出済み」などと記載します。登録免許税は、資本金1億円以下の会社は1万円で、資本金1億円を超える会社は3万円が必要になります。添付書類として、株主総会議事録、互選書、定款、就任承諾書を添付します。

書式18　登記すべき事項を提出する方法

　登記すべき事項は、登記申請書に別紙として記載する方法、CD-Rなどの磁気ディスクに記録して提出する方法、申請用総合ソフトを利用してオンラインで提出する方法などがあります。登記事項が少なく登記申請書に書き切れる場合には登記申請書に直接記載してもかまいません。重任、退任、就任する役員全員について、「資格」つまり肩書と「氏名」を記載（または記録）することになります。「原因年月日」欄については、日付の後に「重任」「退任」「就任」と、それぞれ記載（または記録）します。なお、代表取締役は住所、氏名を記載（または記録）しなければなりません。このデジタルデータを格納した磁気ディスクの表面に、会社名や申請人（代表取締役）の氏名を記載した書面を貼り付けて登記所に提出します。

書式19　株主総会議事録

　定時株主総会で取締役の就任、重任、代表取締役の退任が行われた場合の記載例です。議事録は2部作成して、会社保存用と登記所提出用として使用します。議長には定款で定められた者がなりますが、代表取締役社長が議長になる場合は、書式のように記載します。議事録は、まず、定足数（議決権を行使できる株主の議決権の過半数をもつ

株主の出席）を満たしたことを示します。次に、議案として「取締役任期満了による改選に関する件」と記載します。就任または重任する者が総会に出席しており、就任を承諾した場合に「被選任者は、いずれもその就任を承諾した」と記載すれば、就任承諾書に代えてこの部分の記載を援用することができます。ただし、援用する場合には、議事録の選任議案中に、新取締役の氏名に加えて住所も記載する必要があります。また、議事録の記名押印欄において、新取締役の記名に個人の実印による押印が必要です。なお、就任承諾書を添付する場合、重任の取締役の押印は個人の実印でなくてもかまいませんが、新取締役の押印は個人の実印でなければなりません。

議事録の年月日は議事録を現実に作成した日付（通常は株主総会を開催した日付）です。

書式20　株主リスト

取締役の選任は、原則として株主総会の決議によって行うので、登記申請書には、株主の氏名又は名称、住所及び議決権数等を証する書面（株主リスト）を添付します。この際の株主リストの書式は、223ページの書式14と同じです。

書式21　互選書

まず、「令和○年○月○日に、当会社の本店において、定款第○条の定めに基づき、取締役全員の一致（または過半数の一致）をもって、次の事項につき可決確定した」と記載します。日付は、新取締役が就任した日以後のものとします。また、取締役の互選による代表取締役の選任のためには、定款の定めが必要ですから、「定款の該当条項を定款第○条により」のように示します。次に、決定事項の内容を、「代表取締役選定の件」と表示し、新代表取締役の氏名を記載します。最後に、「上記決議を明確にするため、この互選書を作り、出席取締役の全員がこれに記名押印する」という文言を入れ、書面の作成年月日と会社名を表示し、出席取締役全員の資格と氏名を記載して、押印

します。

　なお、出席取締役の押印については従前の代表取締役が出席権限の
ある取締役として登記所に届け出てある印を押した場合、他の出席取
締役の印は実印でなくてもかまいません。そうでない場合には、出席
取締役の印は個人の実印でなければなりません。互選書は２通を用意
し、会社保存用と登記所提出用とします。

書式22　定款の写しを証明する方法

　代表取締役を取締役の互選で選定するには、定款にその旨が定めら
れていなければならず、登記申請では定款の写しを添付します。申請
会社の定款の写しである証明が必要であり、「当会社の定款の写しに
相違ない」旨、会社の商号および代表取締役の氏名を記載し、会社代
表印を押印することで証明ができます。定款が複数ページにわたる場
合は、各ページの綴じ目に会社代表印で契印する必要があります。

書式23　就任承諾書（取締役分と代表取締役分）

　商業登記法により、取締役、監査役、代表取締役または特別取締役
などの就任による変更の登記の申請書には、原則として、就任を承諾
したことを証する書面を添付しなければならない、とされています。

　本書の設定では新たに取締役、代表取締役に就任する「伊藤太郎」
氏についての就任承諾書が必要になります。

・取締役としての就任承諾書

　就任承諾書に、株主総会決議で選任され、取締役として就任を承諾
することを記載します。就任承諾書には、伊藤太郎氏の個人の実印に
よる押印が必要で、市区町村長作成の印鑑証明書を添付することにな
ります。ただし、株主総会議事録に伊藤太郎氏が就任を承諾するこ
とについての記載があれば、就任承諾書の添付を省略できます（217
ページの注釈参照）。その際には、議事録の記名に個人の実印の押印
とその印鑑証明書の添付を必要とします。なお、取締役会設置会社の
場合に、新たに取締役が就任するときは、就任承諾書に個人の実印を

押印する必要はなく、認印でもかまいません。ただし、本人確認資料として、住民票の写しか、運転免許証などの身分証明書のコピー（表裏）に本人が「原本に相違ない」旨を記載し記名押印した書面を添付する必要があります。

・代表取締役としての就任承諾書

　日付は、互選書において取締役全員の一致（または過半数の一致）があった日を記入します。文言は、「私は、令和○○年○○月○○日に、取締役の全員の一致による決定により、代表取締役に選定されましたので、ここにその就任を承諾いたします」などとします。

　次に、就任を承諾した日付を記載し、新代表取締役の氏名を記載して押印します。この押印は、個人の認印でかまいません。なお、互選書に「被選定者は即時就任を承諾した」との記載があれば、登記申請書に「就任承諾書は、互選書の記載を援用する」と記載して、就任承諾書の添付を省略できます。

書式24　印鑑（改印）届書

　新たに就任した代表取締役が申請人として初めて登記申請する場合、登記の申請と同時に代表取締役の印鑑を登記所に届け出る必要があります。これは、これまでの代表印をそのまま使い続ける場合も、新たに代表印を作り直す場合も必要となる手続きです。今後使用する代表印を、印影がはっきり鮮明になるように押します。届出人欄には届出人である代表取締役個人の住所を記入し、代表取締役個人の実印を押し、代表取締役の個人の市区町村長作成の印鑑証明書を添付します。印鑑証明書は作成後3か月以内のものでなければなりません。また、印鑑カードを前任者から引き継いで使用するか、新しく発行するかの選択をします。印鑑カードを前任者から引き継ぐ場合は、印鑑カード番号と前任者の氏名を記入します。特に問題なければ、前任者から印鑑カードを引き継いで使用してよいでしょう。

株式会社変更登記申請書

1. 会社法人等番号　　　　123456

1. 商　　　　　　号　　　<small>カブシキガイシャホシミツショウジ</small>
　　<small>フ　リ　ガ　ナ</small>　　株式会社星光商事

1. 本　　　　　　店　　　東京都新宿区××五丁目2番1号

1. 登 記 の 事 由　　　取締役及び代表取締役の変更

1. 登記すべき事項　　　別添CD-Rのとおり

　　　　　　　　　　　　（※登記すべき事項の内容を直接記載する場合には、
　　　　　　　　　　　　　直接記載する場合には、ここに記載）

1. 登 録 免 許 税　　　金1万円　※資本金1億円以下の場合

1. 添 付 書 類　　　　株主総会議事録　　　　　　1通

　　　　　　　　　　　　株主リスト　　　　　　　　1通

　　　　　　　　　　　　就任承諾書は株主総会の記載を援用する。

　　上記のとおり申請する

令和2年6月29日

　　　　　　　　東京都新宿区××五丁目2番1号

　　　　　　　　申請人　　　株式会社星光商事

　　　　　　　　東京都新宿区××七丁目3番2号

　　　　　　代表取締役　星　光男　

　　　　　連絡先　03－1234－5678

東京法務局　新宿出張所　御中

書式7　登記すべき事項を提出する方法（一人会社で取締役1人の重任）

「役員に関する事項」

「資格」取締役

「氏名」星光男

「原因年月日」令和2年6月29日重任

「役員に関する事項」

「資格」代表取締役

「住所」東京都新宿区××七丁目3番2号

「氏名」星光男

「原因年月日」令和2年6月29日重任

書式8　株主総会議事録（一人会社で取締役１人の重任）

第２回　定時株主総会議事録

　令和２年６月２９日午前９時００分より、当社の本店において定時株主総会を開催した。

当社の株主総数	１名
発行済み株式数	１００株
議決権を行使することができる株主の総数	１名
議決権を行使することができる株主が有する議決権の総数	１００株
議決権を行使することができる出席株主数	１名
この議決権の総数	１００株

　　出席した役員　代表取締役　星　　光男
　　議事録作成者　代表取締役　星　　光男

　定刻、代表取締役星光男は議長席に着き開会を宣し、上記のとおり出席株主数及びその議決権数等を報告、本総会の付議議案の決議に必要な会社法及び定款の定める定足数を満たしている旨を述べ、直ちに議案の審議に入った。

第１号議案　第２期決算報告書の承認に関する件

　議長は当期（自平成３１年４月１日乃至令和２年３月３１日）における事業状況を事業報告書により詳細に説明報告し、下記の書類を提出して、その承認を求めた。

1　貸借対照表

2　損益計算書

3　株主資本等変動計算書

4　個別注記表

全員異議なくこれを承認可決した。

第2号議案　取締役任期満了による改選に関する件

　議長は、取締役が定款の規定により本定時総会の終結時に任期満了し退任することとなるので、議長は下記の者を指名し、この者につき可否を議場に諮った。

取締役　　星　光男

全員異議なくこれを承認可決した。

なお、被選任者は、その就任を承諾した。

　議長は以上をもって本日の議事を終了した旨を述べ、午前9時30分閉会した。

　以上の決議を明確にするために、この議事録を作り、議長及び出席取締役がこれに記名押印する。

　令和2年6月29日

　　株式会社星光商事　第2回定時株主総会

　　　　　議長兼議事録作成者　　　星　光男

　　　　兼出席代表取締役

書式9　株主リスト

（A－1 総合簡易書式）

証　明　書

次の対象に関する商業登記規則61条2項又は3項の株主は次のとおりであることを証明する。

対象	株主総会等又は総株主の同意等の別	株主総会	←株主総会，種類株主総会，株主全員の同意，種類株主全員の同意のいずれかを記載してください。種類株主総会等の場合は，対象となる種類株式も記載してください。
	上記の年月日	令和2年6月29日	←株主総会等の年月日を記載してください。
	上記のうちの議案	全議案	←全議案又は対象となる議案を記載してください。総株主等の同意を要する場合は，記載不要です。

	氏名又は名称	住所	株式数（株）	議決権数	議決権数の割合
1	星　光男	東京都新宿区××七丁目3番2号	100	100	100.0%
2					
3					
4					
5					
6					
7					
8					
9					
10					

			合計	100	100.0%
			総議決権数	100	

証明書作成年月日	令和2年6月29日
31	株式会社星光商事
証明書作成者	代表取締役　星　光男

登記所届出印

※　**商業登記規則第61条第2項**
　登記すべき事項につき次の各号に掲げる者全員の同意を要する場合には，申請書に，当該各号に定める事項を証する書面を添付しなければならない。
一　株主　株主全員の氏名又は名称及び住所並びに各株主が有する株式の数（種類株式発行会社にあっては，株式の種類及び種類ごとの数を含む。次項において同じ。）及び議決権の数
二　種類株主　当該種類株主全員の氏名又は名称及び住所並びに当該種類株主のそれぞれが有する当該種類の株式の数及び当該種類の株式に係る議決権の数

※　**商業登記規則第61条第3項**
　登記すべき事項につき株主総会又は種類株主総会の決議を要する場合には，申請書に，総株主（種類株主総会の決議を要する場合にあっては，その種類の株式の総株主）の議決権（当該決議（会社法第三百十九条第一項（同法第三百二十五条において準用する場合を含む。）の規定により当該決議があったものとみなされる場合を含む。）において行使することができるものに限る。以下この項において同じ。）の数に対するその有する議決権の数の割合が高いことにおいて上位となる株主であって，次に掲げる人数のうちいずれか少ない人数の株主の氏名又は名称及び住所，当該株主のそれぞれが有する株式の数（種類株主総会の決議を要する場合にあっては，その種類の株式の数）及び議決権の数並びに当該株主のそれぞれが有する議決権に係る当該割合を証する書面を添付しなければならない。
一　十名
二　その有する議決権の数の割合を当該割合の多い順に順次加算し，その加算した割合が三分の二に達するまでの人数

就 任 承 諾 書

　私は、令和2年6月29日開催の定時株主総会において、貴社の取締役に選任されましたので、ここにその就任を承諾いたします。

令和2年6月29日

　　　　　　　　　　　　　　　　　　　　　　　星　光　男　

株式会社星光商事　　　御中

注）株主総会議事録に被選任者の取締役への就任の意思表示があり、それを援用する場合には、この就任承諾書の添付は不要です。また、再任であるため、実印の押印及び印鑑証明書の添付は不要です。

株式会社変更登記申請書

1．会社法人等番号　　　123456

（フリガナ）

1．商　　　　　号　　　株式会社星光商事
　　　　　　　　　　　　（ホシミツショウジ）

1．本　　　　　店　　　東京都新宿区××五丁目2番1号

1．登 記 の 事 由　　　取締役及び代表取締役の変更

1．登記すべき事項　　　別添CD-Rのとおり
　　　　　　　　　　　　（※別紙を使用する場合は「別紙のとおり」と記載）

1．登 録 免 許 税　　　金1万円　※資本金1億円以下の場合

1．添 付 書 類　　　　株主総会議事録　　　　　　　　　1通

　　　　　　　　　　　　株主リスト　　　　　　　　　　　1通

　　　　　　　　　　　　互選書　　　　　　　　　　　　　1通

　　　　　　　　　　　　定款　　　　　　　　　　　　　　1通

　　　　　　　　　　　　就任承諾書　（※又は「議事録の記載を援用する」）

　　上記のとおり登記を申請する。

令和2年6月29日

　　　　　　　　　東京都新宿区××五丁目2番1号

　　　　　　　　　申請人　　　　株式会社星光商事

　　　　　　　　　東京都新宿区××七丁目3番2号

　　　　　　　　　代表取締役　星　　光男　

　　　　　　　連絡先ＴＥＬ０３－１２３４－５６７８

　東京法務局　新宿　出張所　御中

書式12　登記すべき事項を提出する方法（取締役と代表取締役全員の重任）

「役員に関する事項」
「資格」取締役
「氏名」星光男
「原因年月日」令和2年6月29日重任
「役員に関する事項」
「資格」取締役
「氏名」崎岡円蔵
「原因年月日」令和2年6月29日重任
「役員に関する事項」
「資格」取締役
「氏名」井田善治
「原因年月日」令和2年6月29日重任
「役員に関する事項」
「資格」代表取締役
「住所」東京都新宿区××七丁目3番2号
「氏名」星光男
「原因年月日」令和2年6月29日重任

第4章　役員や社員の変更に伴う手続きと書式

第2回定時株主総会議事録

　令和2年6月29日午前9時00分より、当社の本店において定時株主総会を開催した。

当会社の株主総数　　　　　　　　　　　　　　　　　　　　3名
発行済株式総数　　　　　　　　　　　　　　　　　　　200株
議決権を行使することができる株主の総数　　　　　　　　　3名
議決権を行使することができる株主が有する議決権の総数　200個
議決権を行使することができる出席株主数（委任状によるものを含む）3名
この議決権の総数（委任状によるものを含む）　　　　　200個

　　　出席した役員　　　代表取締役　星光男、取締役　崎岡円蔵、
　　　　　　　　　　　　同　井田善治
　　　　　　　　　　　　監査役　村田一郎
　　　議事録作成者　　　代表取締役　星光男

　定刻、代表取締役星光男は議長席に着き開会を宣し、上記のとおり本日の出席株主数及びその議決権数等を報告、本総会の付議議案の決議に必要な会社法及び定款の定める定足数を満たしている旨を述べ、直ちに議案の審議に入った。

第1号議案　　第2期決算報告書の承認に関する件

　議長は、当期（自平成31年4月1日乃至令和2年3月31日）における事業状況を事業報告により詳細に説明報告し、下記の書類を提出して、その承認を求めた。

1 　貸借対照表
2 　損益計算書
3 　株主資本等変動計算書
4 　個別注記表

　次いで、監査役村田一郎は、上記の書類は、綿密に調査したところ、いずれも正確妥当であることを認めた旨を報告した。　総会は、別段の異議なく、承認可決した。

第2号議案　　取締役任期満了による改選に関する件

　議長は、取締役の全員が定款の規定により本定時総会の終結時に任期満了し退任することとなるので、その改選の必要がある旨を述べ、その選任方法を諮ったところ、出席株主中から議長の指名に一任したいとの発言があり、一同これを承認したので、議長は下記の者をそれぞれ指名し、これらの者につきその可否を議場に諮ったところ、満場一致をもってこれを承認可決した。

取締役　　星　光男
同　　　崎岡円蔵
同　　　井田善治

　なお、被選任者は、いずれもその就任を承諾した。

　議長は以上をもって本日の議事を終了した旨を述べ、午前9時30分閉会した。
　以上の決議を明確にするため、この議事録をつくり、議長及び出席取締役がこれに記名押印する。

令和２年６月２９日
株式会社星光商事　　第２回定時株主総会

　　　　　　　議長代表取締役　　　星　光　男

　　　　　　　出席取締役　　　　崎 岡 円 蔵

　　　　　　　出席取締役　　　　井 田 善 治

書式14　株主リスト

（A－1 総合簡易書式）

証　明　書

次の対象に関する商業登記規則61条2項又は3項の株主は次のとおりであることを証明する。

対象	株主総会等又は総株主の同意等の別	株主総会	←株主総会，種類株主総会，株主全員の同意，種類株主全員の同意のいずれかを記載してください。種類株主総会等の場合は，対象となる種類株式も記載してください。
	上記の年月日	令和2年6月29日	←株主総会等の年月日を記載してください。
	上記のうちの議案	全議案	←全議案又は対象となる議案を記載してください。総株主の同意を要する場合は，記載不要です。

	氏名又は名称	住所	株式数　（株）	議決権数	議決権数の割合
1	星　光男	東京都新宿区××七丁目3番2号	100	100	50.0%
2	﨑岡　円蔵	東京都中野区○○三丁目4番5号	50	50	25.0%
3					
4					
5					
6					
7					
8					
9					
10					
			合計	150	75.0%
			総議決権数	200	

証明書作成年月日	令和2年6月29日
31	株式会社星光商事
証明書作成者	代表取締役　星　光男

登記所届出印

※ 商業登記規則第61条第2項
　登記すべき事項につき次の各号に掲げる者全員の同意を要する場合には，申請書に，当該各号に定める事項を証する書面を添付しなければならない。
一　株主　株主全員の氏名又は名称及び住所並びに各株主が有する株式の数（種類株式発行会社にあっては，株式の種類及び種類ごとの数を含む。次項において同じ。）及び議決権の数
二　種類株主　当該種類株主全員の氏名又は名称及び住所並びに当該種類株主のそれぞれが有する当該種類の株式の数及び当該種類の株式に係る議決権の数

※ 商業登記規則第61条第3項
　登記すべき事項につき株主総会又は種類株主総会の決議を要する場合には，申請書に，総株主（種類株主総会の決議を要する場合にあっては，その種類の株式の総株主）の議決権（当該決議（会社法第三百十九条第一項（同法第三百二十五条において準用する場合を含む。）の規定により当該決議があったものとみなされる場合を含む。）において行使することができるものに限る。以下この項において同じ。）の数に対するその有する議決権の数の割合が高いことにおいて上位となる株主であって，次に掲げる人数のうちいずれか少ない人数の株主の氏名又は名称及び住所，当該株主のそれぞれが有する株式の数（種類株主総会の決議を要する場合にあっては，その種類の株式の数）及び議決権の数並びに当該株主のそれぞれが有する議決権に係る当該割合を証する書面を添付しなければならない。
一　十名
二　その有する議決権の数の割合を当該割合の多い順に順次加算し，その加算した割合が三分の二に達するまでの人数

第4章　役員や社員の変更に伴う手続きと書式

223

書式15　互選書（取締役と代表取締役全員の重任）

互選書

　令和２年６月２９日午後１時００分当会社の本店において、定款第
○条の定めに基づき、取締役全員の一致をもって、次の事項につき可
決決定した。

　　１　代表取締役選定の件
　　　　代表取締役　　星　　光男
　　　　なお、被選定者は、その就任を承諾した。

　上記の決議を明確にするために、この互選書を作り、出席取締役の
全員がこれに記名押印する。

　令和２年６月２９日

　　　　　　　　　　　　　　　　　　　株式会社星光商事

　　　　　　　　取締役　　　　星　光　男　

　　　　　　　　取締役　　　　崎 岡 円 蔵　

　　　　　　　　取締役　　　　井 田 善 治　印
　　　　　　　　　　　　　　　　　　　　　　（認印でも可）

書式16　定款の写しを証明する方法

　　　当会社の定款の写しに相違ありません

　　　株式会社星光商事

　　　代表取締役　　星光男

注）定款の写しの最終ページなど適宜の場所に証明をします。定款の写しが複数ページにわたる
　　場合は、各ページに会社代表印で契印をします。

株式会社変更登記申請書

1．会社法人等番号　　123456
1．商　　　　　号　　株式会社星光商事（フリガナ：ホシミツショウジ）
1．本　　　　　店　　東京都新宿区××五丁目2番1号
1．登 記 の 事 由　　取締役及び代表取締役の変更
1．登記すべき事項　　別添CD-Rのとおり
　　　　　　　　　　（※登記すべき事項の内容を直接記載する場合には、
　　　　　　　　　　ここに記載）
1．登 録 免 許 税　　金1万円　※資本金1億円以下の場合
1．添 付 書 類　　　株主総会議事録　　　　　　　　1通
　　　　　　　　　　株主リスト　　　　　　　　　　1通
　　　　　　　　　　互選書　　　　　　　　　　　　1通
　　　　　　　　　　定款　　　　　　　　　　　　　1通
　　　　　　　　　　就任承諾書
　　　　　　　　　　（※又は「就任承諾書は株主総会の記載を援用する」）
　　　　　　　　　　印鑑証明書　　　　　　　　　　1通

　　上記のとおり登記を申請する。

令和2年6月29日

　　　　　　　　　　東京都新宿区××五丁目2番1号
　　　　　　　　　　申請人　　　株式会社星光商事
　　　　　　　　　　東京都港区××二丁目2番2号

　　　　　　　　　　代表取締役　　　　　　伊藤太郎
　　　　　　　　　　連絡先　03-1234-5678

東京法務局　新宿　出張所　御中

書式18　登記すべき事項を磁気ディスクで提出する場合（一部退任・就任・重任）

「役員に関する事項」

「資格」代表取締役

「住所」東京都新宿区××七丁目３番２号

「氏名」星光男

「原因年月日」令和２年６月２９日退任

「役員に関する事項」

「資格」取締役

「氏名」星光男

「原因年月日」令和２年６月２９日重任

「役員に関する事項」

「資格」取締役

「氏名」崎岡円蔵

「原因年月日」令和２年６月２９日重任

「役員に関する事項」

「資格」取締役

「氏名」井田善治

「原因年月日」令和２年６月２９日重任

「役員に関する事項」

「資格」取締役

「氏名」伊藤太郎

「原因年月日」令和２年６月２９日就任

「役員に関する事項」

「資格」代表取締役

「住所」東京都港区××二丁目２番２号

「氏名」伊藤太郎

「原因年月日」令和２年６月２９日就任

書式19　株主総会議事録（一部退任・就任・重任）

　令和2年6月29日午前9時00分より、当社の本店において定時株主総会を開催した。

当社の株主総数	3名
発行済み株式数	200株
議決権を行使することができる株主の総数	3名
議決権を行使することができる株主が有する議決権の総数	200株
議決権を行使することができる出席株主数	3名
この議決権の総数	200株

　　出席した役員　　　代表取締役　星　光男　取締役　崎岡円蔵
　　　　　　　　　　　同　井田善治

　　議事録作成者　　　代表取締役　星　光男

　定刻、代表取締役星光男は議長席に着き開会を宣し、上記のとおり出席株主数及びその議決権数等を報告、本総会の付議議案の決議に必要な会社法及び定款の定める定足数を満たしている旨を述べ、直ちに議案の審議に入った。

第1号議案　（第2期決算報告書の承認に関する件）

　議長は当期（自平成31年4月1日乃至令和2年3月31日）における事業状況を事業報告書により詳細に説明報告し、下記の書類を提出して、その承認を求めた。
　　　　1．貸借対照表
　　　　2．損益計算書
　　　　3．株主資本等変動計算書

　　4．個別注記表
　全員異議なくこれを承認可決した。

取締役選任の件（取締役選任の件）

　議長は、取締役の全員が定款の規定により本定時総会の終結時に
任期満了し退任することとなるので、その改選の必要がある旨を述べ、
その選任方法を諮ったところ、出席株主中から議長の指名に一任した
いとの発言があり、一同これを承認したので、議長は下記の者を指
名し、これらの者につきその可否を議場に諮ったところ、満場一致を
もってこれを承認可決した。

　　　　　　　　　取締役　　　星　　光男
　　　　　　　　　　同　　　　崎岡円蔵
　　　　　　　　　　同　　　　井田善治
　　　　　東京都港区××二丁目2番2号
　　　　　　　　　　同　　　　伊藤太郎

　なお、被選任者は、いずれもその就任を承諾した。

　議長は以上をもって本日の議事を終了した旨を述べ、午前9時30分
閉会した。
　以上の決議を明確にするために、この議事録を作り、議長及び出席
取締役がこれに記名押印する。

令和2年6月29日
　株式会社星光商事　第2回定時株主総会

議長代表取締役　　　星　　光　男　　㊞

出席取締役　　　　　崎　岡　円　蔵　　㊞
（認印でも可）

出席取締役　　　　　井　田　善　治　　㊞
（認印でも可）

注）なお、議事録の援用により、新取締役伊藤太郎の就任承諾書の添付を省略する場合には、新
　　取締役である「伊藤太郎」の氏名も追記し、個人実印を押印して、印鑑証明書を添付します。
　　新取締役の就任承諾書を添付する場合には、そちらに実印を押印し、印鑑証明書を添付するの
　　で、株主総会議事録への「伊藤太郎」による個人実印の押印は不要です。

書式20　株主リスト

（A－1 総合簡易書式）

証　明　書

次の対象に関する商業登記規則61条2項又は3項の株主は次のとおりであることを証明する。

対象	株主総会等又は総株主の同意等の別	株主総会
	上記の年月日	令和2年6月29日
	上記のうちの議案	全議案

←株主総会，種類株主総会，株主全員の同意，種類株主全員の同意のいずれかを記載してください。種類株主総会等の場合は，対象となる種類株式も記載してください。

←株主総会等の年月日を記載してください。

←全議案又は対象となる議案を記載してください。総株主等の同意を要する場合は，記載不要です。

	氏名又は名称	住所	株式数（株）	議決権数	議決権数の割合
1	星　光男	東京都新宿区××七丁目3番2号	100	100	50.0%
2	崎岡　円蔵	東京都中野区○○三丁目4番5号	50	50	25.0%
3					
4					
5					
6					
7					
8					
9					
10					
			合計	150	75.0%
			総議決権数	200	

証明書作成年月日	令和2年6月29日
31	株式会社星光商事
証明書作成者	代表取締役　星　光男

登記所届出印

※ **商業登記規則第61条第2項**
　登記すべき事項につき次の各号に掲げる者全員の同意を要する場合には，申請書に，当該各号に定める事項を証する書面を添付しなければならない。
一　株主　株主全員の氏名又は名称及び住所並びに各株主が有する株式の数（種類株式発行会社にあつては，株式の種類及び種類ごとの数を含む。次項において同じ。）及び議決権の数
二　種類株主　当該種類株主全員の氏名又は名称及び住所並びに当該種類株主のそれぞれが有する当該種類の株式の数及び当該種類の株式に係る議決権の数

※ **商業登記規則第61条第3項**
　登記すべき事項につき株主総会又は種類株主総会の決議を要する場合には，申請書に，総株主（種類株主総会の決議を要する場合にあつては，その種類の株式の総株主）の議決権（当該決議（会社法第三百三十九条第一項（同法第三百二十五条において準用する場合を含む。）の規定により当該決議があつたものとみなされる場合を含む。）において行使することができるものに限る。以下この項において同じ。）の数に対するその有する議決権の数の割合が高いことにおいて上位となる株主であつて，次に掲げる人数のうちいずれか少ない人数の株主の氏名又は名称及び住所，当該株主のそれぞれが有する株式の数（種類株主総会の決議を要する場合にあつては，その種類の株式の数）及び議決権の数並びに当該株主のそれぞれが有する議決権に係る当該割合を証する書面を添付しなければならない。
一　十名
二　その有する議決権の数の割合を当該割合の多い順に順次加算し，その加算した割合が三分の二に達するまでの人数

書式21　互選書（代表取締役の就任）

　　令和２年６月２９日午後１時当会社本店において、定款第○条の定めに基づき、取締役全員の一致をもって、次の事項につき可決した。

１．代表取締役選定の件
　　代表取締役　伊藤　太郎
　　なお、被選定者は、その就任を承諾した。

　　上記の決議を明確にするために、この互選書を作り、出席取締役全員がこれに記名押印する。

　　令和２年６月２９日

　　　　　　　　　　　　　　　　　　株式会社星光商事

　　　　　　　　取締役　　　星　光　男　

　　　　　　　　取締役　　　崎 岡 円 蔵　　印
　　　　　　　　　　　　　　　　　　　　（認印でも可）

　　　　　　　　取締役　　　井 田 善 治　　印
　　　　　　　　　　　　　　　　　　　　（認印でも可）

　　　　　　　　取締役　　　伊 藤 太 郎　　印
　　　　　　　　　　　　　　　　　　　　（認印でも可）

書式22　定款の写しを証明する方法

当会社の定款の写しに相違ありません

株式会社星光商事

代表取締役　伊藤太郎　㊞

注）定款の写しの最終ページなど適宜の場所に証明をします。定款の写しが複数ページにわたる
　　場合は、各ページに会社代表印で契印をします。

就 任 承 諾 書

　私は、令和2年6月29日開催の株主総会の決議において、貴社の取締役に選任されましたので、ここにその就任を承諾いたします。

令和2年6月29日

伊　藤　太　郎　　実印（個人）

株式会社星光商事　　御中

就 任 承 諾 書

　私は、令和2年6月29日に取締役全員の一致により、代表取締役に選定されましたので、ここにその就任を承諾いたします。

令和2年6月29日

伊　藤　太　郎　　印（認印でも可）

書式24　印鑑（改印）届書

印鑑 （ 改印 ） 届書

※ **太枠の中に書いてください。**

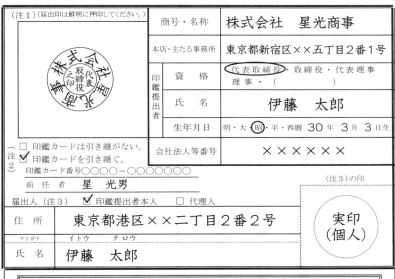

（注1）（届出印は鮮明に押印してください。）	商号・名称	株式会社　星光商事
	本店・主たる事務所	東京都新宿区××五丁目2番1号
印鑑提出者	資格	代表取締役・取締役・代表理事 理事・（　　　　　　　）
	氏名	伊藤　太郎
	生年月日	明・大・㊋昭・平・西暦 30 年 3 月 3 日生
□ 印鑑カードは引き継がない。 ☑ 印鑑カードを引き継ぐ。（注2）	会社法人等番号	××××××

印鑑カード番号○○○○○－○○○○○○○○

前任者　星　光男

届出人（注3）　☑ 印鑑提出者本人　□ 代理人

（注3）の印

住　所	東京都港区××二丁目2番2号	実印 (個人)
フリガナ	イトウ　　タロウ	
氏　名	伊藤　太郎	

委　任　状

私は，(住所)

　　　　(氏名)

を代理人と定め，印鑑(改印)の届出の権限を委任します。

　令和　　　年　　　月　　　日

　住　所

　氏　名　　　　　　　　　　　　　　　　　　印　　市区町村に登録した印鑑

☑ **市区町村長作成の印鑑証明書**を，登記申請書に添付のものを援用する。（注4）

（注1）　印鑑の大きさは，辺の長さが1cmを超え，3cm以内の正方形の中に収まるものでなければなりません。

（注2）　印鑑カードを前任者から引き継ぐことができます。該当する□にレ印をつけ，カードを引き継いだ場合には，その印鑑カードの番号・前任者の氏名を記載してください。

（注3）　本人が届け出るときは，本人の住所・氏名を記載し，市区町村に登録済みの印鑑を押印してください。代理人が届け出るときは，代理人の住所・氏名を記載，押印（認印で可）し，委任状に所要事項を記載し，本人が市区町村に登録済みの印鑑を押印してください。

（注4）　この届書には作成後3か月以内の**本人の印鑑証明書**を添付してください。登記申請書に添付した印鑑証明書を援用する場合は，□にレ印をつけてください。

印鑑処理年月日				
印鑑処理番号	受　付	調　査	入　力	校　合

（乙号・8）

第4章　役員や社員の変更に伴う手続きと書式

235

3 役員の辞任・解任と登記申請手続き

会社法などに規定されている手続きに従って手続きを進める

■ 代表取締役以外の取締役が辞任する場合の登記手続き

取締役が3人、代表取締役の選定は取締役の互選によるとの定款の規定がある取締役会非設置会社において、代表取締役以外の取締役1名が辞任した場合の登記手続きについて見ていきましょう。ここでは、定款に取締役の員数を定めていない会社を想定しています。

書式25　登記申請書（取締役1人の辞任）

申請は、取締役が辞任した日の翌日から起算して、2週間以内に管轄する登記所に対して行います。

商号、本店の所在地を記載し、登記の事由として「取締役の変更」と記載します。登記すべき事項は、「別紙のとおり」「別添CD-Rのとおり」または「別紙のとおりの内容をオンラインにより提出済み」（オンライン提出の場合）と記載します。登録免許税は、資本金1億円以下の会社は1万円で、資本金1億円を超える会社は3万円が必要となります。添付書類は、辞任届、代理人が申請する場合の委任状などです。なお、定款で取締役の員数を定めており、この辞任によりその員数に不足することになるときには、定款の一部の変更が必要になります。その場合には、株主総会で、定款の一部を変更しますが、その議事録を添付する必要はありません。

書式26　登記すべき事項を提出する方法（取締役1人の辞任）

登記すべき事項は、別紙に記載するか、CD-Rなどの磁気ディスクに記録し提出するか、または申請用総合ソフトを利用してオンラインで提出します。

辞任する役員、就任する役員全員について「資格」つまり肩書きと

「氏名」を記載します。「原因年月日」欄については、日付の後に「辞任」と記載します。

書式27 辞任届

　辞任年月日は、申請書の「登記すべき事項」欄記載の年月日と一致していなければなりません。代表取締役以外の取締役の辞任届に押す印鑑は、実印である必要はなく、認印でもかまいません。

　しかし、後のトラブル防止のために、辞任届には実印を押印するか、本人による自筆署名をとっておいた方が望ましいでしょう。

　なお、代表取締役である取締役（登記所に印鑑を提出していた者に限ります）が、代表取締役のみを辞任する場合または取締役自体を辞任する場合には、辞任届に個人の実印を押印し、その印鑑証明書を添付しなければなりません。ただし、会社代表印を押印したときは、個人の実印の押印と印鑑証明書は不要です。

■ 取締役を解任する場合の登記手続き

　会社は、株主総会の普通決議によりいつでも取締役を解任することができます。小規模な会社でも株主でもある代表取締役が他の取締役を解任するという事態が生じることはあります。

　取締役会非設置会社（取締役3人、代表取締役を互選する会社）において、代表取締役以外の取締役の解任登記を行う場合に、必要な提出書類とその記載方法について見ていくことにしましょう。なお、定款に取締役の員数を定めていない会社を想定しています。

書式28 登記申請書（取締役の解任）

　取締役の解任登記を行う場合の記載例です。申請は、当該取締役が解任された株主総会決議の日の翌日から起算して、2週間以内に管轄する登記所に対して行います。議事録は2部作成して、会社保存用と登記所提出用として使用します。

　登記の事由は、どのような理由により登記の申請を行うかを明らか

にするため、取締役の変更と記載します。登記すべき事項の箇所には、「別紙のとおり」「別添CD-Rのとおり」または「別紙のとおりの内容をオンラインにより提出済み」などと記載します。取締役を解任する場合、登記の事由は「取締役の変更」です。資本金1億円以下の会社は登録免許税は1万円ですが、資本金が1億円を超える会社であれば3万円です。取締役の解任決議について記載した株主総会議事録を添付します。議事録の年月日は議事録を現実に作成した日付（通常は株主総会を開催した日付）です。

書式29　登記すべき事項を提出する方法（取締役の解任）

登記すべき事項は、別紙に記載するか、CD-Rなどの磁気ディスクに記録し提出するか、または申請用総合ソフトを利用してオンラインで提出します。登記事項が少ないときは、別紙ではなく登記申請書に直接記入することもできます。

解任される役員について、「資格」と「氏名」を記載すします。「原因年月日」欄には、日付の後に「解任」と記載します。

書式30　株主総会議事録（取締役の解任）

取締役の解任決議が行われた場合の株主総会議事録の記載例です。

議事録は2部作成して、会社保存用と登記所提出用として使用します。議事録には、まず、定足数（議決権を行使できる株主の議決権の過半数をもつ株主の出席）を満たしたことを示します。議長には定款で定められた者がなりますが、代表取締役社長が議長になる場合は、書式のように記載します。

議事録には、まず、定足数（議決権を行使できる株主の議決権の過半数をもつ株主の出席）を満たしたことを示します。次に、議案として「取締役解任の件」と記載します。決議要件を満たしたこと（定款で決議要件が加重されていない場合は、出席した株主の議決権の過半数による決議がなされたこと）を示し、議案が可決承認されたことを記載します。議事録の年月日は議事録を現実に作成した日付（通常は

株主総会を開催した日付）です。代表取締役の印は登記所に届け出てある印を使用するのが通常ですが、他の取締役は認印でもかまいません。

書式31　株主リスト

　取締役を解任するには株主総会決議を要するので、登記申請では株主リストを添付する必要があります。株主リストには、議決権数上位10名の株主または議決権割合が3分の2に達するまでの株主のうち、いずれか少ない方の株主について、氏名、住所、株式数、議決権数、議決権数割合を記載します。そして、代表取締役の記名に会社代表印を押印します。

■ 取締役を辞任または解任する場合の注意点

　取締役は、原則として辞任することによりその地位から退くことができますが、例外的に取締役を辞任できない場合があります。それは、取締役を辞任してしまうと、取締役が全く存在しなくなってしまうときや、法令または定款で定められた取締役の定員が欠けてしまうときです。この場合、取締役が会社に辞任届を提出しても、辞任による取締役の変更登記はできません。辞任した取締役は、新たに取締役が選任されるまで、取締役としての権利と義務を有します。このような取締役を権利義務取締役と呼びます。そして、新たな取締役が選任されると、取締役の辞任の登記と新取締役の就任の登記を申請することができます。

　同様に、取締役は、原則として任期満了により退任しますが、取締役が退任すると、取締役が不存在となったり、定員が欠けたりしてしまうときは、取締役の退任の登記ができません。新たに取締役が選任されるまでは、権利義務取締役となります。そして、権利義務取締役については、取締役を辞任したり解任したりすることができません。法律上定められた地位だからです。

株式会社変更登記申請書

1．会社法人等番号　　123456

　　　　フ　リ　ガ　ナ　　　　　　　　　　ホシミツショウジ
1．商　　　　　号　　株式会社星光商事

1．本　　　　　店　　東京都新宿区××五丁目2番1号

1．登 記 の 事 由　　取締役の変更

1．登記すべき事項　　別添CD-Rのとおり
　　　　　　　　　　（※別紙を使用する場合は「別紙のとおり」と記載）

1．登 録 免 許 税　　金1万円　※資本金1億円以下の場合

1．添 付 書 類　　　辞任届　　　　　　　　　　　　　　1通

　　上記のとおり登記を申請する。

　令和2年6月29日

　　　　　　　　　　　　東京都新宿区××五丁目2番1号

　　　　　　　　　　　　申請人　　　　株式会社星光商事

　　　　　　　　　　　　東京都新宿区××七丁目3番2号

　　　　　　　　　　　　代表取締役　　　星　　光男　

　　　　　　　　　　連絡先TEL03-1234-5678

　　東京法務局　新宿　出張所　御中

書式26　登記すべき事項を磁気ディスクで提出する場合（取締役1人の辞任）

「役員に関する事項」
「資格」取締役
「氏名」崎岡円蔵
「原因年月日」令和2年6月29日辞任

辞任届

　私は、この度一身上の都合により、令和2年6月29日付けで貴社の取締役を辞任いたしたく、お届け致します。

　令和2年6月29日

取締役　　　崎岡　円蔵　

印
（認印でも可）

　株式会社星光商事　御中

※代表取締役（登記所に印鑑を提出した者に限る）の辞任の場合は、辞任届に個人の実印を押印し、市区町村長作成の印鑑証明書を添付する必要があります。ただし、会社代表印を押印するときは不要。

株式会社変更登記申請書

1．会社法人等番号　　　123456

1．商　　　　　号　　　株式会社星光商事
　　　　フ　リ　ガ　ナ　　　ホシミツショウジ

1．本　　　　　店　　　東京都新宿区××五丁目2番1号

1．登記の事由　　　　　取締役の変更

1．登記すべき事項　　　別添CD-Rのとおり

1．登録免許税　　　　　金1万円　※資本金1億円以下の場合

1．添付書類　　　　　　株主総会議事録　　　　　　　1通

　　　　　　　　　　　　株主リスト　　　　　　　　　1通

上記のとおり登記を申請する。

令和2年6月29日

　　　　　　　　　　　　東京都新宿区××五丁目2番1号

　　　　　　　　　　　　申請人　　　株式会社星光商事

　　　　　　　　　　　　東京都新宿区××七丁目3番2号

　　　　　　　　　　　　代表取締役　星　　光男　

　　　　　　　連絡先TEL03-××××-××××

東京法務局　新宿　出張所　御中

書式29　登記すべき事項を磁気ディスクで提出する場合（取締役の解任）

「役員に関する事項」
「資格」取締役
「氏名」井田善治
「原因年月日」令和２年６月２９日解任

書式30　株主総会議事録（取締役の解任）

臨時株主総会議事録

（※開催日時、場所、出席取締役、議決権数などの事項につき省略）

　以上のとおり、総株主の議決権の過半数に相当する株式を有する株主の出席があったので、本総会は適法に成立した。

　よって、代表取締役星光男は当社定款第○条の規定により議長となり、開会する旨を宣し、直ちに議事に入った。

議案　取締役解任の件

　議長は、当社の取締役である井田善治が、実質的に当社の経済的負担の下、正当な理由なく多額の経費の使い込みを行っていたことから、当該事実があったことを理由に取締役の職を解任することについて、賛否を求めた。

　議長が議場に諮ったところ、賛成多数により承認可決された。

　議長は以上をもって本日の議事を終了した旨を述べ、午前10時30分閉会を宣した。

　上記議事の経過の要領およびその結果を明確にするために議長は本議事録を作成し、議長および出席取締役の全員が記名押印する。

令和2年6月29日
　　株式会社星光商事　　　　臨時株主総会
　　　　　　　　　　　　　　議　長　兼
　　　　　　　　　　　　　　議事録作成者
　　　　　　　　　　　　　　代表取締役　　　　星　　光男　　　

　　　　　　　　　　　　　　出席取締役　　　　崎岡円蔵

書式31　株主リスト

（A－1 総合簡易書式）

証　明　書

次の対象に関する商業登記規則61条2項又は3項の株主は次のとおりであることを証明する。

対象	株主総会等又は総株主の同意等の別	株主総会	←株主総会，種類株主総会，株主全員の同意，種類株主全員の同意のいずれかを記載してください。種類株主総会等の場合は，対象となる種類株式も記載してください。
	上記の年月日	令和2年6月29日	←株主総会等の年月日を記載してください。
	上記のうちの議案	全議案	←全議案又は対象となる議案を記載してください。総株主の同意を要する場合は，記載不要です。

	氏名又は名称	住所	株式数　（株）	議決権数	議決権数の割合
1	星　光男	東京都新宿区××七丁目3番2号	100	100	50.0%
2	崎岡　円蔵	東京都中野区○○三丁目4番5号	50	50	25.0%
3					
4					
5					
6					
7					
8					
9					
10					
		合計		150	75.0%
		総議決権数		200	

証明書作成年月日	令和2年6月29日
31	株式会社星光商事
証明書作成者	代表取締役　星　光男

登記所届出印

※ **商業登記規則第61条第2項**
　登記すべき事項につき次の各号に掲げる者全員の同意を要する場合には、申請書に、当該各号に定める事項を証する書面を添付しなければならない。
一　株主　株主全員の氏名又は名称及び住所並びに各株主が有する株式の数（種類株式発行会社にあっては、株式の種類及び種類ごとの数を含む。次項において同じ。）及び議決権の数
二　種類株主　当該種類株主全員の氏名又は名称及び住所並びに当該種類株主のそれぞれが有する当該種類の株式の数及び当該種類の株式に係る議決権の数

※ **商業登記規則第61条第3項**
　登記すべき事項につき株主総会又は種類株主総会の決議を要する場合には、申請書に、総株主（種類株主総会の決議を要する場合にあっては、その種類の株式の総株主）の議決権（当該決議（会社法第三百三十九条第一項（同法第三百二十五条において準用する場合を含む。）の規定により当該決議があったものとみなされる場合を含む。）において行使することができるものに限る。以下この項において同じ。）の数に対するその有する議決権の数の割合が高いことにおいて上位となる株主であって、次に掲げる人数のうちいずれか少ない人数の株主の氏名又は名称及び住所、当該株主のそれぞれが有する株式の数（種類株主総会の決議を要する場合にあっては、その種類の株式の数）及び議決権の数並びに議決権の数の割合を証する書面を添付しなければならない。
一　十名
二　その有する議決権の数の割合を当該割合の多い順に順次加算し、その加算した割合が三分の二に達するまでの人数

4 役員の氏名または住所を変更する場合

役員の氏名変更、代表取締役の氏名・住所変更があれば変更登記が必要

■ 代表取締役の住所に変更があった場合の登記手続き

　取締役、監査役と異なり、代表取締役の場合は、氏名だけでなく、住所も登記されます。そのため、代表取締役が転居により住所移転した場合には、住所変更の登記をしなければなりません。以下、その際に提出する書類とその記載例を見ていくことにしましょう。

書式32　登記申請書

　代表取締役が、登記事項となっている住所を移転した場合には、住所変更の登記申請をする必要があります。申請は、代表取締役の住所移転が完了した日の翌日から起算して、2週間以内に管轄する登記所に対して行います。まず、「商号」と「本店」の所在場所を記載します。「登記の事由」は、代表取締役の住所変更です。登記すべき事項の箇所には、「別紙のとおり」「別添CD-Rのとおり」または「別紙のとおりの内容をオンラインにより提出済み」と記載します。登録免許税は、資本金1億円以下の会社は1万円で、資本金1億円を超える会社は3万円が必要となります。役員の氏名・住所の変更の場合、法律で変更を証する書面の添付は要求されていません。

書式33　登記すべき事項を提出する方法

　登記すべき事項は、別紙に記載するか、CD-Rなどの磁気ディスクに記録するか、または申請用総合ソフトを利用してオンラインにより提出します。登記事項が少なく登記申請書に書き切れる場合には登記申請書に直接記載してもかまいません。

　「資格」は代表取締役とし、「氏名」を記載することになります。「原因年月日」の欄には、実際に移転をした年月日を記載（または記

録）し、原因を「住所移転」とします。転居先の新住所は正確に記載（または記録）することが求められます。このデジタルデータを格納した磁気ディスクの表面に、会社名や申請人（代表取締役）の氏名を記載した書面を貼り付けて登記所に提出します。

■ 役員の氏名に変更があった場合の登記手続き

取締役や監査役、代表取締役の氏名が、結婚、離婚、養子縁組、離縁などにより変更された場合にも、変更登記の申請が必要になります。

申請は、氏名変更のあった日の翌日から起算して、2週間以内に管轄する登記所に対して行います。登録免許税は、資本金1億円以下の会社は1万円で、資本金1億円を超える会社は3万円が必要になります。役員の氏名・住所の変更の場合、法律で変更を証する書面の添付は要求されていません。代表取締役の氏名変更の場合、申請書に記載する代表取締役の氏名は、変更後の氏名です。登記すべき事項は、申請書に直接記載しない場合、「別添CD-Rのとおり」または「別紙のとおり」として、別紙に記載します。氏名変更する役員について、「資格」つまり肩書きと「氏名」を記載します。原因の記載は、「年月日氏名変更」と記載します。氏名変更する役員が代表取締役である場合には、氏名（変更後の氏名）に加え、住所を記載しなければなりません。

申請書類については、取締役等が住所を変更した場合の書式（250、251ページ）を参照してください。

■ 婚姻前の氏の記録の申し出

取締役など役員の就任の登記や氏の変更の登記を申請するのと同時に、登記簿に婚姻前の氏の記録をするよう申し出ることができます。

申し出は、登記申請書に記載する方法で行います。また、婚姻前の氏であることを証明する書面として、戸籍謄本等を添付する必要があります。申出記載事項は、婚姻前の氏を記録したい役員の氏名とその

役員の婚姻前の氏、添付書面の種類です。

　なお、婚姻前の氏が登記簿に記録された後に、その記録を望まなくなったときは、当該役員の再任の登記か氏の変更の登記の申請の際に、記録を希望しない旨を申し出ることにより、記録されなくなります。また、新たに氏の変更の登記することによって、氏が登記簿に記録されていたものと同一になったときも記録されなくなります。

書式34　婚姻前の氏の記録の申し出を記載した登記申請書

　婚姻前の氏の記録の申し出は、それ自体は登記申請ではありません。あくまで取締役などの役員の変更登記または氏の変更登記の申請の際に、登記申請書に申し出を記載して行います。記載事項は、「婚姻前の氏の記録を申し出る」旨、添付書面の内容、婚姻前の氏をも記録する者の資格及び氏名、記録すべき婚姻前の氏です。添付書面となり得るものは、戸籍の全部事項証明書・個人事項証明書・一部事項証明書、戸籍謄本・抄本などです。書式例は、取締役および代表取締役の氏の変更登記の申請書に、婚姻前の氏の記録の申し出を記載したものです。

書式35　登記すべき事項の記載例（婚姻前の氏の記録の申し出あり）

　登記すべき事項は、別紙に記載するか、CD-Rなどの磁気ディスクに記録するか、または申請用総合ソフトを利用してオンラインにより提出します。取締役等の変更登記または氏の変更登記と併せて行うので、婚姻前の氏は、これらの登記すべき事項と一緒に記載します。具体的には、取締役等の「氏名」の欄に、現在の氏名の後、かっこ書で婚姻前の氏を記載します。

株式会社変更登記申請書

1．会社法人等番号　　123456

1．商　　　　　号　　株式会社星光商事
（フリガナ　　ホシミツショウジ）

1．本　　　　　店　　東京都新宿区××五丁目２番１号

1．登 記 の 事 由　　代表取締役の住所変更

1．登記すべき事項　　別添CD-Rのとおり

1．登 録 免 許 税　　金１万円　※**資本金１億円以下の場合**

　上記のとおり登記を申請する。

令和２年６月２９日

　　　　　　　　　東京都新宿区××五丁目２番１号

　　　　　　　　　申請人　　　　株式会社星光商事

　　　　　　　　　東京都新宿区△△二丁目２番２号

　　　　　　　代表取締役　星　光男　

　　　　　連絡先ＴＥＬ０３－１２３４－５６７８

東京法務局　新宿　出張所　御中

書式33　登記すべき事項を磁気ディスクで提出する場合（代表取締役の住所移転）

「役員に関する事項」
「資格」代表取締役
「住所」東京都新宿区△△二丁目２番２号
「氏名」星光男
「原因年月日」令和２年６月２９日住所移転

株式会社変更登記申請書

1．会社法人等番号　　123456
1．商　　　　号　　株式会社星光商事
　　　　フ　リ　ガ　ナ　　　　　　ホシミツショウジ
1．本　　　店　　東京都新宿区××五丁目2番1号
1．登記の事由　　　　代表取締役たる取締役の氏変更
1．登記すべき事項　　別添CD-Rのとおり
1．登録免許税　　　　金1万円　※資本金1億円以下の場合

上記のとおり登記を申請する。

　　　下記の者につき、婚姻前の氏を記録するよう申し出ます。
　　　なお、婚姻前の氏を証する書面として、
　　□戸籍の全部事項証明書・個人事項証明書・一部事項証明書、
　　☑戸籍謄本・抄本
　　その他（　　　　　　　　　　　　　　　）を添付します。

　　　　　　　　　　　　　　記
　　　婚姻前の氏をも記録する者の資格及び氏名
　　　　　　資　格　　　取締役及び代表取締役
　　　　　　氏　名　　　山田　光男
　　　記録すべき婚姻前の氏　　　星　光男

　　　　　　　　　東京都新宿区××五丁目2番1号
　　　　　　　　　申請人　　　　株式会社星光商事
　　　　　　　　　東京都新宿区△△二丁目2番2号

　　　　　　　　　代表取締役　山田　光男

　　　　　　　　　連絡先TEL03-1234-5678
東京法務局　新宿　出張所　御中

書式35　登記すべき事項の記載例（婚姻前の氏の記録の申し出あり）

「役員に関する事項」
「資格」代表取締役
「住所」東京都新宿区△△二丁目２番２号
「氏名」山田光男（星光男）
「原因年月日」令和２年６月２９日星光男の氏変更
「役員に関する事項」
「資格」取締役
「氏名」山田光男（星光男）
「原因年月日」令和２年６月２９日星光男の氏変更

Column

会社で使う印鑑の種類

　議事録の作成や登記申請をする場合などに重要になるのが印鑑の知識です。押印により、押印した文書が押印した者の意思に基づいて作成されたことを証明することになります。重要書類については、第三者による改ざんを防ぐために印鑑に対する知識が必要です。会社の代表者は管轄法務局に印鑑を届け出ることが可能です。一般に法務局に届け出た印鑑を会社実印、会社届出印、会社代表印などといいます。丸印を届け出るのが一般的です。登記申請をする際や不動産の売買など重要な取引をする際に会社代表印の押印が求められます。また、代表取締役を選定する取締役会議事録や資本金の額の計上に関する証明書など、会社代表印の押印が義務付けられるケースもあります。

　一方、会社代表印以外の印鑑は一般的に認印と呼ばれ区別されます。会社代表印を押印するのは抵抗があるという場合は、数種類の印鑑をケースに応じて使い分けをするとよいでしょう。その他にも、会社の銀行口座を作るときに銀行に届け出る銀行印、役員などの役職にある者が職務上使用する役職印、社会保険関係の手続きの際に使用する社会保険印、領収書や請求書に押印するときに用いられる角印など、会社では用途によって印鑑を使い分けるのが一般的です。

　なお、万が一、会社代表印・印鑑カードを紛失したり、盗難被害に遭った場合には、悪用されるおそれがありますので、直ちに管轄法務局に「廃止届」を提出し、会社代表印を無効にする、印鑑証明書を取得できなくする、などの措置をとるべきでしょう。「印鑑・印鑑カード廃止届書」は各法務局に備え付けられています。「廃止届書」には会社代表印を押印する必要がありますが、会社代表印を押印できない場合は代表取締役などの個人実印の押印及び個人実印の印鑑証明書の添付が必要になりますので注意しましょう。

【監修者紹介】

小島　彰（こじま　あきら）

1957年生まれ。石川県出身。特定社会保険労務士（東京都社会保険労務士会）。就業規則等の作成から労働保険・社会保険の手続き業務といった代行業務、労務相談、IPO（株式上場）支援コンサルテーション、労務監査などを数多く手掛けている。労務相談については、企業側からの相談に留まらず、労働者側からの相談も多い。また、IPO（株式上場）のコンサルティングにおいては、昨今のIPOでの労務関係の審査の厳格化に対応するための適切な指導を行っている。IPO関連のセミナーの実績多数。

著作に、『パート・契約社員・派遣社員の法律問題とトラブル解決法』『解雇・退職勧奨の上手な進め方と法律問題解決マニュアル』『労働安全衛生をめぐる法律と疑問解決マニュアル108』『入管法・外国人雇用の法律　しくみと手続き』『入管法と外国人雇用の法律問題解決マニュアル』（監修、小社刊）などがある。

こじまあきら社会保険労務士事務所

会社の設立時の新規適用申請から労働保険・社会保険の手続き代行、給与計算代行、就業規則の新規作成および改正業務、その他労務関連の諸規定の整備、IPO（株式上場）労務コンサルテーションなど幅広く対応している。また、電話とメールを活用した相談サービスやセミナー講師、原稿執筆なども積極的に行っている。

ホームページ　http://www.kojimaakira-sr.com

武田　守（たけだ　まもる）

1974年生まれ。東京都出身。公認会計士。

慶應義塾大学卒業後、中央青山監査法人、太陽ASG有限責任監査法人（現太陽有限責任監査法人）、東証１部上場会社勤務等を経て、現在は武田公認会計士事務所代表。

監査法人では金融商品取引法監査、会社法監査の他、株式上場準備会社向けのIPOコンサルティング業務、上場会社等では税金計算・申告実務に従事。会社の決算業務の流れを、監査などの会社外部の視点と、会社組織としての会社内部の視点という２つの側面から経験しているため、財務会計や税務に関する専門的なアドバイスだけでなく、これらを取り巻く決算体制の構築や経営管理のための実務に有用なサービスを提供している。

著作として『株式上場準備の実務』（中央経済社、共著）、『入門図解　会社の税金【法人税・消費税】しくみと手続き』『不動産税金【売買・賃貸・相続】の知識』『入門図解　消費税のしくみと申告書の書き方』（小社刊）がある。

編集協力

望月慎之助（もちづき　しんのすけ）

1980年生まれ。神奈川県出身。認定司法書士（東京司法書士会所属）。東京都立大学法学部法律学科卒業。神奈川大学大学院法務研究科卒業。都内司法書士事務所勤務・退職の後、司法書士もちづき法務事務所 開設（2017年8月）。

森島大吾（もりしま　だいご）

1986年生まれ。中小企業診断士。三重大学大学院卒業。社会保険労務士試験合格後は、中小企業診断士を取得。観光業などで人事労務に従事後、介護施設で人事労務から経営企画、経理まで幅広い業務に従事している。

事業者必携
採用・退職手続きから議事録、届出、登記まで
会社の事務手続き【社会保険・労務・経理・登記】と
書式実践マニュアル

2020年2月28日　第1刷発行

監修者　小島彰　武田守

発行者　前田俊秀

発行所　株式会社三修社

　　　　〒150-0001　東京都渋谷区神宮前2-2-22

　　　　TEL　03-3405-4511　FAX　03-3405-4522

　　　　振替　00190-9-72758

　　　　http://www.sanshusha.co.jp

　　　　編集担当　北村英治

印刷所　萩原印刷株式会社

製本所　牧製本印刷株式会社

©2020 A. Kojima & M Takeda Printed in Japan

ISBN978-4-384-04837-7 C2032